주식투자자를 위한
재무제표 해결사 V차트

재무제표 해결사 V차트

1쇄 2018년 3월 1일

지은이 정연빈

펴낸곳 (주)한국투자교육연구소 부크온
펴낸이 김재영, 김인중
교열 이승호
디자인 권효정, 김정은
엑셀 작업 박지선
내부감수 오진경
주소 서울시 영등포구 은행로 58 삼도오피스텔 1303호
전화 02-723-9004   **팩스** 02-723-9084
홈페이지 www.bookon.co.kr
블로그 blog.naver.com/bookonblog
이메일 book@itooza.com
출판신고 제322-2008-000076호(2007년 10월 17일 신고)

ISBN 978-89-94491-71-4 13320

◆ 부크온은 (주)한국투자교육연구소의 출판 브랜드입니다.
◆ 파손된 책은 구입하신 곳에서 교환해 드리며, 책값은 뒤표지에 있습니다.
◆ 무단전재나 무단복제를 금합니다.

이 도서의 국립중앙도서관 출판시도서목록(CIP)은 e-CIP홈페이지(http://www.nl.go.kr/ecip)와 국가자료 공동목록시스템(http://www.nl.go.kr/kolisnet)에서 이용하실 수 있습니다.
(CIP제어번호 : CIP2018003583)

주식투자자를 위한
재무제표 해결사 V차트

정연빈 지음

iTOOZA 부크온 BOOKOn

차 례

추천의 글 ▪ 8
V차트의 종류 ▪ 10
들어가는 글 ▪ 17

1장 | 주식투자자를 위한 V차트 ▪ 23

1. 재무제표 해결사 V차트 ▪ 24
2. V차트의 2가지 핵심 포인트 ▪ 26
   연환산과 추세
3. 재무제표와 V차트 ▪ 31
   연결재무제표 vs. 개별재무제표 / 기업의 경영활동과 재무제표 관계
4. 3분이면 종목 진단 OK! ▪ 35
   V차트, 왜 봐야 할까 / V차트의 구성 / V차트의 장점 / 투자에 활용할 때 유의점

보너스 – 결과부터 알고 싶다면 : 주식MRI 솔루션 ▪ 45

2장 | 돈을 벌고 있는 회사인가 · 47

1. 수익성 차트의 체크 포인트 · 49

2. 4가지 기업 유형별 V차트 · 63

    1) 스노우볼 유형 / 2) 수익성 개선형 / 3) 성장형 / 4)경기변동형 2가지 종류

3. 이익끼리 '엇박'일 때 기회 있다 · 102

보너스 – 사례분석 : 세이브존I&C · 114

3장 | 안전한 회사인가 · 119

1. 안전성 차트의 체크 포인트 · 121

2. 3단계로 검증하는 특수 사례 · 137

    1단계 체크: 부채비율과 유동비율 차트 / 2단계 체크: 차입금과 차입금 비중 차트 /
    3단계 체크: 이자보상배율 차트

4장 | 어떤 자산으로 쌓이는가 · 151

1. 자산 관련 차트의 체크 포인트 · 153

2. 산업의 사이클과 기업의 자산 구조 · 161

보너스 – V차트를 활용한 투자전략 ① : '이별'하면 매매 타이밍 · 180

5장 | 얼마나 빨리 돈을 벌고 있는가 · 183

　　1. ROE와 PBR 차트의 체크 포인트　· 185

　　2. 듀퐁분석에 따른 사업모델 비교　· 201

6장 | 현금 창출 능력은 좋은가 · 217

　　1. 현금흐름 차트의 체크 포인트　· 219

　　2. 부채비율 검증하는 현금흐름표 점검　· 230

7장 | 주식이 싸게 거래되고 있는가 · 237

　　1. 밸류에이션 차트의 체크 포인트　· 239

　　보너스 – V차트를 활용한 투자전략 ② : 불변의 그레이엄 투자법　· 249

8장 | V차트를 내 것으로 만들자 ▪ 253

1. V차트를 보며 실전 종목 분석 (1) : 대한약품　▪ 255

2. V차트를 보며 실전 종목 분석 (2) : 아트라스BX　▪ 271

보너스 – V차트 활용을 위한 우량주 30선　▪ 286

〈워크시트〉 나이스정보통신　▪ 288

용어 설명　▪ 302
감사의 글　▪ 310

추천의 글

우리는 타인을 만날 때 인상, 표정, 옷차림, 행동, 소유물 등을 눈으로 빠르게 살피곤 한다. 요즘 젊은 사람들 표현으로 '스캔'을 하는 것이다. 익숙한 사람들만 만난다면 이런 과정이 필요가 없겠지만, 낯선 사람을 만날 때 나름의 기준으로 특징들을 살피는 것은 효율적으로 이후의 적절한 행동과 판단을 하는 데에 도움이 된다. 한국은 작은 나라이지만 다양한 산업이 존재하는 까닭에 무려 1,900개나 되는 상장기업들이 있다. 이 중 싸고 좋은 기업을 판별해내는 것은 1,900개의 재무 분석이란 방대한 작업을 요한다. 특히나 시간과 전문성이 부족한 개인투자자 입장에서는 쉽지 않은 일이다. V차트는 이러한 고민을 해소하고자 하는 목적에서 창조됐다. 이 책은 V차트를 통해 기업을 스캔하는 법을 알려준다. 다시 말해 투자할 만한 기업을 효율적으로 압축할 수 있게 해준다. 재무지표들을 근간으로 하므로 V차트 활용 요령을 읽다 보면 재무에 대한 이해도가 높아지는 것은 부수적으로 따라오는 효과다. 전작에 비해 최신 사례가 등장하고 응용면이 강화된 것도 반가운 부분이다. 재무 분석의 기초를 쌓고 싶은 초급 투자자, 재무지표가 좋은 종목을 효율적으로 골라내고 싶은 중급 투자자에게 이 책을 권한다.

- 최준철, VIP투자자문 공동대표, 『가치투자가 쉬워지는 V차트』 저자

인간은 숫자보다 그림을 더 빨리 인식한다. 어린이들이 그림책을 먼저 읽는 이유도, 문자가 없던 원시 조상들이 그림을 남겨 놓은 것도 인지적 속성과 관계가 있다. 그런데 투자 서적, 그 중에서도 재무 관련 책들은 숫자와 설명으로 가득한 탓에 엄청난 지적 노력을 요구한다. 인간의 본성과 반하는 것이다. 그림으로 재무지표를 이해하고 투자도 성공하고 싶은 이들을 위한 책은 과연 없는 것일까? 그 답은 바로 여러분이 손에 들고 있는 이 책이 될 것이다.

— 이상건, 미래에셋은퇴연구소 상무, 『부자들의 개인도서관』 저자

숫자와 재무제표에 약한 투자자를 위한 최고의 책이다. V차트는 재무제표를 복잡한 수치나 어려운 공식 대신, 그림으로 기업의 성장성, 안전성, 효율성 및 가치평가까지 한눈에 확인할 수 있다. 재무제표 공부를 포기했던 분들께 꼭 일독을 권한다. 이 책을 읽고 나면 초보 투자자도 3분이면 재무제표 분석을 끝낼 수 있을 것이다.

— 김인중, 한국투자교육연구소 공동대표, 『대한민국 유망종목 200선』 공저

기업 비지니스 환경은 갈수록 복잡해지지만 결국 돈 잘 벌고, 안전한 회사를 찾아서 값 쌀 때 사는 투자 원리는 똑같다. 복잡할 때는 단순화하는 게 좋다. 텍스트와 숫자가 많을 때에는 도식화하는 게 좋다. 이 책이 그렇다.

— 박동흠, 공인회계사, 『박 회계사의 재무제표 분석법』 서사

V차트는 답답하고 지루해 보이는 가치투자를 쉽고, 효과적으로 접근하게 해준다. 기업의 재무 상태를 한눈에 파악하는 데 이번에 업그레이드된 V차트가 현업에도 큰 도움이 된다.
— 강대권, 유경PSG자산운용 CIO, 『붐버스톨로지』 역자

이제 더 이상 힘들게 재무제표를 공부할 필요가 없다. 이 책을 읽다보면 복잡한 차트도 눈에 쉽게 들어오고 자연스레 좋은 기업을 알아보는 선별력이 길러진다. 주식투자에 서투른 초보자라면 회계를 따로 공부하지 않아도 이 책 하나로 기업 분석에 눈을 뜨게 될 것으로 확신한다.
— 최용준, 다솔WM센터 세무사, 중앙일보·동아일보 세무 칼럼니스트

V차트의 종류

번호	질문	차트	활용도
1	① 영업활동을 통해 얼마나 돈을 벌고 있는가?	매출액 & 이익 차트	★★★★★
2		이익률 차트	★★★★★
3		영업외손익률 차트	★★★★★
4		매출원가율 & 판관비율 차트	★★★★
5		매출 & 순이익지수 차트	★★★
6		주가 & 순이익지수 차트	★★★
7	② 투자하기에 안전한 회사인가?	부채비율과 유동비율 차트	★★★★★
8		차입금과 차입금 비중 차트	★★★★★
9		이자보상배율 차트	★★★★★
10		안전마진지수 차트	★★★★
11		영업이익과 이자비용 차트	★★★
12		차입금과 금융비용 차트	★★★
13	③ 영업활동을 통해 번 돈이 어떤 자산으로 쌓이는가?	자산구조 차트	★★★★★
14		이익축적 차트	★★★★★
15		주주자본 구조 차트	★★★★
16		배당금 & 시가배당률 차트	★★★★
17		배당성향 & 시가배당률 차트	★★★★
18	④ 영업활동을 통해 번 돈이 얼마나 빨리 쌓이는가?	ROE와 PBR 차트	★★★★★
19		운전자본 회전일수 차트	★★★★★
20		자기자본이익률(듀퐁분석) 차트	★★★★
21		ROA & ROIC & ROE 차트	★★★
22		현금회전일수 차트	★★★
23	⑤ 기업의 현금 창출 능력은 어떠한가?	현금흐름 차트	★★★★★
24		매출액 잉여현금흐름 비율 차트	★★★★
25		주당현금흐름 차트	★★★
26		잉여현금흐름 & 순이익 차트	★★★
27	⑥ 싸게 거래되고 있는가?	주가 & 주당순이익 차트	★★★★★
28		주가 & 주당순자산 차트	★★★★★
29		PER 차트	★★★★
30		PBR 차트	★★★
31		PCR 차트	★★★
32		주가 & 주당현금흐름 차트	★★★

1. 영업활동을 통해 얼마나 돈을 벌고 있는가(총 6개)

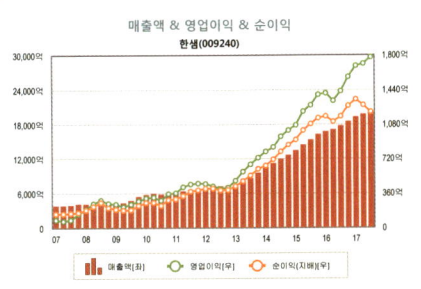
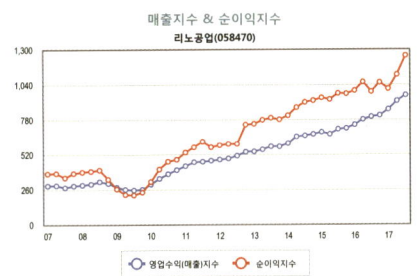
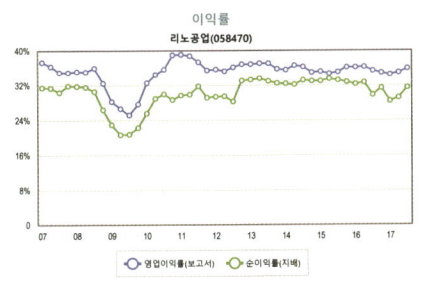
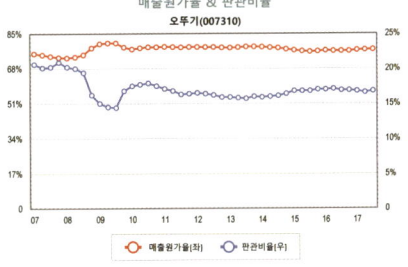
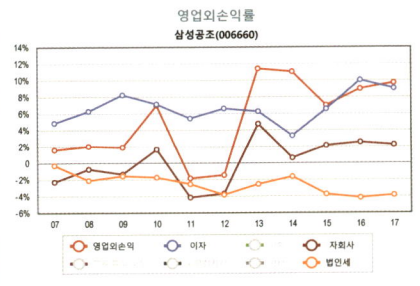

2. 투자하기에 안전한 회사인가(총 6개)

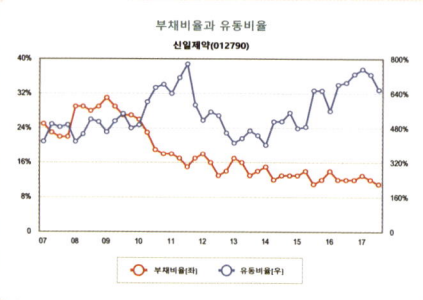

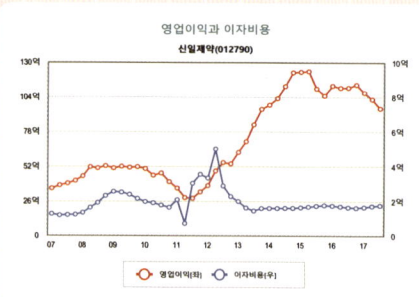

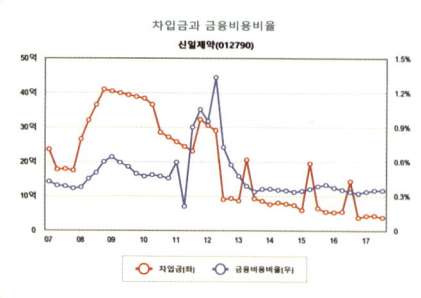

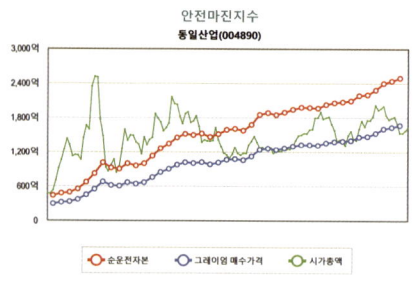

3. 영업활동을 통해 번 돈이 어떤 자산으로 쌓이는가(총 5개)

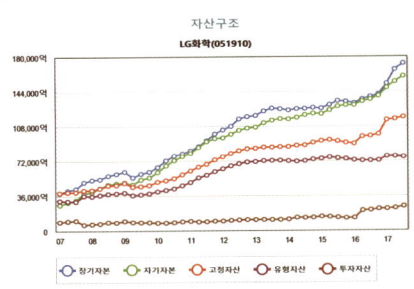

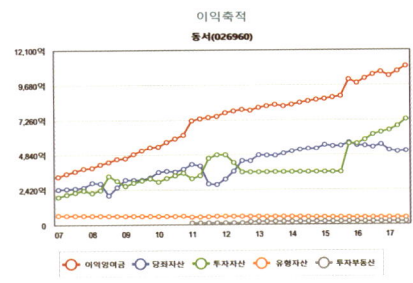

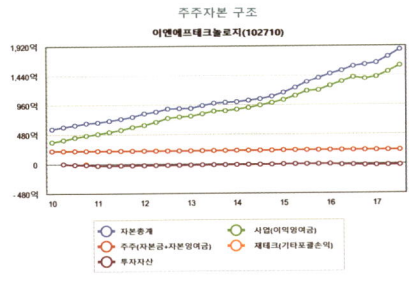

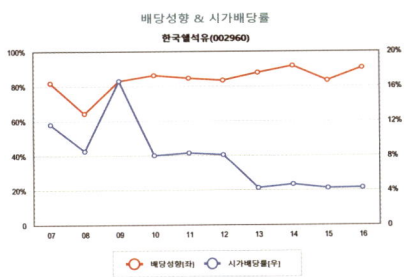

4. 영업활동을 통해 번 돈이 얼마나 빨리 쌓이는가(총 5개)

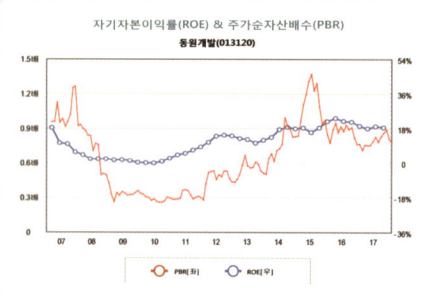

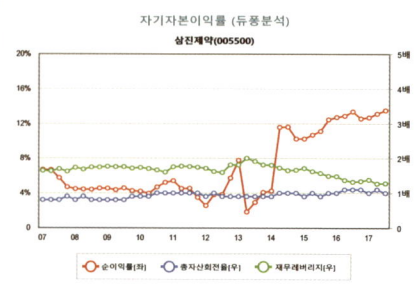

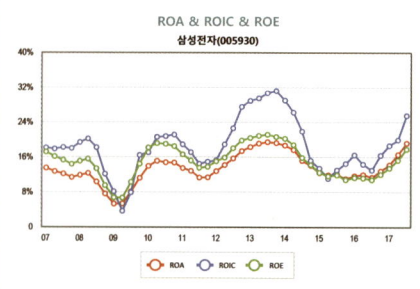

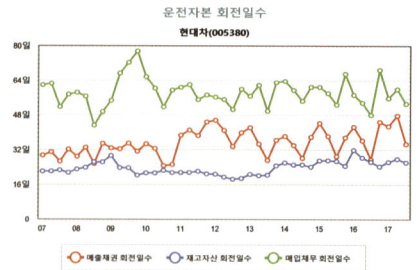

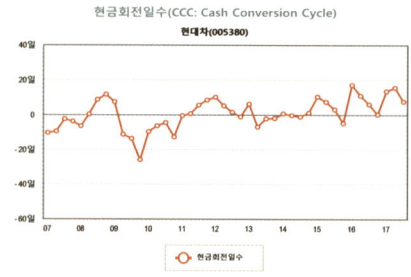

5. 기업의 현금 창출 능력은 어떠한가(총 4개)

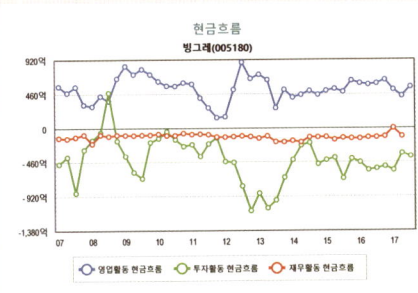

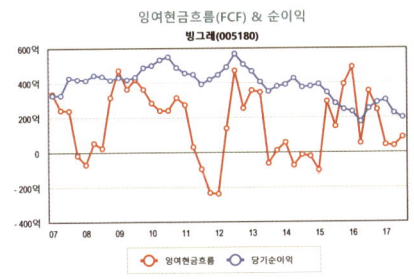

6. 싸게 거래되고 있는가(총 6개)

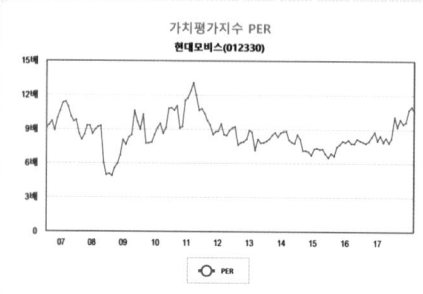

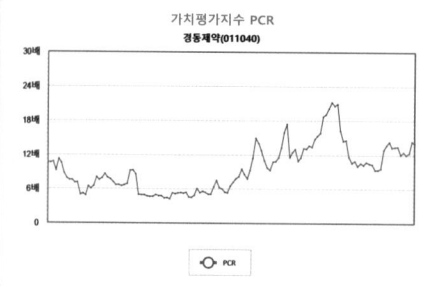

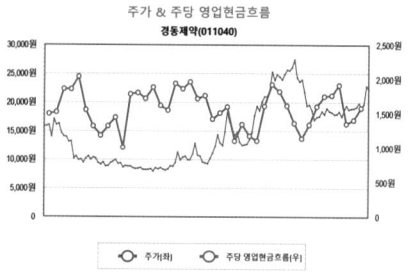

들어가는 글

투자자가 종목 발굴을 위해 기업을 분석하려 할 때 맨 처음 맞닥뜨리는 어려움은 아마도 '재무제표'일 것이다. 재무제표를 학습한 적이 없다면 생소한 용어와 숫자로 가득한 표를 보면서 난감해 할 법하다. 재무제표를 대략 이해할 수 있다고 해도 재무제표를 보면서 어떤 점을 눈여겨보고 어떻게 해석해서 투자에 활용할지는 또 다른 숙제이다. 결국 대다수 투자자는 재무제표를 통해 기업을 발굴하려는 노력 대신, 떠도는 루머와 단발성 뉴스로 종목을 판단하고 투자하는 쪽으로 엇나가게 된다.

V차트는 더욱 강력하게 진화하고 있다

V차트는 투자자의 이런 어려움을 해결해주는 솔루션으로 지난 2003년 8월 아이투자(www.itooza.com) 사이트를 통해 처음 등장했다. VIP투자자문의 김민국, 최준철 공동대표가 아이디어를 냈고, 머니투데이와의 개발 협업을 통해서 V차트가 개

발되었다.

특히 최준철 대표는 V차트 오픈과 함께 지금도 팔리고 있는 『가치투자가 쉬워지는 V차트』란 지침서도 펴내 V차트의 대중화에 크게 기여했다. 지금도 V차트를 이루는 핵심 개념인 '연환산' 등의 아이디어도 그 당시 정립됐다. 재무제표의 많은 항목 중에 의미를 가질 수 있는 것들만 모으고, 이를 공식과 차트로 만들어 실제 기업사례에 적용하는 노력이 저서에 고스란히 녹아 있다.

V차트 서비스는 2018년 현재도 아이투자 사이트에서 제공되고 있다. 또한 신한증권 HTS에도 V차트가 탑재돼 똑같은 서비스가 제공되고 있다. 특히 신한증권 HTS는 계좌만 개설하면 누구나 무료로 V차트 서비스를 이용할 수 있다.

V차트는 올해로 벌써 16살이 됐다. 긴 세월이 지나는 동안 V차트도 양적, 질적으로 더욱 진화했다. 우선 양적으론 V차트 숫자가 많아졌다. 17개였던 차트가 32개로 불어났다. 기업 활동의 더욱 세부적이고 다양한 측면을 V차트를 통해 직관적으로 이해할 수 있게 된 것이다.

여기에 시간과 함께 축적된 재무제표 데이터가 차트를 채우면서 시계열로도 훨씬 더 긴 기간을 비교할 수 있게 됐다. 워런 버핏 등 위대한 투자 대가들이 강조하는 장기간의 데이터, 즉 10년 이상의 기간을 놓고 기업가치 변화를 추적하는 일이 국내 투자자에게도 가능해졌다

질적인 측면에서는 날로 발달하는 IT 기술이 V차트에도 속속 적용됐다. V차트는 기본적으로 아이투자 사이트에서 서비스하는 웹서비스인데, 현재 V차트는 마우스를 오버하면 차트에 찍힌 수치 값과 해당하는 날짜(분기, 월)가 화면에 표시된다. 한발 더 나아가 기간 설정을 통해 원하는 기간만 확대해 볼 수도 있으며, 분기와 연간 단위로도 차트 버전을 달리할 수 있다.

지난 2011년부터 국내 도입된 IFRS(국제회계기준)도 V차트에 반영되었다. IFRS 도입으로 당시만 해도 생소했던 연결재무제표가 기업의 주재무제표로 자리 잡으면서 V차트도 이를 즉시 반영하였다. 현재 V차트는 선택 옵션을 통해 개별기준 / 연결기준 중 원하는 버전을 선택해 볼 수 있다. 연결 기준 재무 데이터 또한 시간이 지나면서 축적돼 차트로 충분히 의미 있는 정도가 됐다.

이렇듯 많은 진화를 거친 V차트지만, 변하지 않은 것도 있다. 여전히 '연환산' 개념이 V차트의 핵심이다. 매분기 발표하는 최신 재무정보를 반영하면서 1년 단위의 의미 있는 정보를 얻을 수 있는 이 개념은 2016년 한국거래소에서도 주요 지표 계산방식으로 채택돼 더욱 널리 알려졌다. 말하자면 아이투자의 V차트는 한국거래소보다 12년 앞서 이미 이 개념을 도입한 것으로 지금도 연환산 단위를 기본으로 기업 가치를 보여준다.

투자자에게 재무제표를 쉽고 직관적으로 전달한다는 당초 취지도 충실히 이어져오고 있다. 앞서 언급한대로 V차트를 처음 기획하고 개발한 최준철 대표는 "투자자들이 V차트를 활용해 숫자와 재무제표에 대한 두려움을 떨치고 좋은 기업의 주주가 돼 과실을 공유했으면 한다" 는 바람을 밝힌 바 있다. 현재 V차트의 진화도 이 바람에 맞춰 더욱 직관적이고 투자자 친화적으로, 기업의 여러 측면을 쉽게 알 수 있도록 진행되고 있다.

V차트의 진화는 여전히 '진행형'이다. V차트 서비스 운영을 맡은 아이투자에서 PER과 PBR 밴드 차트, 코스피와 코스닥의 과거 투자지표 추이 등 새로운 차트들이 연구돼 테스트되고 있다. 여기에 두 개 이상 기업 차트를 동시에 비교할 수 있는 기능 등 처음 기획 의도와 바람처럼 V차트를 더욱 많은 투자자들이 쉽게 사용할 수 있도록 여러 가지 업그레이드된 기능을 고민하고 있다.

3분 만에 끝나는 빠른 종목 진단 서비스

최준철 대표의 관련 저서 출간 이후 근 14년 만에 출간되는 이 책은 양적, 질적으로 진화한 32가지 V차트를 '6가지 질문'을 통해 소개하는 형식을 취하고 있다. 각각의 질문은 투자자가 투자 판단을 위해 꼭 체크해야 할 항목인 셈이다.

6가지 질문을 통해 가장 먼저 체크할 사안은 좋은 기업과 나쁜 기업의 구분이다. 이를 위해 각 차트별로 대비되는 기업을 사례로 들었다. 가급적 극단적인 대비를 통해 차이점이 분명히 드러나도록 했다.

좋은 기업에 투자해야 한다는 명제에 맞게 가급적이면 우량기업의 사례를 다양하게 다뤘고, 부득이하게 등장하는 부실기업의 사례는 학습 목적 이상은 아니라서 회사를 이니셜로 표기했다. 전체 32가지 차트 중 실무에서 잘 쓰지 않거나 초보투자자의 범위를 넘는 4개 차트는 간단한 설명으로 대신했다.

또한 각각의 질문에 맞는 여러 기업 유형과 투자할 때 접할 수 있는 특이사례도 V차트를 통해 접근했다. V차트만으로 알 수 없는 해당 기업에 관한 내용은 사업보고서나 뉴스 등 다른 경로로 확인해 추가했다. V차트를 보면서 기업을 파악하고 분석 포인트를 잡을 때 많은 참고가 되길 기대한다.

V차트를 보는 건 재무제표를 본다는 뜻이기도 하다. 아직 재무제표가 생소하거나 용어가 어려운 독자 분들을 위해 가급적 V차트에 나오는 용어와 재무제표 원리를 함께 녹여서 설명하려고 애썼다.

V차트는 기업 활동의 과거와 현재를 여러 측면, 여러 주제로 보여준다. 각각의 차트를 만든 주체는 하나의 기업이다. 그래서 V차트는 각각이 따로 존재하는 게 아니라 관련된 기업 활동을 매개체로 연관돼 있다. 책의 마지막 장에서 한 기업의 여러 V차트를 연관시켜 볼 수 있도록 하는 데 중점을 둬 설명했다. 실전 적용에 많

은 도움이 될 것으로 기대한다.

V차트를 통한 종목 발굴이나 기업 분석이 처음에는 다소 생경할 수 있지만, 이 책을 읽고 어느 정도 숙달되면 V차트로 기업을 분석하는 데 단 3분이면 충분하다. V차트를 활용해 이 회사가 돈을 잘 벌고 있는지, 재무적으로 안전한지, 자산구조가 안정적이고 번 돈이 현금으로 쌓이는지 등 기업을 볼 때 체크할 주요 사안 점검이 10분도 채 걸리지 않는다는 얘기다. 시간이 얼마 걸리지 않는다고 해서 분석의 질이나 효용성이 떨어지는 것은 결코 아니다. 많은 투자자들이 익숙하지 않은 재무제표 원본을 보면서 숫자, 용어와 씨름하는 것보다 V차를 통해 훨씬 더 빠르고 정확하게 기업을 파악할 수 있을 것이다.

필자도 V차트를 통해 기업 분석이나 투자 판단에 큰 도움을 받았고, 지금도 요긴하게 활용하고 있다. 앞으로 V차트를 접하게 될 많은 투자자들 또한 같은 경험을 하게 될 것이라고 믿는다. 특히 처음 투자에 입문하는 분들이라면 V차트가 건전하고 합리적인 투자, 즉 현명한 투자자의 길로 나아가는 데 큰 도움이 될 것이다.

1장

주식투자자를 위한 V차트

1. 재무제표 해결사 V차트

　V차트는 영어 Value-Chart의 앞자를 사용해 만든 이름이다. 기업 가치를 설명하는 여러 항목의 장기간 변화를 한눈에 살필 수 있도록 차트로 고안되었다.

　기업의 경영활동은 모두 재무제표에 기록된다. 내 돈(자본)과 남의 돈(부채)을 가지고 사업을 시작해 땅을 사고, 공장을 짓고, 원재료를 사온 다음 직원을 고용해 제품을 만들어 판매하는 등 일련의 과정과 결과를 기록한 문서가 재무제표다.

　그래서 기업 활동을 이해하려면 재무제표를 볼 줄 알아야 한다. 특히 사업을 분석하고 기업 가치를 측정해 투자하는 가치투자자라면 더욱 그렇다. 비단 가치투자자가 아니더라도, 상장폐지 등 돌이킬 수 없는 손실을 피하기 위해서도 재무제표 해석은 반드시 필요하다.

　그런데 문제는 재무제표가 그리 친절하지 않다는 점이다. 재무제표를 처음 본 사람은 대개 낯선 용어들과 큰 단위 숫자로 가득한 표를 보며 당황한다. 여기에 각종 재무비율(보통 ○○률로 표현, 나눗셈의 결과)을 공식처럼 외우다보면 어느덧 왜 재무제표를 보게 됐는지 처음의 목적을 잊기 일쑤다.

V차트는 이처럼 '불친절한' 기업의 재무제표를 누구나 보기 쉽게 '차트' 즉 그림(그래프)으로 만든 서비스다. 숫자로 봐선 바로 알기 어려운 변화도 그래프로 보면 명확하게 알 수 있다. 예를 들어 매출액이 늘고 있는지, 줄고 있는지 숫자보다는 그래프가 훨씬 분명하다.

뿐만 아니라 V차트는 수많은 재무항목 가운데 서로 연관돼 의미를 갖는 항목만 모아서 차트로 보여준다. 이를 통해 자연스럽게 투자자가 중요하게 봐야할 재무항목에 집중할 수 있다. 기업의 핵심 사업과 재무상태를 이해하기 위해 굳이 회계사처럼 모든 재무항목을 다 알아야 할 필요는 없다.

> **TIP**
>
> **앞으로 나올 V차트의 주요 재무 항목은?**
>
> 매출액, 영업이익, 순이익, 영업이익률, 순이익률, 매출원가율, 판관비율, 영업외손익률, 부채비율, 유동비율, 차입금, 이자보상배율, 이익잉여금, 배당금, 운전자본 회전일수, 현금흐름, PER, PBR, ROE

2. V차트의 2가지 핵심 포인트

연환산과 추세

V차트를 본격적으로 보기 전에 핵심 개념을 이해하자. 먼저 가장 중요한 개념은 '연환산'이다.

연환산은 '1년으로 환산'의 줄임말로, 최근 4개 분기를 합산해서 값을 구했다는 의미다. 2016년 1~4분기 값을 합쳐 2016년 4분기 연환산 값을 구하고, 2017년 1분기 재무제표가 발표되면 다시 2016년 2~4분기에다 가장 최근 값인 2017년 1분기 값을 합쳐 다음 연환산 값을 구하는 식이다.

상장사의 재무제표는 1년에 4번, 분기에 한 번씩 발표된다. 그런데 주가수익배수(PER), 자기자본이익률(ROE) 등 투자 의사판단에 중요한 여러 지표들은 손익계산서 또는 현금흐름표 항목의 연간 숫자로 계산한다. 그래서 만약 연간 재무제표가 발표될 때까지 1년간 기다렸다 최근 수치로 갱신하게 되면, 그 사이 발표되는 3

번의 재무제표 변화를 반영하지 못한다.

　연환산 값을 연간 숫자 대신 사용하면 이 문제가 해결된다. 연환산 값은 분기 값이 새로 발표될 때마다 구할 수 있다. 그래서 매 분기, 즉 1년에 4번 의미 있는 연간 정보를 얻을 수 있다.

　또한 연환산 값을 비교하면 계절별로 실적 변동이 심한 기업의 가치 변화도 쉽게 비교할 수 있다. 예를 들어 빙그레의 주요 제품은 여름에 잘 팔리는 아이스크림이다. 그래서 빙그레의 실적은 여름이 무척 좋고, 반대로 겨울엔 거의 적자를 낸다. 이런 빙그레의 실적을 〈그림 1-1〉처럼 분기별로만 본다면 여름에 좋고, 겨울에 나쁜 모양이 반복될 것이다. 연환산 값은 〈그림 1-2〉처럼 최근 4개 분기, 즉 모든 계절 값을 합산해서 구하기 때문에 이런 문제가 없다.

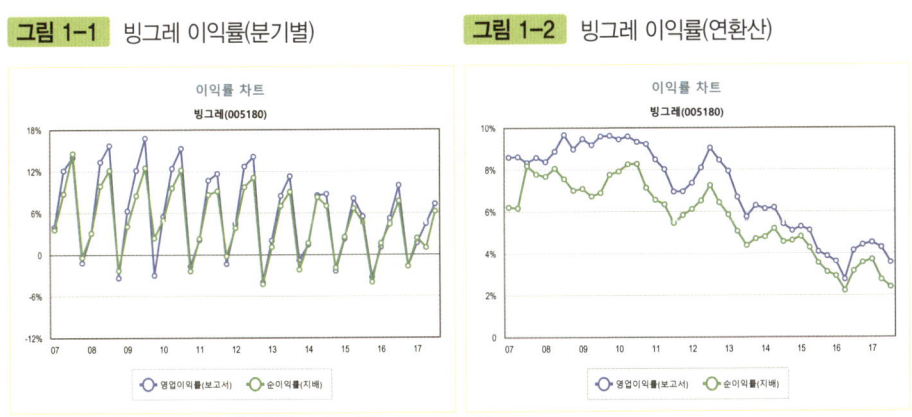

그림 1-1 빙그레 이익률(분기별)　　그림 1-2 빙그레 이익률(연환산)

　따라서 연환산 차트로 무언가 변화가 있다면 계절 영향이 아닌 실질적으로 해당 회사에 변화가 생긴 것으로 볼 수 있다.

　연환산 차트도 하나의 점이 차트에 찍히는 데 1분기, 즉 3개월이 걸린다. 만약 특정 분기 연환산 수치가 전분기 대비 증가하면 해당 분기만의 값은 전년 동기 대비 증가해야 한다.

A 기업의 2016년 3분기~2017년 3분기 매출액이 〈표 1-1〉과 같다고 하자. 2017년 3분기와 2017년 2분기 연환산 매출액을 구하면 아래와 같다.

표 1-1

A기업	2016.3Q	2016.4Q	2017.1Q	2017.2Q	2017.3Q
매출액	50	100	120	80	100

연환산 매출액 계산법

2017.2Q = 50 + (100 + 120 + 80) = 350

2017.3Q = (100 + 120 + 80) + 100 = 400

즉, 분기가 지나도 괄호 안의 값은 연환산 계산할 때 같다. 따라서 2017.3Q 연환산 값은 2017.2Q 연환산 값에서 2016.3Q를 빼고, 2017.3Q를 더해서 구한다. 그래서 2017.3Q 값이 전년 동기인 2016.3Q보다 크면 연환산 값이 높아진다.

빙그레의 연환산 기준 영업이익률 그래프는 줄곧 하락하는 추세다. 이는 매분기 빙그레의 영업이익률이 전년 동기 대비 하락했다는 것과 같은 의미다.

연환산 다음으로 중요한 핵심 개념은 추세다. 추세는 과거 증가속도나 방향이 계속 이어지는 걸 뜻한다.

위에도 언급했듯이, 실시간으로 변하는 주가나 거래량 차트와 달리, V차트의 변화는 3개월마다 실적이 발표될 때 차트에 점이 하나씩 표시되며 일어난다. 또한 이런 변화를 만드는 건 실제 기업 활동의 결과물이다. 그래서 종전과 다른 변화가 V차트에 연이어 나타나면, 해당 기업 활동이 예전과 달라졌다고 유추할 수 있다.

보통 V차트에 2~3개 연속 일정한 패턴으로 점이 찍히면 추세가 형성된다. 실제 기간으로는 6~9개월 정도다.

〈그림 1-3〉에서 나타나듯이 현대모비스의 순이익지수를 보면, 추세 전환이 여러 차례 있었다. 우선 2008년 12월부터 일어난 변화다. 순이익지수가 예전보다 훨씬 빠른 속도로 증가하기 시작했다. 당시 순이익지수 증가율 속도는 2011년 6월까지 약 2년 6개월 동안 유지됐다.

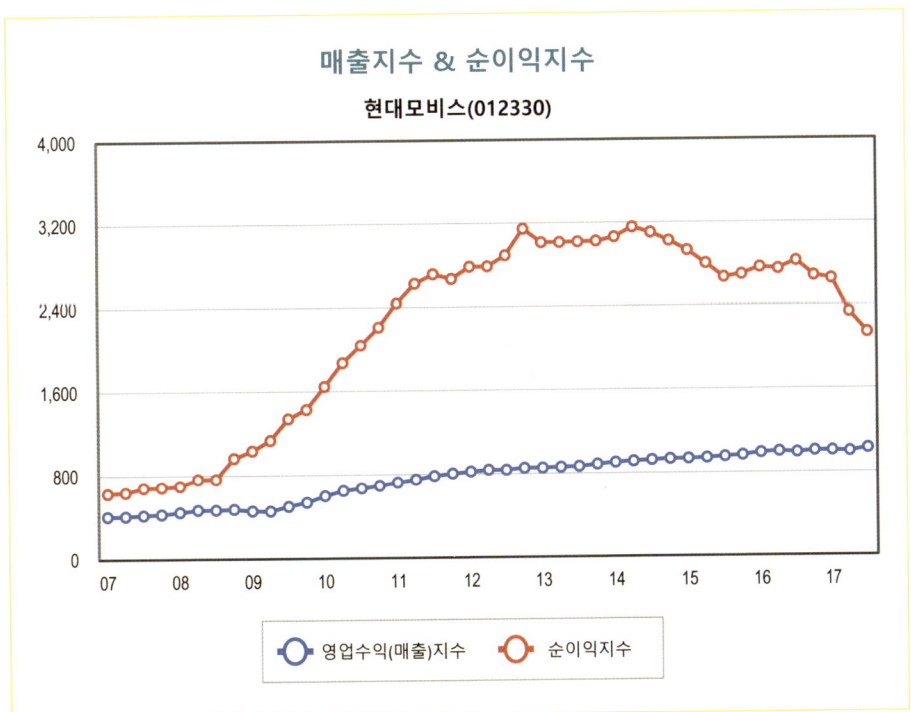

그림 1-3

이 기간 현대모비스는 현대자동차그룹의 해외 진출 확대에 발을 맞췄다. 현대자동차그룹 해외 현지생산이 늘면서 자동차부품을 공급하는 현대모비스 순이익도 크게 늘었다.

이후는 순이익지수 성장률 둔화, 성장 정체, 감소 등의 추세가 이어졌다. 한 번의 추세가 대략 1년 6개월~2년 정도 진행됐다. 현대·기아차의 해외 현지공장 투자가 일단락돼 성장이 제한되고, 사드 영향에 따른 중국 판매 타격 등의 여파다.

3. 재무제표와 V차트

연결재무제표 vs. 개별재무제표

2011년부터 국제 회계기준(IFRS)이 도입되고, 2년의 유예기간을 거쳐 2013년 1분기부터는 연결재무제표가 매 분기 발표되기 시작했다. 2018년 1월 현재 대부분 상장기업은 약 5년 치 연결재무제표 기준 분기 데이터를 갖고 있다.

연결재무제표는 말 그대로 재무제표를 연결해 작성했다는 의미다. A회사가 B회사의 지분을 일정 수준 이상 보유할 때, A와 B 회사를 마치 하나의 회사처럼 보고 재무제표를 작성한 게 연결재무제표다.

2017년 12월 현재 국내 상장사의 78%는 연결재무제표를 작성한다. 5개 중 4개 꼴로 최소 1개 이상의 연결할 자회사를 가진 셈이다. 만약 자회사의 실적이나 변화가 기업가치에 미치는 영향이 큰 기업이라면 개별이 아닌 연결 기준으로 V차트를 봐야 실질적인 기업 변화를 파악할 수 있다. V차트 기본 설정은 개별재무제표 기준이다. 다만, 순이익과 자본총계는 개별과 연결 기준을 가리지 않고 '연결 지배' 값을 표시한다(연결재무제표를 작성하지 않는 기업은 개별 값). 이들 수치로 계산하는 각종 재무비율 또한 마찬가지다.

이유는 IFRS 도입 전 기준과의 통일을 위해서다. IFRS 도입 전, 일정 수준 이상의 지분을 가진 자회사의 순이익과 자본은 각각 '지분법이익', '지분법적용투자주식'이란 이름으로 모회사 재무제표에 기록됐었다. 즉, 자회사의 순이익과 자본이 지분율 만큼 모회사에 반영돼 있었다는 얘기다.

연결재무제표에서 같은 개념이 바로 지배주주 순이익, 지배주주 자본총계다. 즉, 지배주주 기준은 순이익과 자본총계에 지분에 해당하는 자회사 몫을 더해주던 과거 기준과 같다.

그래서 개별재무제표 기준으로 V차트를 보더라도, 순이익과 자본총계 만큼은 자회사 몫을 지분율 만큼 반영해 더한 수치로 비교해야 한다.(연결재무제표를 작성하지 않는 기업은 이런 이슈가 없다. 따라서 손익계산서에 나온 순이익과 자본총계를 그대로 표시한다.)

기업의 경영활동과 재무제표 관계

〈그림 1-4〉는 기업의 경영활동이 재무제표에 기록되는 과정을 압축해서 보여준다. V차트 또한 각 과정에 해당하는 활동을 여러 측면에서 나타낸다.

먼저 기업은 자금의 원천인 자본과 부채를 가지고 사업을 시작한다. 이렇게 모은 자금을 사용하면 자산으로 기록된다. 그리고 자산에서 제품과 서비스를 생산하고, 이를 판매하면 매출액이다.

매출액에서 각종 비용, 즉 원가, 이자비용, 세금 등을 빼면 순이익이 남는다. 이 순이익이 바로 처음 사업에 자본을 댄 주주의 몫이다.

순이익에서 일부를 배당하고 남는 이익은 이익잉여금으로 분류돼 다음해 자본에 더해진다. 그리고 기업은 이를 적절히 사용해 다시 위 과정을 반복한다.

그림 1-4 기업의 경영활동과 재무제표 관계

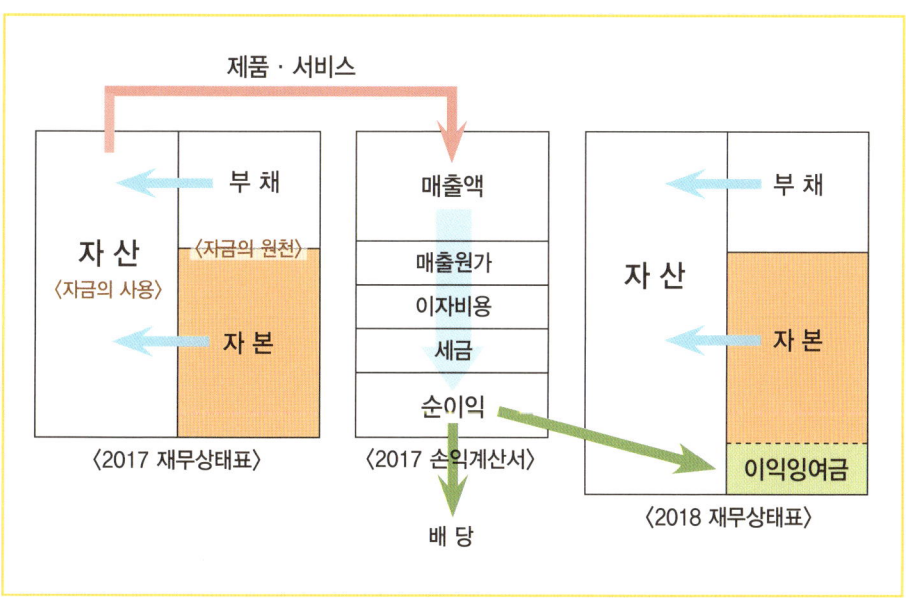

이 책의 2장부터는 기업을 6가지 질문 순서에 맞춰 각각에 해당하는 V차트를 설명한다. 6가지 질문은 다음과 같다.

1) 영업활동을 통해 얼마나 돈을 벌고 있는가?
2) 투자하기에 안전한 회사인가?
3) 영업활동을 통해 번 돈이 어떤 자산으로 쌓이는가?
4) 영업활동을 통해 번 돈이 얼마나 빨리 쌓이는가?
5) 기업의 현금 창출 능력은 어떠한가?
6) 싸게 거래되고 있는가?

6가지 질문은 〈그림 1-4〉와 직·간접적으로 관련돼 있다. 먼저 첫 번째 질문인 "돈을 잘 벌고 있는가"는 매출액에서 순이익에 이르는 과정을 V차트로 보여준다. 두 번째 질문 "안전한 회사인가"는 부채와 자본의 비율, 부채의 구성 등을 나타내며, 세 번째 질문 "어떤 자산으로 쌓이는가"는 자금을 사용한 자산의 구조와 순이익에서 배당이 지급되는 활동, 이익잉여금이 자산으로 바뀌는 과정을 보여준다.

네 번째 질문은 "얼마나 빨리 쌓이는가"인데, 자산에서 나온 제품과 서비스가 매출로 연결되는 속도, 순이익이 더해져 자본이 늘어나는 속도 등을 V차트로 살핀다. 다섯 번째 "현금 창출 능력은 어떠한가"는 이 모든 과정을 현금의 출납을 기준으로 기록한다. 마지막 "싸게 거래되고 있는가"는 이런 경영활동을 잘 하는 기업의 가격이 어느 정도일 때 투자하면 좋은지를 가늠한다.

이처럼 기업의 경영활동은 재무제표에 기록되고, 각각의 활동에 따라 투자자가 챙겨야할 부분을 한눈에 보기 쉽게 만든 게 V차트라고 할 수 있다.

4. 3분이면 종목 진단 OK!

V차트, 왜 봐야 할까

V차트는 재무제표를 차트로 만든 솔루션이다. 그래서 V차트를 보는 이유는 재무제표를 보는 이유와 같다.

투자자가 재무제표를 보는 첫 번째 이유는 손실 위험을 피하기 위해서다. 구체적으로 적자가 계속되거나 부채가 너무 많은 기업에 투자해 투자금의 손실을 입을 가능성을 차단코자 함이다. 워런 버핏의 스승이자 가치투자 창시자인 벤저민 그레이엄은 저서 『현명한 투자자』에서 '원금의 안전성'을 '철저한 분석', '적절한 기대수익'과 함께 투자와 투기를 구분하는 3요소 중 하나로 강조한 바 있다.

V차트는 기업의 수익성이나 재무 안전성을 여러 차트를 통해 살핀다. 각 차트마다 판단 기준을 함께 제공해 투자자가 회사에 대해 최종 판단할 수 있도록 돕는다.

10년 이상의 장기간 추이를 보기 쉽다는 점도 V차트의 미덕이다. 장기 추세를 보면 기업의 과거 활동과 맥락을 쉽게 파악할 수 있다. 예를 들어 매출이 계속 늘고 있는지, 아니면 증감을 반복하는지, 부채가 점점 감소하는지 등이 V차트에서 보여주는 기업의 장기적 변화다. 덕분에 어떤 기업이라도 V차트를 먼저 보면 회사 상황에 대한 이해도를 크게 높일 수 있다. 앞서 설명한 V차트의 '추세' 또한 이러한 장기 추이를 기반으로 만들어진다.

　마지막으로, V차트를 보면서 해당 기업에 대한 분석 포인트를 찾을 수 있다. 분석은 특정 현상의 원인을 찾는 과정이다. V차트를 보다 보면, 특정 시점이나 기간에 기업 가치에 직접적인 영향을 주는 확연한 변화가 나타날 때가 있다. 이런 변화를 발견하면 먼저 기록해두고, 이후 재무제표 세부항목이나 사업보고서, 뉴스와 증권사 리포트 등을 확인해 합당한 이유를 찾는다. 이 과정을 반복한다면 기업에 대한 심층적인 이해도를 더욱 높일 수 있다.

V차트의 구성

　2018년 1월 현재 V차트는 모두 32개 차트가 있다. V차트가 처음 탄생했던 당시 17개에서 출발해 개정과 보강을 거쳤다. 또한 당시보다 차트로 나타낼 수 있는 재무제표 기간도 길어져 더욱 장기간 데이터를 통해 차트 판단이 가능해졌다. 뿐만 아니라 지난 2013년부터 분기별로 발표되기 시작한 연결 기준 재무데이터도 어느덧 5년치가 누적돼 추이를 확인할 수 있다. (연결재무제표는 2013년 이전에도 1년에 한 번, 연간 기준으로는 발표됐다. 따라서 연결 기준 V차트를 장기간 확인할 때는 '연간' 기준으로 옵션을 설정하고 차트를 본다.)

앞서 언급했듯, 2장부터는 기업을 분석하기 위해 투자자가 던져야할 질문을 6가지로 구분해 각 질문 순서대로 설명한다.

질문 순서도 의미를 갖는다. 첫 번째 질문 '영업활동을 통해 얼마나 돈을 벌고 있는가?'에서 출발해 마지막으로 '싸게 거래되고 있는가?'를 묻는다.

투자자의 눈으로 기업을 볼 때, 가장 처음엔 이 회사가 사업으로 돈을 버는 기업인지부터 따져야한다. 그렇지 않은 기업은 투자 검토 대상으로 부적절하다.

그리고 기업에 대한 여러 가지를 고려한 뒤 마지막으로 가치평가(싼지, 비싼지)를 고려한다. 다시 말해 기업의 재무와 사업에 대한 분석을 했는데 투자할 만한 기업이 아니라면, 가치평가를 하고 적정주가를 계산하는 의미가 적다는 얘기다. 우량기업과 부실기업을 가리지 않고 단지 공식에만 의존한 적정주가 계산은 자칫 엉뚱한 결론을 초래할 수 있다.

표 1-2 질문별 세부 V차트 리스트

번호	질문	해당 차트
1	① 영업활동을 통해 얼마나 돈을 벌고 있는가?	매출액 & 이익 차트
2		매출 & 순이익 지수 차트
3		이익률 차트
4		매출원가율 & 판관비율 차트
5		영업외손익률 차트
6		주가 & 순이익 지수 차트
7	② 투자하기에 안전한 회사인가?	부채비율과 유동비율 차트
8		차입금과 차입금 비중 차트
9		영업이익과 이자비용 차트
10		이자보상배율 차트
11		차입금과 금융비용 차트
12		안전마진지수 차트

13	③ 영업활동을 통해 번 돈이 어떤 자산으로 쌓이는가?	자산구조 차트
14		이익축적 차트
15		주주자본 구조 차트
16		배당금 & 시가배당률 차트
17		배당성향 & 시가배당률 차트
18	④ 영업활동을 통해 번 돈이 얼마나 빨리 쌓이는가?	ROE와 PBR 차트
19		자본효율성(듀퐁분석) 차트
20		ROA & ROIC & ROE 차트
21		운전자본 회전일수 차트
22		현금회전일수 차트
23	⑤ 기업의 현금 창출 능력은 어떠한가?	현금흐름 차트
24		주당현금흐름 차트
25		잉여현금흐름 & 순이익 차트
26		매출액 잉여현금흐름 비율 차트
27	⑥ 싸게 거래되고 있는가?	PER 차트
28		주가 & 주당순이익 차트
29		PBR 차트
30		주가 & 주당순자산 차트
31		PCR 차트
32		주가 & 주당현금흐름 차트

V차트는 막대와 선, 두 종류 그래프를 사용한다. 모두 시간의 흐름에 따라 차트를 보게끔 돼 있다. 시간이 갈수록 올라가는 항목도 있고, 반대로 내려가는 항목도 있다. 물론 오르내림을 반복하는 항목도 있다.

V차트의 주요 항목 가운데 올라가면 좋은 것과 내려가면 좋은 것을 따로 〈표 1-3〉에 정리했다. 본격적으로 세부 차트를 보기 전에 대략 살펴보면 도움이 된다. 표시가 없는 건 오르내림만으로 좋음을 판단할 수 없는 경우다.

표 1-3 V차트 증감에 따른 그래프 항목별 판단 　　　　▲ 오르면 좋음 ▼ 내리면 좋음

번호	질문	차트	주요 구성항목
1	영업활동을 통해 얼마나 돈을 벌고 있는가?	매출액 & 이익 차트	매출액▲　영업이익▲　순이익▲
2		매출 & 순이익지수 차트	매출지수▲　순이익지수▲
3		이익률 차트	영업이익률▲　순이익률▲
4		매출원가율 & 판관비율 차트	매출원가율▼　판관비율▼
5		영업외손익률 차트	영업외손익률▲
6		주가 & 순이익 지수 차트	주가 순이익지수▲
7	투자하기에 안전한 회사인가?	부채비율과 유동비율 차트	부채비율▼　유동비율▲
8		차입금과 차입금 비중 차트	차입금▼　차입금 비중▼
9		영업이익과 이자비용 차트	영업이익▲　이자비용▼
10		이자보상배율 차트	이자보상배율▲
11		차입금과 금융비용 차트	차입금▼　금융비용▼
12		안전마진지수 차트	안전마진지수
13	영업활동을 통해 번 돈이 어떤 자산으로 쌓이는가?	자산구조 차트	장기자본　자기자본　고정자산
14		이익축적 차트	이익잉여금▲　당좌자산▲　유형자산
15		주주자본 구조 차트	자본총계 이익잉여금▲
16		배당금 & 시가배당률 차트	배당금▲　시가배당률▲
17		배당성향 & 시가배당률 차트	배당성향 시가배당률▲
18	영업활동을 통해 번 돈이 얼마나 빨리 쌓이는가?	ROE와 PBR 차트	ROE▲　PBR
19		자본효율성(듀퐁분석) 차트	순이익률▲　총자산회전율▲　재무레버리지▼
20		ROA & ROIC & ROE 차트	ROA▲　ROIC▲　ROE▲
21		운전자본 회전일수 차트	매출채권회전일수　매입채무 회전일수　재고자산 회전일수
22		현금회전일수 차트	현금회전일수
23	기업의 현금 창출 능력은 어떠한가?	현금흐름 차트	영업현금흐름▲　투자현금흐름▼　재무현금흐름▼
24		주당현금흐름 차트	주당현금흐름▲
25		잉여현금흐름 & 순이익 차트	잉여현금흐름▲　순이익▲
26		매출액 잉여현금흐름 비율 차트	매출액잉여현금흐름비율▲

27	싸게 거래되고 있는가?	PER 차트	PER
28		주가 & 주당순이익 차트	주가 주당순이익▲
29		PBR 차트	PBR
30		주가 & 주당순자산 차트	주가 주당순자산▲
31		PCR 차트	PCR
32		주가 & 주당현금흐름 차트	주가 주당현금흐름▲

V차트의 장점

V차트는 여러 장점이 있어 쓰임새가 무궁무진하다. 그 중에서도 주요 장점을 4가지로 요약했다.

1) 복잡한 숫자를 그림으로 보여준다

V차트 최대 장점과 효용은 '그림'이다. 숫자로 된 재무제표를 누구나 직관적으로 이해하기 쉬운 차트 형태로 바꿔준다는 점에서 큰 의의가 있다. 그림보다 숫자가 편한 사람은 거의 없을 것이다. 차트로 구현된 V차트만 대략 살펴도 이 회사가 돈은 벌고 있는지, 부채가 너무 많지 않은지, 너무 비싸지 않은지 등 투자 판단에 필요한 중요한 배경지식을 바로 얻을 수 있다.

2) 관련된 재무 항목끼리만 모아서 보여준다

재무제표는 많은 계정과목으로 구성된다. 각 계정은 저마다의 의미를 갖고 있지만, 투자자가 꼭 알아야할 항목은 따로 있다. 또한 계정 중엔 서로 연관돼 의미를 갖는 경우도 있다. 이런 계정을 함께 파악해 기업에 일어난 변화를 알아내는 게 투자판단에 필요한데, V차트가 이를 대신해준다. V차트는 관련 있는 계정만 모아 함께 제공함으로써 투자자가 결정을 내리는데 큰 도움이 된다.

3) 장기간 재무 데이터를 한눈에 볼 수 있다

국내 상장사 재무 데이터는 전자공시시스템(dart.fss.or.kr)에 게재된다. 우리나라에서 재무 데이터가 매분기마다 제공되기 시작한 시점은 2000년 3월이다. 그때부터 투자자들은 3개월 단위로 기업 가치 변화를 추적할 수 있게 됐다.

V차트는 4개 분기를 합산한 연환산 단위를 기본으로 한다. 그래서 2000년 12월부터 첫 번째 데이터를 차트에 표시한다. 이후 2017년 9월까지 17년, 68개의 연환산 데이터로 차트를 그릴 수 있다.

V차트가 등장했던 2004년엔 연환산 데이터가 최대 15개 내외에 불과했다. 그래서 10년 이상의 장기 추이로 기업을 분석하는 일이 불가능했다. 지금은 데이터가 축적된 덕분에 기업의 장기간 데이터 추이를 보면서 투자판단을 내릴 수 있게 됐다. 앞으로도 계속 데이터가 축적되면 V차트의 가치도 한층 높아질 것이다.

4) 다양한 옵션을 통해 원하는 기간 차트를 볼 수 있다

V차트는 연환산 외에도 분기(3개월), 연간 단위로 차트를 제공한다. 필요한 상황에 따라 데이터 기준을 바꿔가며 보면 된다. 특히 다음 경우는 분기나 연간 단위 차트를 꼭 확인하길 추천한다.

▶ 분기 차트를 보는 게 좋은 경우

급성장 기업

특정 사업이나 제품이 말 그대로 '대박'을 치는 경우가 있다. 예를 들면 한샘 인테리어사업부, 삼양식품 불닭볶음면, 해태제과 허니버터칩 등이다. 이런 경우 회사의 실적은 분기별로 체크할 필요가 있다. 연환산 차트를 통해 전년 동기와 비교하기보다는, 바로 직전 분기 대비 성장 추세가 지속되고 있느냐가 더 중요한 체크 포인트이기 때문이다. 따라서 이때는 분기 기준 V차트를 보는 게 유용하다.

경기 변동형 기업

경기 변동형 기업의 실적은 호황과 불황에 따라 극명하게 갈린다. 호황기는 모든 분기 실적이 전년 동기 대비 증가했을 것이며, 불황기는 그 반대다. 따라서 이들 기업이 본격적인 호황 또는 불황에 진입했다면 분기별로 실적을 체크할 필요가 있다. 전년 동기와 비교해 실적이 증가했더라도, 직전 분기 대비 감소하면 호황의 정점을 지나고 있다고 판단할 수 있다. 반대로 전년 동기 대비 실적이 감소해도 직전 분기보다 많아졌다면 실적이 바닥을 지난 것으로 추측할 수 있다.

▶ 연간 차트를 보는 게 좋은 경우

연간 차트의 최대 장점은 연도별로 구분돼 해당 변화가 언제 일어났는지를 분명히 알 수 있다는 점이다. 기업 또한 1년 단위로 사업보고서를 발표하며 한해 실적과 변화를 결산하기 때문에, V차트의 변화 원인을 찾을 때에도 연간 단위 차트가 유용하다.

투자에 활용할 때 유의점

앞서 살펴본 것처럼, V차트는 숫자로 가득찬 재무제표를 그림으로, 그것도 관련된 항목끼리 연결해 보여준다는 장점을 가진다. 또한 장기 데이터를 한눈에 보여주고, 필요하다면 분기·연간 기준으로 변경해 볼 수도 있다.

단, 많은 장점에도 V차트가 투자의 모든 것을 해결해주는 '만능열쇠'는 아니다. 다음과 같은 몇 가지 한계를 이해하고 V차트를 활용한다면 투자할 때 더욱 정확한 도움을 받을 수 있다.

1) V차트가 기업 가치 변화의 세세한 원인까지 설명하지는 않는다

V차트는 기업 가치 변화의 결과가 기록되는 경우가 많다. 예를 들어 매출액이 전년 대비 증가해 V차트에서도 우상향하는 모습을 보였다고 하자. 이때 V차트는 다음과 같이 뒤따르는 궁금증까지 해결하진 못한다.

어느 사업부, 어떤 품목 매출이 늘었나?
늘어난 매출은 수출, 내수 어느 쪽인가?
매출 증가 이유는 제품 가격 인상과 판매량 확대, 어느 쪽인가?
앞으로도 매출 증가가 계속 될 수 있는가?

이런 질문은 모두 분석 또는 예측에 해당한다. 즉 기업가치의 변화 원인을 찾고, 심화된 분석을 위한 질문이다.

V차트가 보여주는 건 과거부터 현재까지 기업 가치가 어떻게 변해왔고, 어떤 특

성을 갖는지다. 그래서 V차트 변화 원인을 찾으려면 재무제표 상세항목, 사업보고서, 증권사 리포트, 뉴스검색, IR자료 등 추가 정보를 취합하는 분석이 뒤따라야 한다. 그리고 이런 노력이 있을 때, 진정으로 V차트를 제대로 활용하는 강력한 도구를 가진 투자자가 된다.

2) V차트가 보여주는 과거 추세가 미래에도 계속된다는 보장은 없다

투자자는 보통 기업 미래에 관심이 많다. '주가는 기업의 미래를 먹고 산다'는 말이 있을 정도로, 주가가 기업 미래 전망이나 성장성에 따라 급등락하는 경우가 많기 때문이다.

V차트는 오랜 기간 과거 추이를 보여주기 때문에, 투자자는 이를 보면서 과거 추이가 미래에도 계속될 것이라고 단정 짓기 쉽다. 예를 들어 매출과 이익이 계속 성장해온 기업은 마치 성장이 앞으로도 영원히 이어질 것처럼 확신할 수도 있다.

지금까지 사업을 잘해온 기업들이 잘 못했던 기업들보다는 앞으로도 잘할 가능성은 크다. 다만 과거 성과가 좋았다는 이유로 미래까지 장밋빛으로 속단하긴 이르다. 과거와 현재를 정확하고 면밀히 파악할수록 미래 예측력이 높아지듯, V차트를 통해 과거와 현재를 잘 파악해서 해당 기업을 심층적으로 분석하기 위한 발판으로 삼는 게 좋다.

보너스

결과부터 알고 싶다면? 주식MRI 솔루션

V차트보다 더 빨리 기업 상태를 점검할 수 있는 방법도 있다. V차트에서 체크하는 6개 질문에 대한 대략적인 답을 보여주는 주식MRI 솔루션이다.

주식MRI 솔루션은 기업을 5가지 항목으로 평가해 점수를 매긴다. 이익 성장성, 재무 안전성, 현금 창출력, 사업 독점력, 밸류에이션이 평가항목이다. 각 항목별로 0~5점까지 점수를 부여하고 이를 오각형 모양으로 나타낸다.

오른쪽은 SK하이닉스의 주식MRI 차트다. 재무 안전성과 수익 성장성은 5점을 받았고, 나머지 항목은 4점이다. 두루 높은 점수를 얻어 투자를 검토할 만한 회사다.

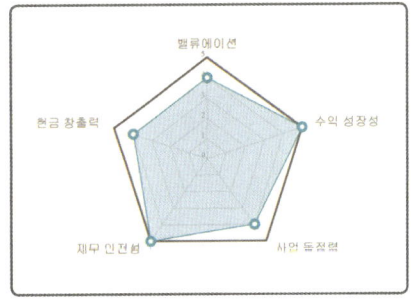

주식MRI가 평가하는 항목은 V차트 6개 질문과 직간접적으로 대응한다. 이익 성장성은 "돈을 잘 벌고 있는가", 재무 안전성은 "안전한 회사인가"에 대한 답변과 직결된다. 현금 창출력은 "현금 창출 능력은 어떠한가", 밸류에이션은 "싸게 거래되고 있는가"와 연결된다. 마지막으로 사업 독점력은 V차트의 여러 질문에 대한 답을 종합적으로 고려해 결과를 내는 항목이라고 볼 수 있다. 각각의 V차트 질문에 대한 답변이 "매우 그렇다"에 가까울수록 해당 항목 점수도 5점에 가깝다.

그래서 특정 기업의 V차트를 보기 전에 주식MRI 점수를 먼저 보면, 대략적인 '그림'을 갖고 V차트를 보게 된다. 주식MRI가 알려준 결과를 V차트를 통해 검증하고 과거 추이를 보는 작업을 통해 해당 기업을 빠르고 효율적으로 파악할 수 있다.

2장

돈을 벌고 있는 회사인가

▶ 이 장의 주요 V차트 관련 용어

매출액, 영업이익, 순이익, 매출지수, 순이익지수, 영업이익률, 순이익률, 매출원가율, 판관비율

▶ 이 장의 주요 V차트

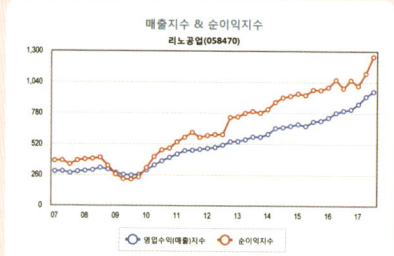

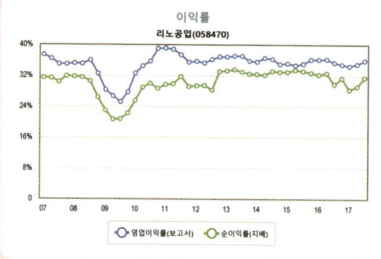

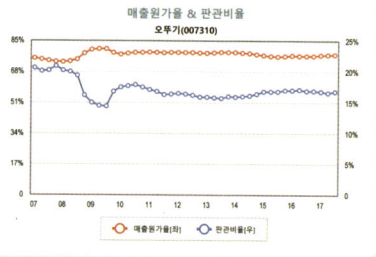

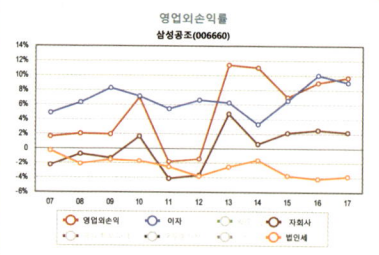

1. 수익성 차트의 체크 포인트

"돈을 벌고 있는가"는 투자할 기업을 고를 때 가장 먼저 물어야할 질문이다. 투자의 목적은 자산을 늘리는 것인데, 돈을 벌지 못하는 기업에 투자했을 때 자산증식은 거의 '요행'에 의존해야 한다.

V차트 첫 번째 사드로 매출액과 영업이익, 순이익 차트가 등장한다. 이들 3개 요소는 손익계산서를 구성하는 핵심 항목으로, 기업이 사업을 잘했는지 못했는지를 한눈에 보여준다.

셋 중 가장 먼저 봐야할 값은 매출액이다. 우량 기업은 매출액이 꾸준히 증가한다. 매출액이 정체되거나 감소하는 기업은 투자하기 전 꼭 확인할 필요가 있다.

매출액은 기업이 판매하는 물건이나 서비스의 총합이다. 각 품목의 단가 × 판매수량의 총합으로 계산한다. 따라서 매출액이 준다는 것은 제품이나 서비스 가격이 하락하거나 판매수량이 줄고 있다는 의미다. 둘 다 투자자에겐 좋은 신호가 아니다.

다음은 이익이다. 매출액에서 기업이 부담한 각종 비용을 빼면 이익이 남는다. 그 중 영업이익은 기업이 영업활동을 통해 번 이익이며, 순이익은 영업이익에서 다시 이자비용과 세금 등을 제하고 남은 이익이다.

영업이익은 기업이 사업을 통해 벌었다는 점에서, 순이익은 최종적으로 주주에게 돌아가는 몫이라는 점에서 각각의 의미를 갖는다. 그래서 매출액과 함께 이 2가지 이익을 기업의 실적으로 비교한다.

그럼 실제 기업의 매출액과 영업이익, 순이익 차트를 보자. 차트에서 매출액은 그래프 왼쪽 축에 따라 막대그래프로 표시된다. 영업이익과 순이익은 오른쪽 축을 따르며 선그래프로 나타난다. 매출액과 영업이익, 순이익에는 규모 차이가 있어 차트 양쪽에 각각 따로 표시한다.

먼저 모범사례인 리노공업이다. 〈그림 2-1〉에서 보듯 리노공업의 매출액과 영업이익, 순이익은 꾸준히 우상향하고 있다. 매출액을 보면, 2010년 1분기부터 거의 매분기 끊이지 않고 막대그래프가 커지고 있다. 이는 매분기 매출이 전년 동기 대비 증가했다는 의미다.

영업이익과 순이익 또한 비슷하다. 간혹 1~2개 분기 동안 정체되거나 줄기도 하지만, 대체로 꾸준하게 증가한다. 매출 증가가 큰 무리 없이 이익 성장으로 이어지고 있다는 의미로 회사의 비용 통제에도 문제가 없음을 짐작할 수 있다. 그렇다면 리노공업은 무엇을 하는 회사이기에 이처럼 양호한 차트를 보여주고 있을까?

그림 2-1

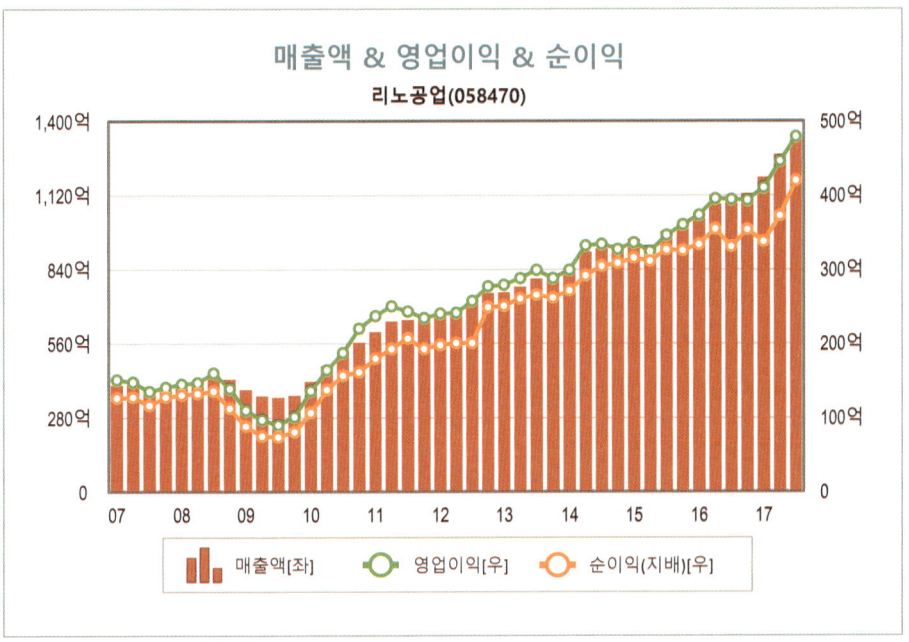

리노공업은 반도체 칩의 테스트에 사용되는 리노 핀LEENO PIN과 IC테스트소켓IC TEST SOCKET을 만든다. 반도체 칩 하나를 만들려면 칩디자인, 웨이퍼가공, 패키징, 테스트를 거친다. 리노 핀과 IC테스트소켓은 최종 테스트 공정에 사용되는 테스트 장비가 다양한 종류의 반도체 칩과 호환되도록 연결해준다.

리노 핀과 IC테스트소켓 모두 직접 반도체 칩과 맞닿아 검사를 진행한다. 일정 횟수가 지나면 교체해야 하는 소모성 부품이라 매출이 꾸준하다. 또 반도체 종류에 따라 테스트에 사용하는 리노 핀과 IC테스트소켓도 달라지기 때문에 반도체 생산량이 늘거나 종류가 많아지면 수요가 증가한다.

이제, 리노공업의 매출 & 순이익지수 차트를 보자. 이 차트(〈그림 2-2〉)는 특정

2장 돈을 벌고 있는 회사인가 | 51

시점의 매출액과 순이익을 100으로 놓고, 비교시점의 매출액과 순이익을 지수로 만들어 표시한다. 시작점을 같게 맞춘 덕분에 매출액과 순이익이 얼마나 성장했는지 함께 비교할 수 있다. 그래서 차트의 축도 왼쪽 하나만 나타난다.

리노공업의 2017년 9월 매출지수는 962.4, 순이익지수는 1,250.7이다. 기준 시점에 비해 매출액은 약 9.6배, 순이익은 12.5배 늘었다는 의미다. 최근 10년 간의 변화를 보면 매출지수는 2007년 9월 277.2에서 962.4가 돼 연평균 13.3%, 같은 기간 순이익은 347.9에서 1,250.7로 늘어 13.7% 증가했다. [아이투자 사이트(www.itooza.com) 복리계산기를 사용하면 계산을 손쉽게 할 수 있다. V차트를 보면서 연평균 증가율 등을 바로 계산할 때 요긴하다.]

그림 2-2

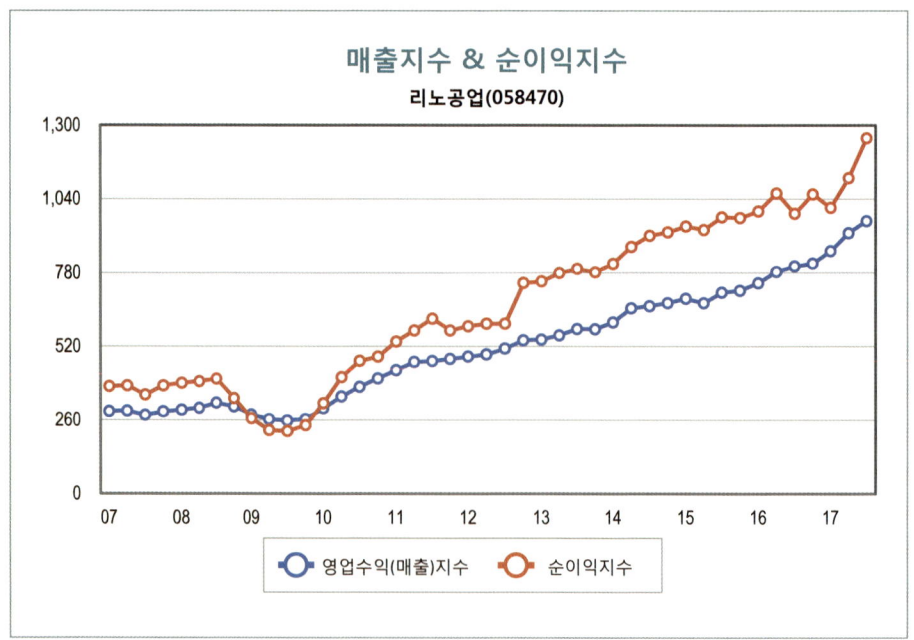

세 번째 차트(〈그림 2-3〉)는 이익률 차트다. 이 차트는 영업이익률과 순이익률을 보여준다. 매출을 100원 했을 때, 영업이익으로 얼마나 남기는지(영업이익률), 순이익으로 얼마가 남는지(순이익률)를 알 수 있다.

그림 2-3

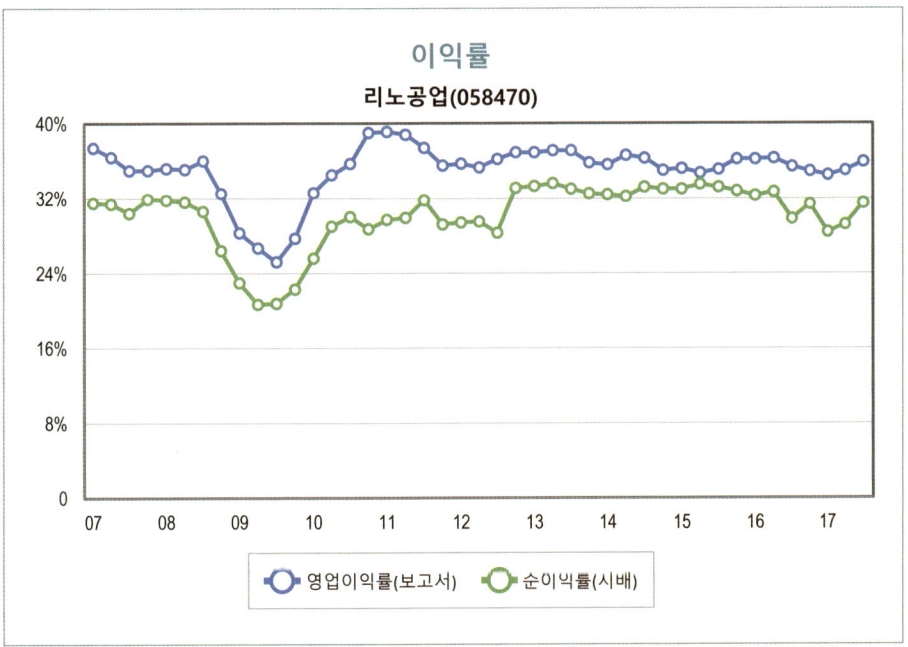

예를 들어 영업이익률이 10%인 기업은 100원의 매출을 올려서 10원(100원 × 10%)을 남긴다고 해석할 수 있다. 같은 매출을 올렸다면, 영업이익을 많이 남길수록(영업이익률이 높을수록) 영업을 잘한 회사다. 그래서 영업이익률은 기업의 영업능력을 판단하는 대표적인 지표 중 하나다.

순이익률은 영업이익에서 이자비용이나 법인세 등 그 밖의 비용을 모두 제외하고 마지막에 얼마가 남는지를 나타낸다. 따라서 일반적으로 영업이익률보다 순이익률이 낮다.

　일반적으로 제조업은 10%, 서비스업은 20% 이상의 영업이익률을 내는 기업은 영업능력이 뛰어나다고 판단한다. 참고로 2017년 3분기 연환산(최근 4개 분기 합산) 기준 코스피 상장사의 영업이익률은 8%, 코스닥 상장사는 6.5%다.

　리노공업의 영업이익률은 최근 10년 내 24% 이하로 내려간 적이 없다. 영업이익률이 하락했던 2008년 9월~2009년 9월은 세계적인 금융위기 여파가 한창이던 시기다. 이 구간을 제외한 영업이익률은 35~40%를 꾸준히 유지한다. 우수한 제조업의 기준이 10%였던 걸 고려한다면 리노공업은 일반적인 우수한 기준의 3~4배의 수익성을 내는 회사인 셈이다.

　어떻게 이런 실적을 유지할 수 있었을까? 리노공업은 약 1,400여 개의 국내외 고객사를 두고 있다. 여기에 제품 종류도 약 2만 2,000개에 달한다. 다품종 소량생산의 특성과 특정 고객사에 대한 의존도가 높지 않은 점이 이렇듯 높은 영업이익률을 장기간 유지할 수 있는 배경이다.

　순이익률은 금융위기 시기를 제외하면 대체로 28~33% 사이다. 영업이익률보다 약 5~7%p 낮은 수치가 꾸준히 나오고 있다. 이 차이는 앞서 순이익률에 대해 설명했듯, 법인세 비용 등이 반영된 결과다.

　리노공업처럼 이익률이 유지되면서 매출이 늘면 자연스럽게 이익도 증가한다. 만약 매출이 증가하면서 '이익률'도 상승하는 기업이라면, 이익은 급증하게 된다. 다음의 공식처럼, 이익은 매출액과 이익률의 곱으로 쓸 수 있기 때문이다.

영업이익 = 매출액 × 영업이익률

순이익 = 매출액 × 순이익률

영업이익률은 기업의 영업능력을 나타내는 일종의 성적표다. 이런 성적을 받기까지 과정을 짚어보면 기업에 대한 이해도를 더 높일 수 있다.

앞에서 언급한 손익계산서 구조를 다시 떠올려보자. 매출액에서 영업이익으로 가는 과정에서 2가지 비용을 뺀다. 제품을 만들 때 드는 '매출원가', 그리고 생산한 제품을 판매하거나 재고 등을 관리할 때 드는 '판매비와 관리비'(이하 판관비)다.

매출원가와 판관비 모두 매출액에서 차례로 지출된다. 그래서 이들 비용을 매출액으로 나누면 매출액에서 차지하는 비중이 나온다. 각각 매출원가율, 판관비율이라 부른다. 앞서 살펴본 영업이익률과의 관계는 다음과 같다.

100% − 매출원가율 − 판관비율 = 영업이익률

이제 리노공업의 매출원가율 & 판관비율 차트(〈그림 2-4〉)를 보자. 매출원가율은 그래프 좌측, 판관비율은 우측 기준을 따른다. 일반적인 제조업은 매출원가율이 70~80%, 판관비율은 10~15% 정도로, 두 값의 차이가 커 양쪽에 따로 기준을 두고 추이를 살핀다.

매출원가율은 2008년 9월~2009년 9월에 54.1%에서 63.5%로 높아진 걸 제외하면 대체로 55% 내외다. 매출원가율이 높아진 기간이 언제일까? 바로 앞서 이익률 차트에서 영업이익률이 하락했던 기간과 같다. 매출원가율 상승이 영업이익률 하락으로 직결됐음을 확인할 수 있다.

이 기간 판관비율은 9.9%에서 11.2%로 1.3%p 상승했다. 매출원가율에 비해 상승 폭이 적고, 이 정도 상승은 다른 기간에도 발견된다. 다시금 매출원가율 상승이 영업이익률 하락의 주 원인이 됐음을 재확인한다.

그림 2-4

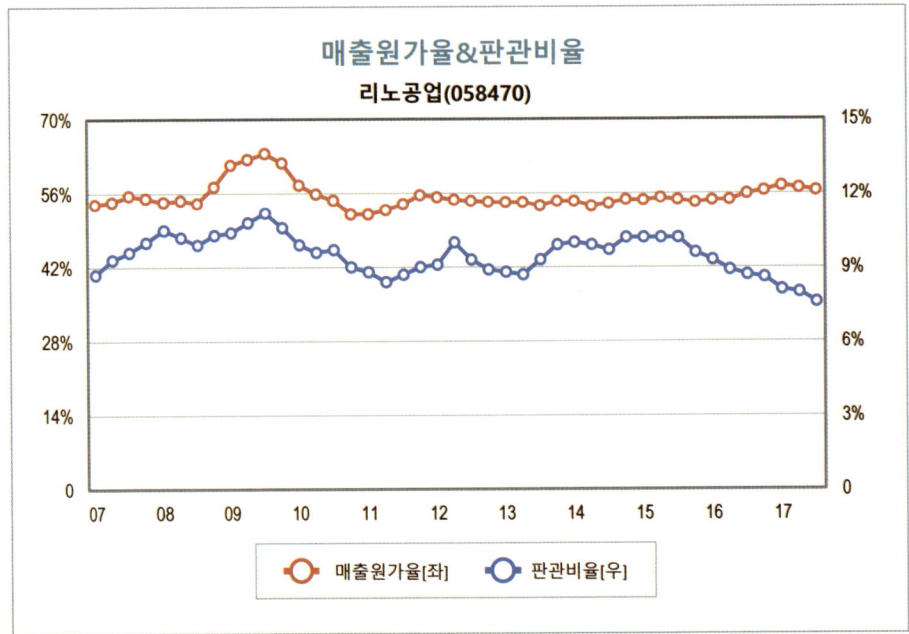

리노공업의 판관비율은 9% 내외를 유지했다. 9%면 동종 업계에서 상대적으로 낮은 수준이다. 리노공업이 속한 반도체 업종에서 2017년 3분기 누적 기준 영업흑자를 낸 83개 기업의 평균 판관비율은 15.6%다.

그런데 판관비율보다 더 확연히 낮은 수치가 매출원가율이다. 리노공업이 평균적으로 기록한 매출원가율 55%는 반도체 업종 매출원가율 71%보다 16%p나 낮다.

리노공업이 보이는 높은 영업이익률의 비결이 판관비 통제와 함께 낮은 매출원가에 있음이 밝혀지는 대목이다.

리노공업의 주요 제품인 리노 핀과 IC테스트소켓은 원재료가 많이 들지 않는다. 전체 매출원가에서 원재료비 비중은 약 30% 정도며 나머지는 생산직 근로자 급여, 감가상각비, 연구개발비 등이다. 낮은 가격의 원재료를 높은 가격을 받는 제품으로 바꾸는 고부가가치 사업이라는 특성이 낮은 매출원가율과 높은 영업이익률을 통해 드러난다. 그리고 V차트를 보면서 리노공업이 이런 사업 특성을 지난 10년간 유지했음을 알 수 있다.

모범사례라고 할 수 있는 리노공업과는 양상이 다른 사례로 자동차 부품회사인 A기업에 대해 동일한 종류의 차트들을 살펴보자. 〈그림 2-5〉에서 보듯 A기업의 매출액 추이는 리노공업과 차이가 있다. 마치 산봉우리처럼 매출이 많았던 시기와 줄어든 시기가 반복된다. 특히 지난 2014년 12월을 정점으로 약 3년 동안은 매출이 계속 줄고 있다.

영업이익과 순이익 또한 매출과 비슷하게 등락을 보인다. 여기에 영업흑자를 냈을 때가 거의 없었던 점도 유의할 점이다. 최근 10년 내 최대 매출을 기록했던 2014년 12월과 2015년 3월을 제외하면, A기업의 영업이익은 2009년 이후 줄곧 적자였다. 매출에 비해 비용 지출이 더 많았고, 매출이 늘어도 적자 폭이 줄지언정 남는 건 없었단 뜻이다.

순이익도 상황은 비슷하다. 한시적으로 순이익이 영업이익보다 많아 흑자를 낼 때도 있었지만, 대부분 기간에 영업이익과 함께 순이익도 적자를 냈다. 2016년 12월부터는 영업이익 적자 폭에 비해 순이익 적자 폭이 확연히 커졌다. 영업이익과 순이익 사이에 평소보다 많은 추가적인 비용이 발생했다는 의미다. 예를 들어, 이자, 외환 관련 손실, 법인세 같은 비용이 증가했을 수 있다.

그림 2-5

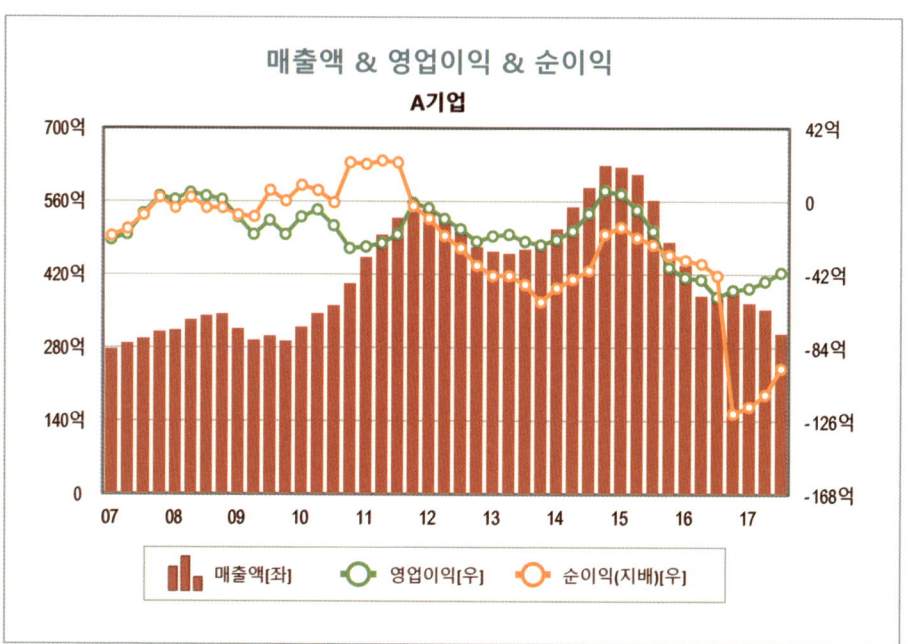

TIP

국내 증시에 적자 기업은 몇 개나 있을까?

국내 상장기업 1,959개 가운데 가장 최근 자료인 지난 2016년 말 기준 순이익 적자를 낸 기업 수는 520개로, 26%를 차지했다. 특히 107개는 2012~2016년까지 5년 연속 순이익 적자다. 의외로 많은 기업이 돈을 잘 벌지 못한다. A기업과 비슷한 사례에 투자하지 않도록 각별히 유의해야 하는 이유다.

그림 2-6

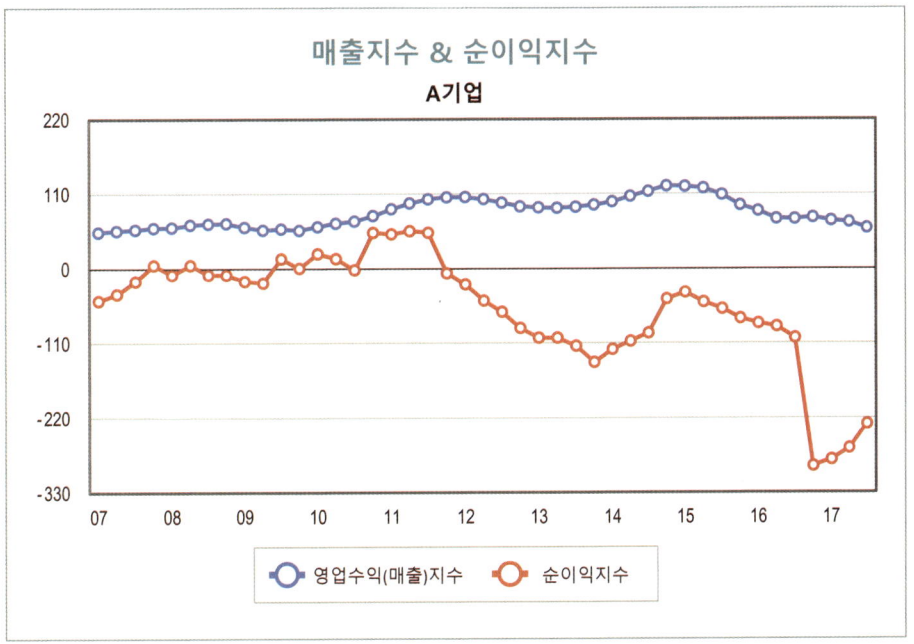

이제 〈그림 2-6〉 매출지수 & 순이익지수 차트를 확인하자. 가장 두드러진 특징은 순이익지수가 주로 0 아래에 형성돼 있단 점이다. 최근 10년 동안 흑자보단 적자를 낼 때가 많았다는 것을 지수 차트를 통해서도 확인할 수 있는 셈이다.

매출지수는 50~120 사이다. 매출액이 기준시점 매출액의 절반까지 줄어들기도 했으며 성장 또한 20% 이상은 하지 못했다는 얘기다. 앞서 리노공업의 V차트에서 확인할 수 있었듯이 우량기업들이 기준시점을 100으로 계속 매출지수를 늘려나가는 점과 뚜렷한 차이가 있다.

그림 2-7

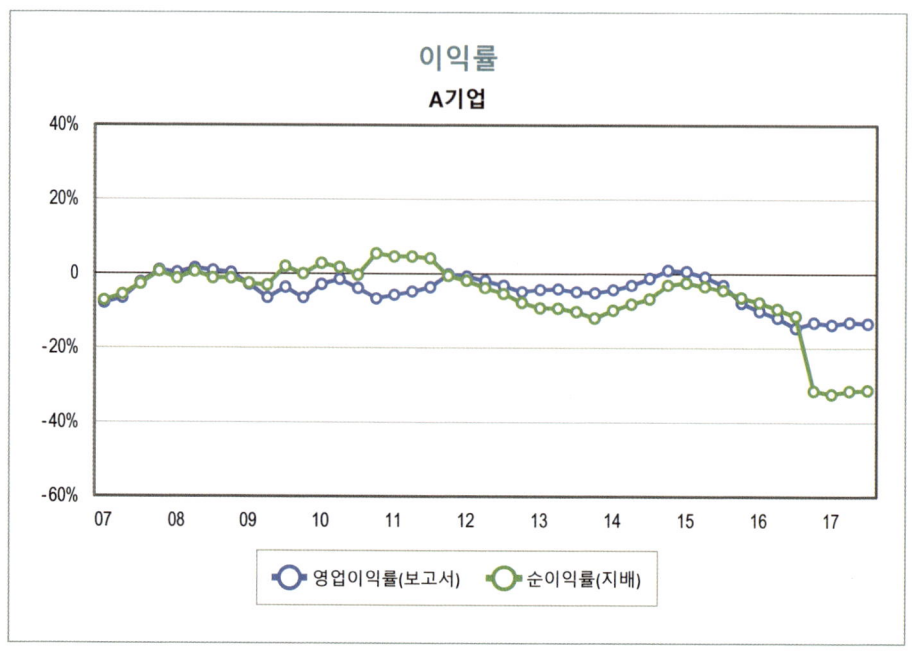

〈그림 2-7〉 이익률 차트를 보아도 회사의 어려운 상황이 나타난다. 영업이익률과 순이익률 모두 0%를 넘은 적이 몇 차례 되지 않는다. 최근인 2017년 9월 영업이익률은 −13.2%, 순이익률은 −31.4%다. 다시 말해 100원의 매출을 올린다면 본업에서 13원을 밑지고, 본업 외 비용이 더해지면 31원 밑지는 장사를 한 셈이다.

그럼 이 회사는 왜 적자가 계속될까. 우선 매출원가율 자체가 높다. 〈그림 2-8〉 매출원가율과 판관비율 차트를 보면 A기업의 매출원가율은 90.8~107%에 달했다. 매출에서 원재료 등 생산비용만 제외해도 얼마 남지 않거나, 이미 손실을 보고 있었다는 뜻이다. 판관비율은 4~10%로 다른 기업과 비슷하거나 조금 낮은 편이다. 결국 높은 매출원가율이 누적된 적자의 주범이라고 볼 수 있다.

그림 2-8

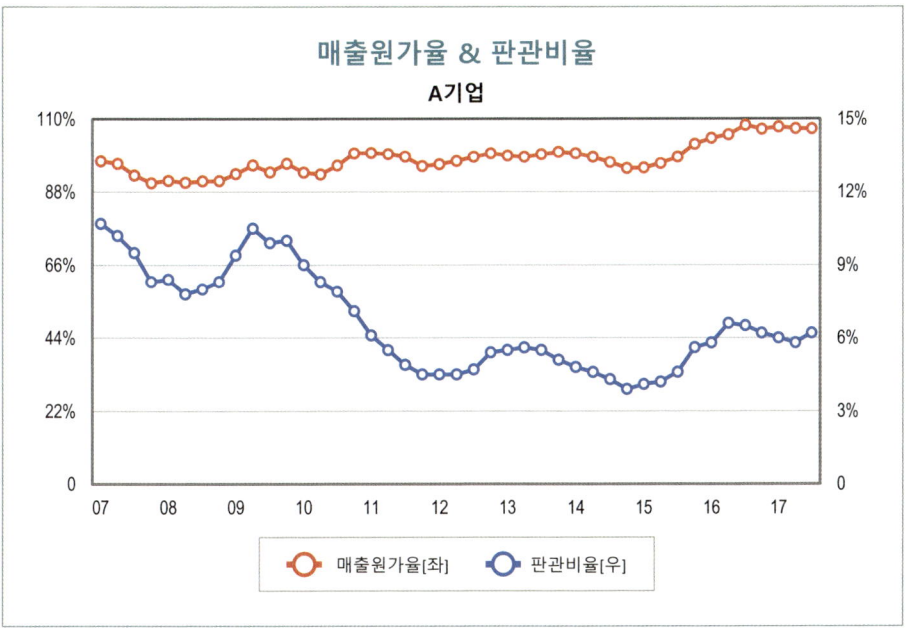

그럼 매출원가율은 왜 높을까. 추정컨대, 회사가 제대로 제품가격을 못 받거나, 판매량이 적어 '규모의 경제' 효과를 누리지 못했을 가능성이 크다.

제품가격을 높게 받고 싶지 않아서 싸게 파는 기업은 없다. 뒤집어 말하면 싸게 팔지 않으면 상대가 사주지 않는 경쟁력이 낮은 제품을 만든다는 얘기다. 제품가격을 싸게 하면서도 이익을 내려면 대량으로 만들고 판매해서 개당 매출원가를 낮추는 방법이 있는데, 이 경우도 수요가 없으면 할래야 할 수 없다.

그렇다면 A기업은 무슨 사업을 하길래 이런 상황일까? A기업은 차량 에어컨 콤프레서, 브레이크, 핸들조작, 배기구 등에 들어가는 부품을 만든다. 에어컨용 부품은 한라공조를 통해, 그리고 브레이크와 핸들조작 관련 부품은 만도를 통해 현대차와 기아차에 들어간다.

A기업이 속한 자동차 부품산업은 리노공업과 달리 고객사가 현대차, 기아차 등 일부 대기업 완성차 회사와 여기에 부품 모듈(부품 덩어리)을 공급하는 대형 부품사 등으로 한정돼 있다. A기업이 제품가격을 낮출수록 이 대형업체들은 필요한 부품을 싸게 조달하는 효과가 있다. 고객사가 편중된 데다, 제품 자체의 경쟁력이 높지 않은 사업모델의 수익성은 이렇게 취약할 수 있다.

V차트에서 본 것처럼 경영악화를 겪던 A기업은 급기야 2017년 11월 최대주주를 변경하는 공시를 냈다. 회장이 보유한 지분 35%를 장외거래를 통해 모두 투자사에 매각한다는 내용이다.

A기업은 이에 앞서 자산재평가, 영업총괄을 맡았던 회장 2세의 보유지분 전량 매각 등을 진행했다. 매출과 이익이 모두 감소하고, 흑자를 내지 못하는 기업은 최대주주 변경 등 기업을 둘러싼 환경 변화가 잦을 수 있고 이에 따른 주가 급등락을 겪곤 한다. 안타깝게도 이 과정에서 대부분의 투자자는 손실을 내기 일쑤다.

지금까지 몇가지 V차트를 통해 살펴봤듯이 사업이 안정된 우량기업에 투자하는 것이야말로 성공투자를 위해 반드시 유의해야 할 요소다. 특히 사업 특성과 외부 환경을 자세하게 분석하기 힘든 초보 투자자라면 더욱 그렇다.

2. 4가지 기업 유형별 V차트

일반적으로 기업의 목적은 이윤추구다. 기업가는 사업을 하는 저마다의 비전과 목적이 다를 수 있지만, 기업은 이익을 내야 유지될 수 있다. 그래서 이익을 내지 못하는 기업은 장기적으로 계속되기 어렵다.

그런데 주식투자자 입장에서도 이익이 무척 중요하다. 기업의 가치는 그 회사가 얼마나 이익을 잘 내는가에 달렸다고 해도 과언이 아니기 때문이다. 특히 "이익을 잘 내는 기업은 가치가 높아지고 주가가 이를 반영한다"는 건 가치투자의 근간을 이루는 믿음 중 하나다.

이제 V차트의 첫 번째 질문의 여러 차트를 통해 이익을 내는 4가지 기업유형을 정리해보자. 기업마다 이익을 내는 방식이 다르면, 투자전략이나 향후 분석 포인트도 달라야 하기 때문에 아주 중요한 부분이다.

1) 스노우볼 유형

첫 번째 돈을 버는 유형은 '스노우볼snowball'이다. 워런 버핏이 언급해 유명해진 단어로, 우리말로 풀면 '눈덩이' 같은 주식이라 하겠다. 언덕에서 눈을 굴려 점점 큰 눈덩이를 만들 듯, 매출과 이익이 시간이 갈수록 꾸준히 커지는 회사들이다.

주로 제품가격에 대한 꾸준한 인상을 통해 매출과 순이익을 늘리는 '소비자 독점 기업'이 이런 유형에 해당한다. 워런 버핏이 영구보유를 선언한 코카콜라 또한 대표적인 스노우볼 유형이다.

이들 기업은 끊임없이 소비되는 제품이나 서비스를 만드는 경우가 많다. 그래서 주로 음식료나 제약업종, 카지노, 결제 관련 업종 등에서 발견된다.

이제 V차트를 통해 살펴볼 국내 케첩의 1인자 오뚜기는 대표적인 스노우볼 유형이다. 〈그림 2-9〉에서 보듯 매출액과 이익이 완만하고 꾸준한 속도로 장기간 우상향 중이다.

특히 매출을 보면 최근 10년 간 분기 매출이 줄어든 적이 거의 없다. 다소 부침을 보이는 이익에 비해 훨씬 꾸준한 성장세를 보이고 있음을 확인할 수 있다.

그림 2-9

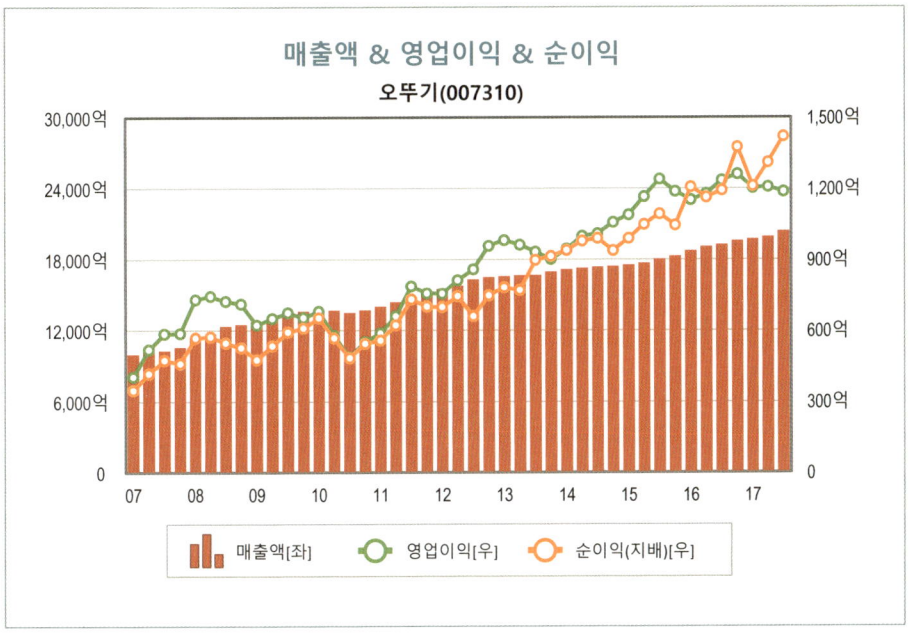

TIP

자녀에게 물려줘도 좋을 스노우볼 유형의 주식, 어떻게 찾을까?

스노우볼 유형은 맘 편히 장기투자할 수 있어 자녀에게 물려줘도 좋을 주식이다. 단, 국내 증시에 이런 기업은 극소수로 발굴이 쉽지 않다. 그때 활용할 수 있는 지표가 자기자본이익률(ROE)이다. 오랜 기간 10% 이상의 ROE를 큰 변동 없이 유지한 기업이 스노우볼 유형일 가능성이 크다. 책 286페이지에 수록한 V차트로 분석할 만한 우량기업도 장기투자 후보군이다.

그림 2-10

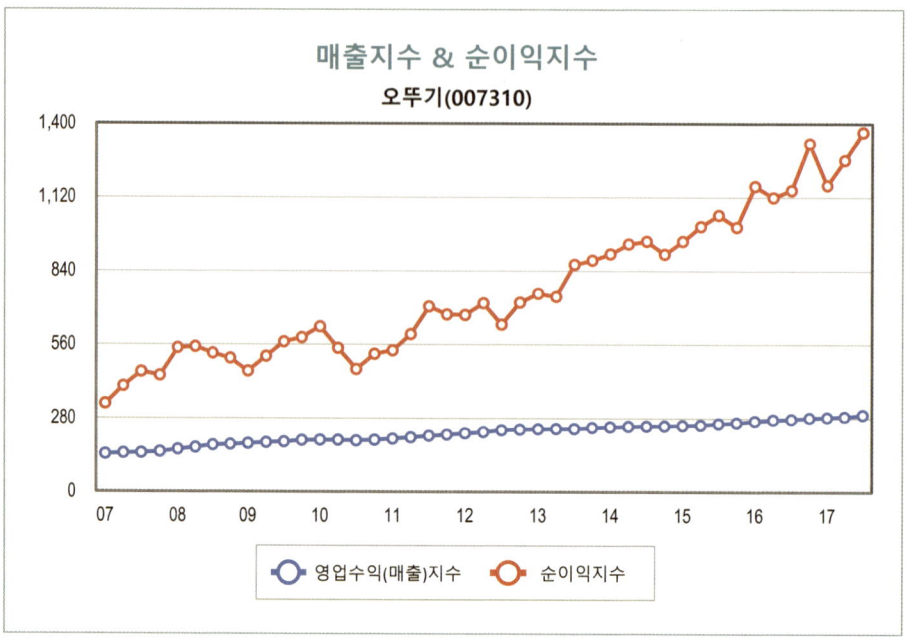

매출지수 & 순이익지수
오뚜기(007310)

　성장 속도는 어떨까. 〈그림 2-10〉의 매출지수와 순이익지수를 통해 연평균 성장률을 계산해보자. 오뚜기의 매출지수는 2007년 9월 148.1에서 2017년 9월 293.4가 됐다. 같은 기간 순이익지수는 456.7에서 1,367.7로 커졌다. 최근 10년간 매출지수의 연평균 성장률은 7.1%다. 순이익지수 성장률은 11.6%가 나온다.

　〈그림 2-11〉에서 보듯, 영업이익률은 4~6% 사이를 거의 매년 꾸준히 유지 중이다. 최근 5년 동안은 6% 내외를 꾸준히 유지해 직전 5년보다 더 나아진 모습을 보인다. 오뚜기의 2017년 3분기 누적 영업이익률은 7.8%이며, 오뚜기가 속한 음식료 업종의 2017년 3분기 누적 평균 영업이익률은 6.6%다.

순이익률은 영업이익률과 거의 비슷하다. 자회사에서 발생하는 이익과 배당수익, 보유 현금에서 발생하는 이자수익, 임대수익 등 영업외손익이 고정적으로 발생해 법인세 비용을 상쇄시켜준 덕분이다. 오뚜기처럼 본업 외 현금과 자회사, 부동산 등 가진 자산이 많은 기업은 영업외수익이 발생해 주주에게 돌아가는 순이익 덩어리를 키운다. 부업으로도 쏠쏠한 수익을 기대할 수 있으니 주주 입장에선 나쁠 게 없다.

그림 2-11

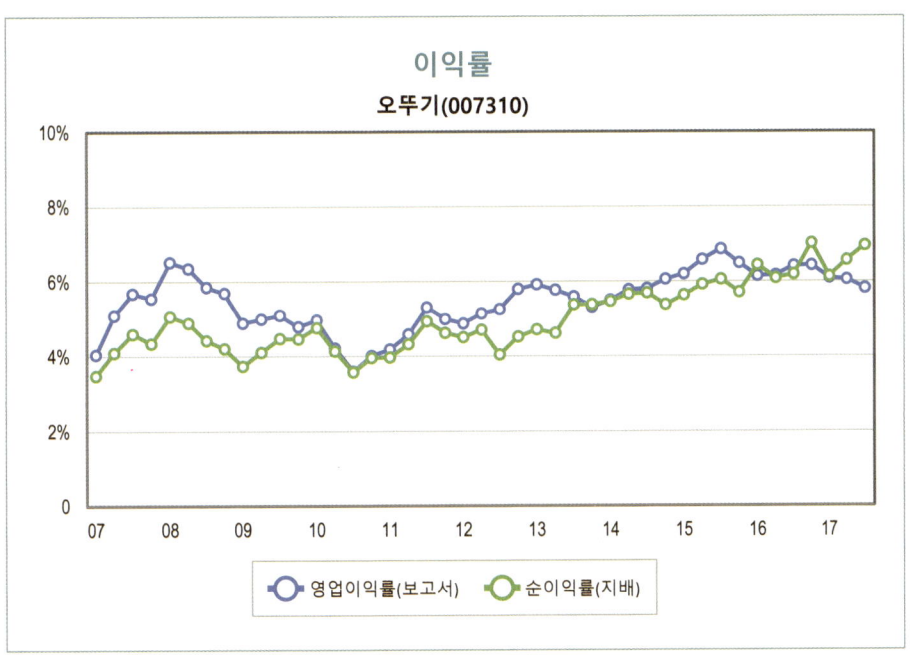

매출원가율과 판관비율도 유지되는 경향이다. 매출원가율은 약 77%, 판관비율은 17% 내외다. 2008년 6월에서 2009년 9월까지 매출원가율이 상승하고, 판관비율이 하락했는데, 재무제표를 통해 구체적으로 확인해보면 판관비로 분류되던 지급수수료와 판매촉진비 일부가 매출원가로 분류가 변경된 영향이다.

그림 2-12

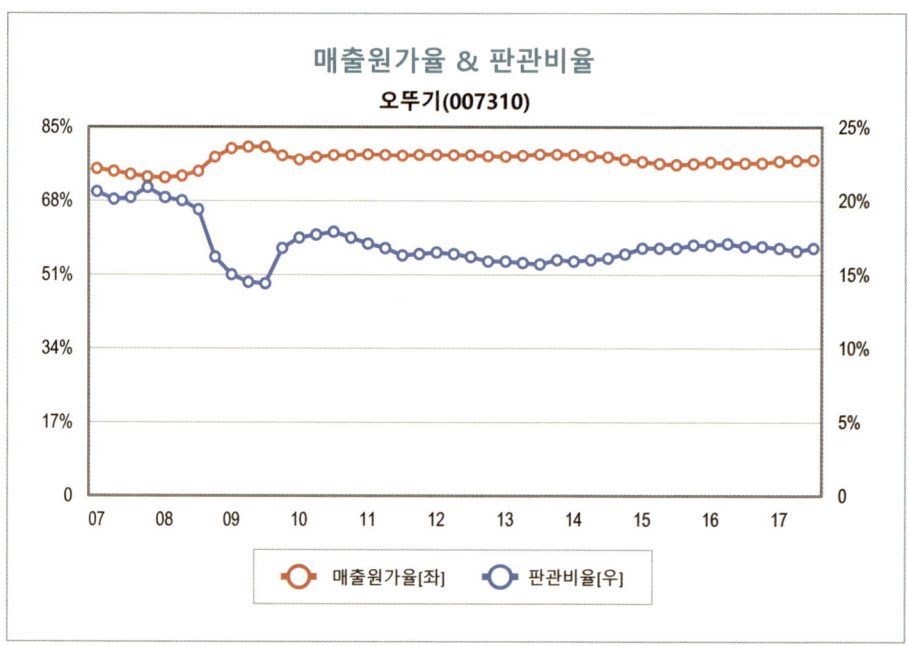

주가는 어땠을까. 첫 번째 질문의 마지막 V차트는 주가와 순이익지수를 비교한다. 〈그림 2-13〉을 보면 순이익지수는 거의 45도 각도로 꾸준히 올라간 반면, 주가는 2012년 6월을 기준으로 상반된 양상을 보인다. 2007년 3월~2012년 6월까지 약 5년 반 동안 오뚜기의 주가는 큰 변동이 없었다. 그런데 2012년 하반기부터 주가는 약 16만 원부터 오르기 시작, 2016년 1월 말에는 140만 원을 넘는다. 약 3년 반 만에 8.5배 급등했다.

주목할 것은 오뚜기의 순이익지수 상승률이 주가 정체기나 주가 급등기 모두 크게 다르지 않았다는 점이다. 순이익지수 연평균 상승률은 주가 정체기(2007년 3월~2012년 6월) 15.6%, 주가 급등기(2012년 6월~2016년 3월) 13.8%다. 오뚜기는 예나 지금이나 비슷하게 성장하고 있는데, 시장의 평가만 완전히 달라진 경우다.

오뚜기 주가는 급등 이후 거의 반토막이 난 적도 있었지만, 2017년 12월 기준 80만 4,000원선에서 거래되었다.

그림 2-13

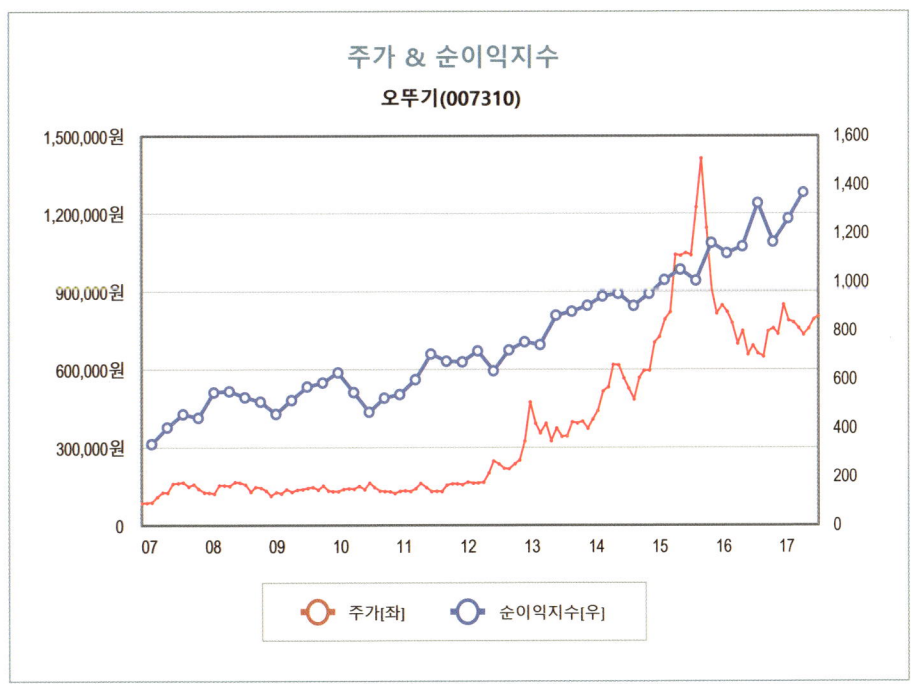

이처럼 주가는 기업가치를 단기간에 반영할 때가 많다. 이익이 꾸준히 성장하는 스노우볼 유형에 해당하는 기업의 주가도 짧게는 수개월에서 길게는 수년 가까이 움직이지 않을 수 있다. 그럼에도 길게 놓고 보면 결국 주가 급등기를 거치며 주가 상승률과 이익 성장률이 수렴하게 된다. 그래서 스노우볼 유형은 저PER(주가수익배수)에 사서 고PER에 팔거나, 아니면 길게 보유하는 전략이 수익을 극대화할 수 있다.

❶ 제품가격의 꾸준한 인상을 통해 매출과 순이익을 늘리는 '소비자독점 기업'이 스노우볼 유형에 해당한다.
❷ 끊임없이 소비되는 제품을 만드는 경우가 많다.
❸ 음식료, 제약, 카지노, 결제 관련 업종 등에서 많이 발견된다.
❹ 저PER에 사고, 고PER에 파는 전략이 유효하다.

2) 수익성 개선형

돈을 버는 기업의 두 번째 유형으로 수익성 개선형을 들 수 있다. 기업의 수익성은 보통 영업이익률을 의미할 때가 많다. 어떤 두 회사가 똑같이 매출액 100억 원을 올렸는데, A회사는 10억 원, B회사는 15억 원의 영업이익을 냈다면 B회사의 수익성이 A회사보다 좋다고 할 수 있다.

매출이 같은데 더 많은 영업이익을 남기려면 어떻게 해야 할까. 답은 한 가지, 비용을 줄이면 된다. 〈그림 2-14〉에서 손익계산서의 구조를 다시 살펴보자. 매출액에서 영업이익까지 가려면 두 가지 주요 비용을 빼는데, 이 비용이 줄면 자연스럽게 영업이익이 늘어난다.

그림 2-14   손익계산서 구조

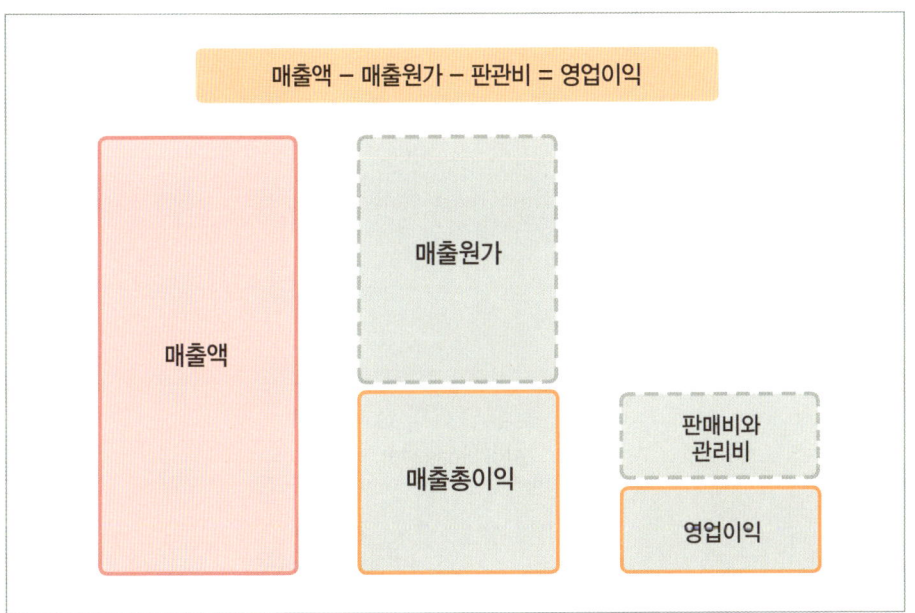

그래서 매출은 비슷한데 영업이익이 크게 늘거나, 심지어 매출이 과거보다 줄었는데 영업이익은 늘어나면 수익성 개선 유형에 해당한다. 어떤 이유에서건 획기적인 비용 절감이 일어난 경우다.

일반적인 제조업은 비용의 대부분을 매출원가가 차지한다. 그래서 큰 폭의 수익성 개선은 주로 매출원가 절감에서 비롯될 때가 많다.

이제부터 살펴볼 현대EP는 석유화학 제품을 만드는 소재 회사다. 제품에 따라 PP(폴리프로필렌), PE(폴리에틸렌), PS(폴리스티렌) 3개 사업부가 있다. PP는 자동차 겉과 안을 구성하는 소재, PE는 전선 및 냉온수관 소재, PS는 건축물 단열재 또는 전자제품 케이스 등의 주요 소재로 쓰인다.

〈그림 2-15〉에서 보듯 매출액은 2007년부터 2012년까진 크게 늘었다. 그러다 2012년 이후 매출 증가속도가 둔화되다가 급기야 2014년 9월을 정점으로 줄기 시작했다.

반면 영업이익은 달랐다. 매출이 늘던 시기에도 영업이익이 증가했지만, 매출이 줄어든 2014년 9월~2016년 6월 사이에도 영업이익이 계속 늘었다. 수익성 개선이 뚜렷이 나타난 것으로 영업이익 증가와 함께 순이익도 우상향했다.

그림 2-15

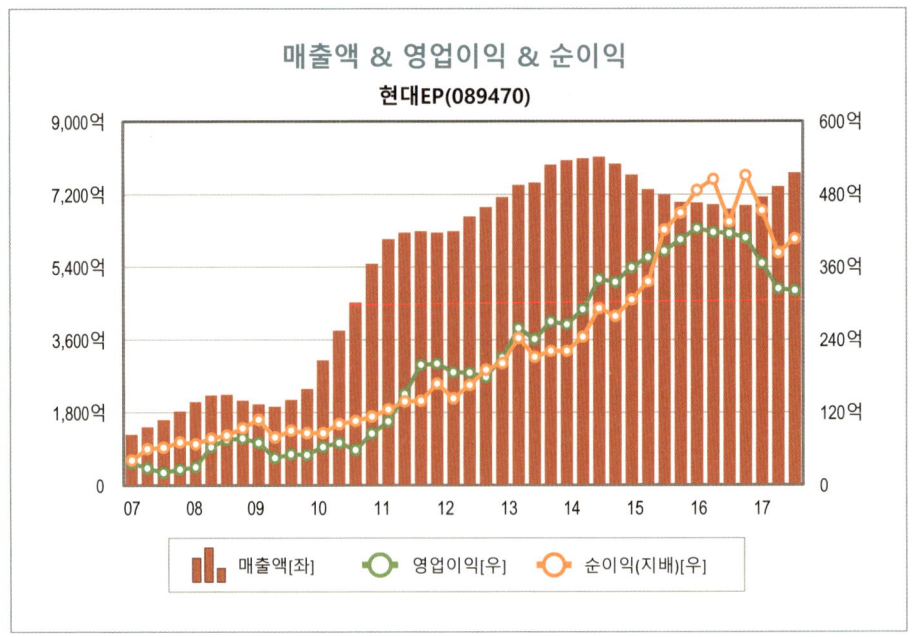

〈그림 2-16〉 지수 차트를 보면 현대EP 수익성 개선이 더 분명하다. 매출지수가 2014년 9월 645에서 2016년 6월 552까지 14.5% 하락하는 동안 순이익지수는 719에서 1,244까지 73% 상승했다. 매출지수와 순이익지수 증가율이 엇비슷했던 그 전과 비교하면 차이가 더욱 확연하다.

그림 2-16

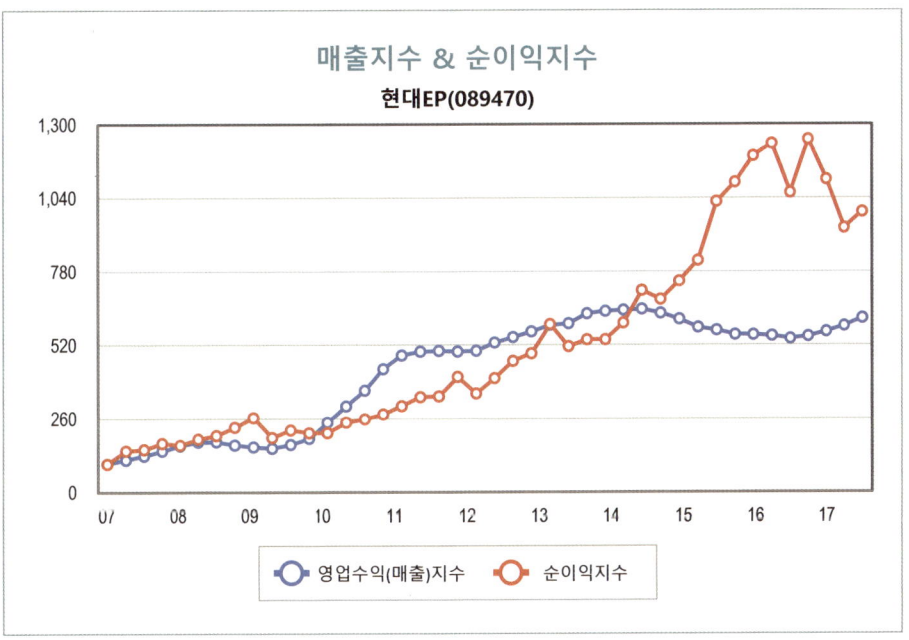

이익률은 어느 정도 높아졌을까. 〈그림 2-17〉에서 보듯, 2007년~2014년 9월까지 현대EP의 영업이익률은 2~4% 사이에 머물렀다. 평균 약 3% 정도다. 수익성 개선이 나타난 2016년 6월 영업이익률은 6%를 기록한다. 앞선 기간 평균의 2배에 달한다.

그림 2-17

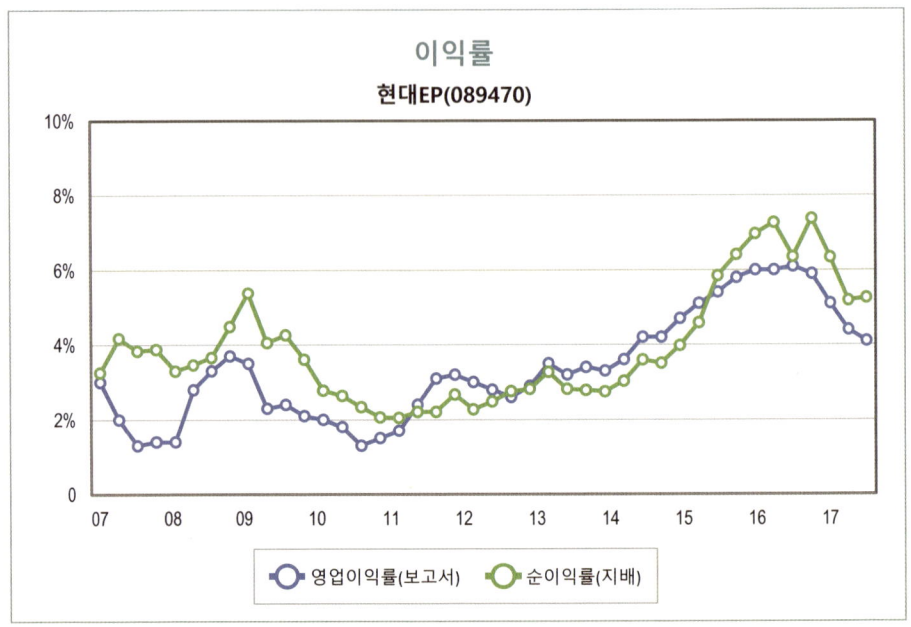

이제 매출원가율과 판관비율 차트(〈그림 2-18〉)를 보면 어떤 요인이 영업이익률 상승으로 이어졌는지 파악할 수 있다. 우선 현대EP는 매출원가율이 90% 내외로 매우 높다. 판관비율은 4~5.5% 사이다. 결과적으로 제조업 중에서도 수익성이 낮은 편에 속한다.

수익성 개선이 일어난 2014년 9월~2016년 6월, 매출원가율이 91.4%에서 88.8%까지 2.6%p 하락한다. 같은 기간 판관비율은 4.4%에서 5.2%로 오히려 0.8%p 오른다. 판관비율 상승에도 매출원가율 하락 덕분에 영업이익률이 높아진 점을 확인할 수 있다. 또한 현대EP의 매출원가율이 매우 높은 수준이었기 때문에, 약간의 하락으로도 영업이익을 크게 늘릴 수 있었다.

그림 2-18

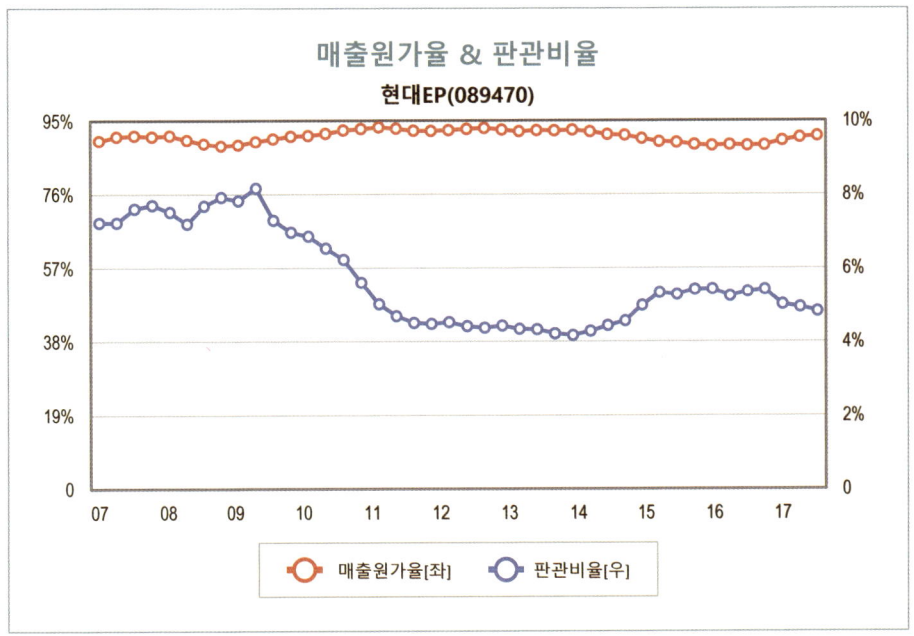

매출원가율 하락분(2.6%p) − 판관비율 상승분(0.8%p) = 영업이익률 상승분(1.8%p)

현대EP의 수익성 개선이 있던 시기의 배경에는 유가 급락이 있었다. 배럴당 100~120달러를 기록하던 국제유가는 2014년 4분기부터 급락하기 시작해 60달러 밑으로 떨어졌다. 한때는 배럴당 30달러 초반에 거래되기도 했다.

현대EP의 원재료와 제품은 모두 원유에서 파생된다. 유가 급락 영향으로 현대EP의 원재료, 제품 가격 모두 하락한다. 그런데 하락의 정도는 차이가 있었다. 원재료 가격이 제품 가격보다 더 큰 폭으로 하락한 것이다. 덕분에 현대EP는 제품 가격 하락 영향으로 매출이 줄었지만, 원재료 비용이 더 줄면서 수익성을 개선시킬 수 있었다.

그럼 왜 제품 가격이 원재료 가격보다 덜 떨어졌을까. 답은 수요에 있다. 같은 시기 현대EP의 제품별 판매량을 조사해보면 PP와 PS 사업부 모두 소폭 늘었음을 알 수 있다. PE사업부의 경우는 기존 일반 제품보다 마진이 높은 PB배관재가 많이 팔린 덕분에 수익성이 개선될 수 있었다. 유가 급락이란 시장 영향을 받긴 했지만, 수요가 뒷받침된 덕분에 제품가 하락을 최소화할 수 있었던 것이다.

단, 수익성 개선 유형은 오랫동안 지속될 순 없다. 성장이 무한대까지 열려 있는 매출과 달리, 비용 절감은 한계가 있기 때문이다. 아무리 뛰어난 기업도 매출이 발생했는데 비용을 '0'까지 줄일 순 없다.

현대EP도 마찬가지였다. 급락했던 유가가 40달러 중반~50달러 초반 가격으로 안정되면서 이익 증가속도도 둔화됐다. 여기에 2016년 4분기부터는 직전 연도 급락에 따른 기저효과로 국제 유가가 전년 동기 대비 증가로 돌아섰다. 현대EP 입장에선 전년 같은 기간보다 더 비싼 원재료가 원가에 투입된다는 뜻이다. 국제 유가의 전년 동기 대비 증가율은 2017년 1분기 53%에 이르기도 했다(WTI, 배럴당 분기 평균 가격 기준).

이로 인해 현대EP는 원재료 가격이 제품 가격보다 더 많이 오르는, 수익성 개선과는 반대되는 상황을 맞았다. 2016년 6월~2017년 9월 사이 매출액은 6949억 원에서 7732억 원으로 11% 늘지만, 영업이익은 417억 원에서 321억 원으로 23% 줄었다. 자연히 영업이익률도 4.1%로 하락한다.

그렇다면 주가는 어땠을까. 순이익이 늘던 시기 주가도 함께 상승했다(〈그림 2-19〉). 2009년 2,000원 대에서 2015년 말에는 1만 2,000원에 육박하기도 했다. 문제는 그 다음이다. 2016년 들어 주가 하락이 시작됐고, 이어서 2016년 9월부터는 순이익이 전년 동기 대비 줄기 시작했다. 주가가 먼저 이익 감소를 반영한 셈이다.

그림 2-19

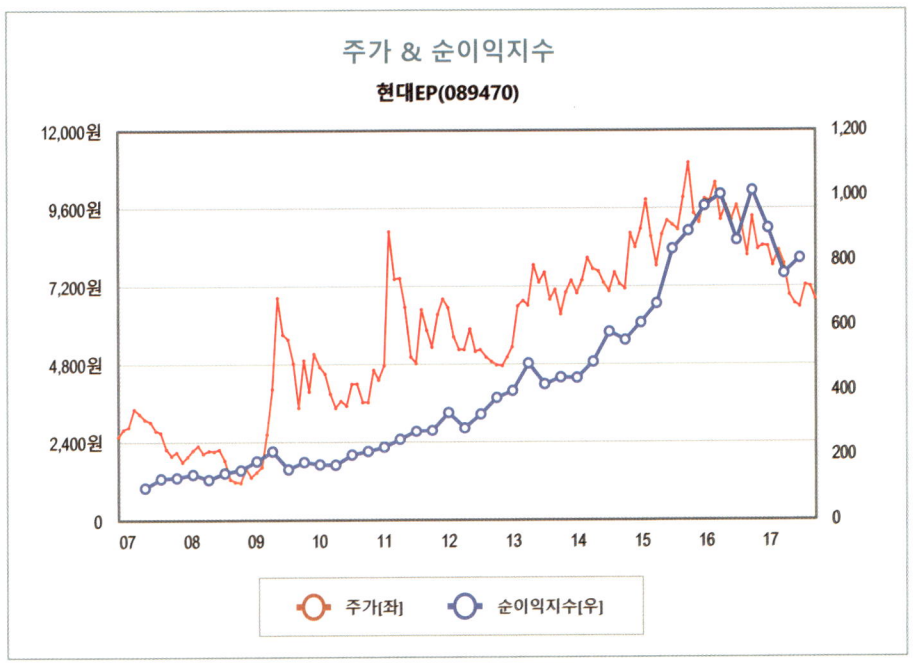

현대EP 사례처럼 수익성 개선 유형도 이익이 늘면 주가도 오른다. 따라서 투자자는 수익성 개선이 왜 이뤄졌는지를 파악하고, 언제까지 개선될지를 가늠해 매도 타이밍을 잡아야 한다. 이를 위해선 해당 기업과 업종에 대한 이해가 필수다.

만약 이런 준비 없이 수익성 개선 유형에 섣불리 투자했다가 자칫 이익의 정점에서 주식을 매수할 수 있다. 이럴 경우 이익 감소와 주가 하락으로 어려운 상황을 맞이할 가능성이 크다. 이 때문에 수익성 개선 유형에 해당하는 기업에 대한 투자는 적절한 가격에 사서 장기보유하면 수익을 낼 수 있는 스노우볼 유형보다 투자 난이도가 높다.

핵심 정리

❶ 매출 증가율이 낮거나 줄었는데 영업이익은 큰 폭으로 개선되는 '수익성 개선형'은 업황에 따른 원재료 가격 하락, 제품가격 인상, 단위당 제조원가 절감 등으로 인해 나타난다.

❷ 원가율이 90% 내외로 높은 경우가 많아, 소폭의 원가율 하락에도 이익 개선 폭이 클 수 있다.

❸ 제품가격 하락으로 매출이 감소해도, 판매량이 늘고 있다면 긍정적이다.

❹ "수익성 개선 요인이 언제까지 지속될까?"가 중요한 질문이다.

3) 성장형

다음 유형은 성장형 기업이다. 이익 급증과 함께 주가도 급등해 투자자가 가장 좋아하는 유형이다.

성장형의 첫 번째 특징은 매출의 빠른 증가다. 매 분기 전년 동기 대비 괄목할 만한 매출 성장을 달성하는 기업이 있다면 꼭 눈여겨 봐야 한다. 과거에도 주기적으로 매출이 증감을 반복하는 '경기변동형'과 구분하는 것도 중요하다.

성장형은 매출 증가와 함께 영업이익률이 상승해 가파른 영업이익 증가도 동반한다. 매출 증가 속도가 매출원가와 판관비 등 비용 증가 속도보다 빠르기 때문에 나타난 결과다. 그리고 이러한 이익 증가가 결국 주가 급등으로 이어진다.

공식으로 설명하면 다음과 같다. 성장형 기업은 오른쪽에 있는 매출액과 영업이익률이 둘 다 올라간다. 그래서 이 둘의 곱으로 나오는 영업이익 증가 폭이 매우 크다.

영업이익 ↑ = 매출액 ↑ × 영업이익률 ↑

사례로 살펴볼 한샘은 원래 부엌가구를 주로 만들다가 2013년을 기점으로 큰 변화를 겪는다. 〈그림 2-20〉에서 보듯 2013년 1분기부터 매출과 영업이익이 전년 동기 대비 크게 증가하기 시작한 것이다. 이전과는 확연히 다른 증가 속도를 보였다.

한샘의 매출액은 2012년 말 7,336억 원에서 2017년 9월 2조 322억 원이 됐다. 불과 5년이 채 안 돼 2.8배의 매출 성장을 달성했다. 연평균 증가율은 23.9%다. 같은 기간 영업이익은 420억 원에서 1,779억 원으로 4.2배, 연평균 35.5% 늘었다.

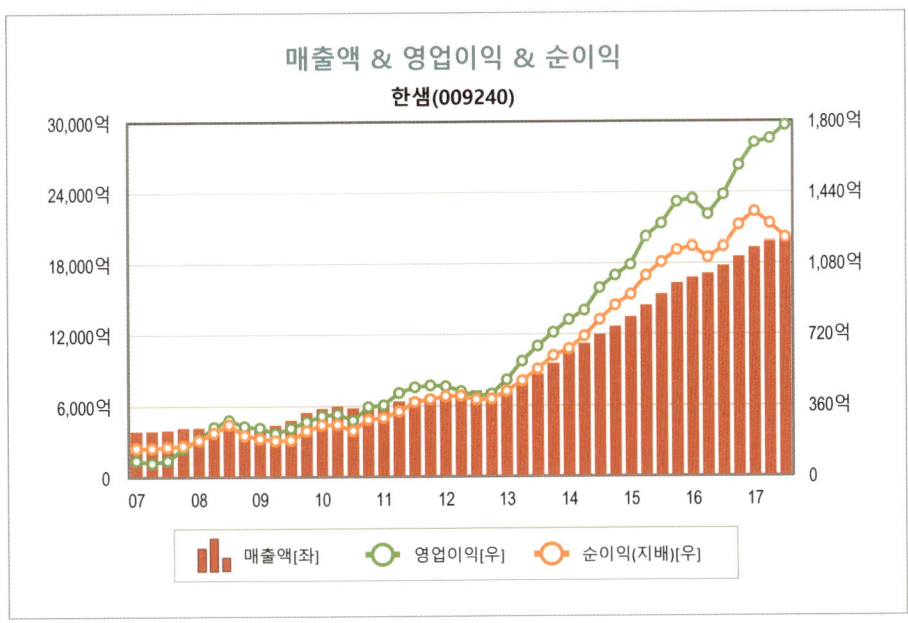

그림 2-20

〈그림 2-21〉 매출지수와 순이익지수를 보자. 2013년부터 두 지수 모두 이전과 확연히 다른 기울기로 우상향하고 있음을 알 수 있다. 2007년 3월~2012년 12월까지 매출지수의 연평균 상승률은 14.5%, 순이익지수의 상승률은 23.3%다. 2012년 이전 성장률도 낮다고 할 순 없지만, 2013년부터 보여준 성장은 놀라울 정도다.

그림 2-21

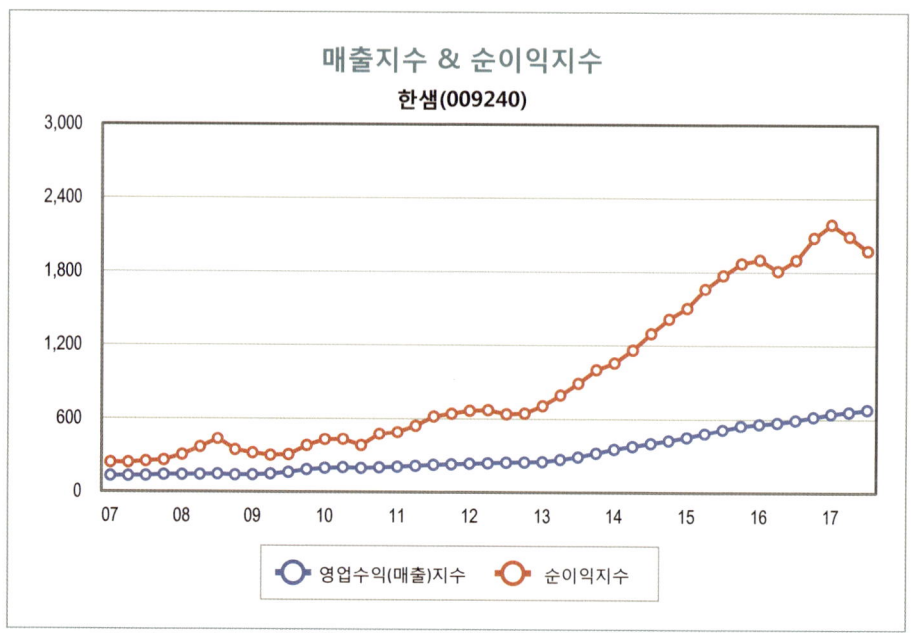

〈그림 2-22〉 이익률 차트에서 보듯이 한샘의 2012년 이전 영업이익률은 2~6% 사이였다. 2013년 이후는 6%를 넘어 9%에 육박했다. 같은 기간 일어난 매출 성장과 함께 생각하면 영업이익 급증을 예상할 수 있다.

그림 2-22

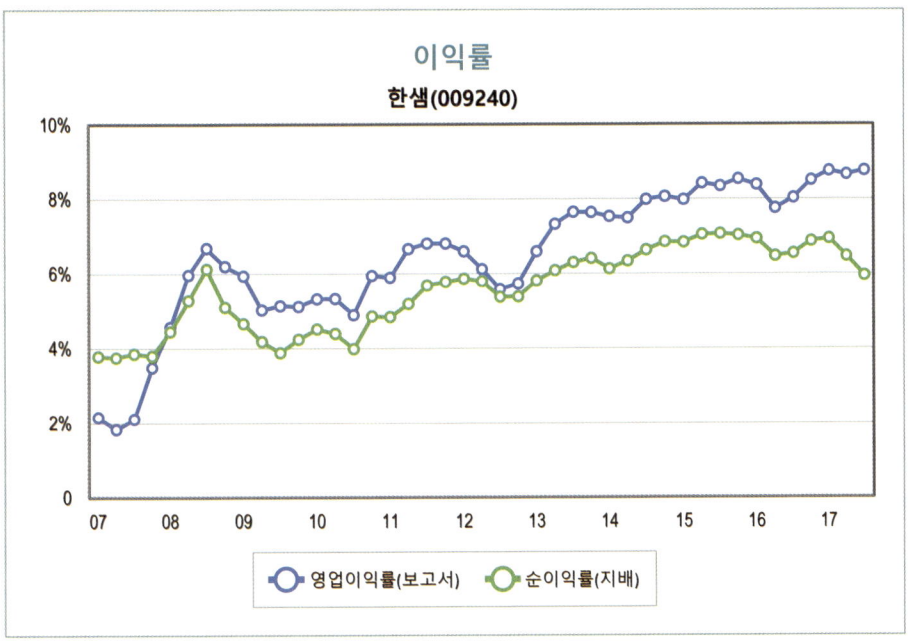

　한샘처럼 매출이 늘면서 영업이익률이 상승하는 경우는 앞서 살펴본 수익성 개선형(현대EP)의 영업이익률 상승과는 다르다. 매출이 비슷하거나 줄어드는데 비용이 더 많이 감소해 영업이익률이 상승하는 수익성 개선형과 달리, 성장형은 매출 증가 폭이 비용 증가 폭보다 커서 영업이익률이 올라간다.
　그럼 어떻게 매출이 비용보다 빨리 증가할 수 있을까. 이를 이해하려면 비용의 성격을 먼저 알아야한다.
　재무제표에선 비용을 매출원가와 판관비로 분류하지만, 비용의 성격을 기준으로 했을 때에는 고정비용과 변동비용으로 분류할 수 있다.
　고정비용과 변동비용의 차이는 매출과의 관련성이다. 매출이 늘거나 줄어도 비용에 큰 변화가 없으면 고정비용, 반대로 매출이 늘거나 줄 때 함께 증감하면 변동비용이 된다. 대표적인 고정비용은 감가상각비, 급여, 임대료 등이고 변동비용은 원재료, 지급수수료 등이 있다. 일반적으로 매출원가는 변동비용, 판관비는 고정비용 성격이 강한 편이다.

매출이 늘면 변동비용은 비슷한 비율로 늘어나는 반면, 고정비용은 크게 변동이 없다. 덕분에 매출액 증가액보다 총비용(변동비용 + 고정비용)의 증가액이 적고, 이는 고스란히 영업이익 증가로 연결된다. 성장형 기업에서 나타나는 수익성 개선(영업이익률 상승)의 일반적인 패턴이다.

여기에 매출이 늘어 대량으로 원재료를 구입하고 물건을 만들면 단위당 생산원가를 낮출 수 있다. 일반 가정도 대형마트에서 대량으로 생필품을 사면 낱개로 살 때보다 단가가 내려가듯, 기업도 마찬가지다. 이를 '규모의 경제' 효과라고도 부른다.(회계적으로 분류가 정해진 매출원가, 판관비와 달리 고정비용과 변동비용은 임의로 분류한다. 달리 정해진 규칙이 없기 때문에 해당 기업의 특성에 따라 비용의 성격을 고려해 나누는 게 합리적이다.)

한샘이 급성장한 시기 매출원가율과 판관비율 변화에서 위에서 설명한 고정비용과 변동비용의 차이를 볼 수 있다(〈그림 2-23〉). 2012년 12월에서 2017년 9월 사이의 변화다(해당기간 영업이익률은 5.7%에서 8.8%로 3.1%p 상승했다).

해당기간 한샘의 매출원가율은 68.9%에서 69.4%로 0.5%p 상승했다. 기간 내 별다른 변화 없이 거의 일정했다. 반면 판관비율은 25.3%에서 21.9%로 3.4%p 하락한다. 앞서 매출원가율 하락으로 수익성이 개선됐던 현대EP와 달리, 한샘의 영업이익률 상승은 판관비율 하락이 이끌었다.

한샘의 판관비는 2012년 12월 1,858억 원에서 2017년 9월 4,447억 원이 된다. 얼핏 계산해도 약 2.5배로 늘었다. 그런데도 판관비율이 하락한 이유는 같은 기간 매출 증가 폭이 더 컸기 때문이다. 매출액은 7,336억 원에서 2조 322억 원으로 약 3배 가까이 증가한다(이상 연환산 기준). 매출과 같은 비율만큼 늘지 않은 판관비 덕분에 영업이익률이 상승할 수 있었다. 그리고 이런 판관비 특성이 고정비용 성격에 해당한다.

그림 2-23 한샘 매출원가율 & 판관비율

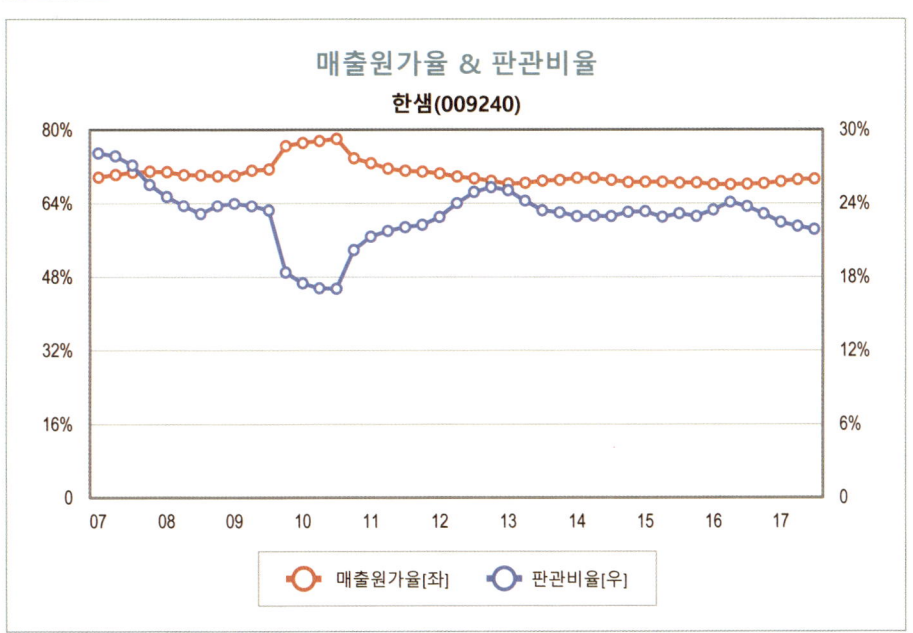

이처럼 한샘이 2013년부터 이전보다 훨씬 빠른 성장을 할 수 있었던 건 리모델링 수요 증가 덕택이다. 거주자 취향대로 집을 꾸미는 리모델링(집수리)이 널리 퍼지면서 한샘의 인테리어사업부, 부엌사업부의 인테리어 키친의 매출이 빠르게 늘

었다.

특히 한샘은 리모델링의 핵심인 부엌가구에 강점이 있어 경쟁사에 비해 높은 브랜드 인지도와 좋은 평가를 받았다. 부엌 싱크의 경우 한샘에서 가장 저렴한 모델이 다른 회사의 가장 비싼 모델과 엇비슷하다는 얘기가 나올 정도다. 부엌가구 시장 80%를 영세사업자 중심의 비브랜드 회사가 차지하고 있던 상황도 한샘의 경쟁력을 돋보이게 하는 요인이 됐다.

주가는 어땠을까. 고성장 기간 한샘의 주가차트는 성장형 기업에 투자했을 때의 기회와 리스크를 잘 보여준다. 〈그림 2-24〉에서 보듯이 한샘 주가는 본격적인 성장이 시작된 2013년부터 급등하기 시작했다. 2013년 171%, 2014년 127% 상승에 이어 2015년은 한때 연초 대비 203%까지 오른다. 불과 3년이 채 안 돼 주가가 18.7배가 된 셈이다. 2017년을 휩쓴 가상화폐 부럽지 않은 상승이다.

거의 2년 8개월 동안 쉬지 않고 오르던 주가는 이후 급락한다. 최고가인 34만 7,000원을 기록했던 2015년 8월부터 그해 12월 말까지 33% 하락했고, 이듬해인 2016년도 14만 1,000원까지 내린다. 고점 대비 60% 떨어지는 데 걸린 기간은 1년에 불과했다.

한샘의 주가 급락 배경엔 지나치게 고평가된 밸류에이션과 다소 주춤한 실적이 있었다. 최고가를 기록했을 당시 한샘의 주가순자산배수(PBR)는 21.7배에 달했다[주가수익배수(PER)가 아님에 유의하자]. 어떤 성장률로도 정당화되기 어려운 밸류에이션이다.

주가가 크게 높아진 상황에서 이익 성장이 다소 주춤하자, 급락으로 이어졌다. 2015년 3분기 한샘의 전년 동기 대비 영업이익 성장률은 예전보다 약간 낮아졌고, 2016년 2분기 영업이익은 전년 동기 대비 줄었다. 그때부터 하락했던 주가는 현재

(2017년 12월)도 최고가의 절반 수준이다.

그림 2-24

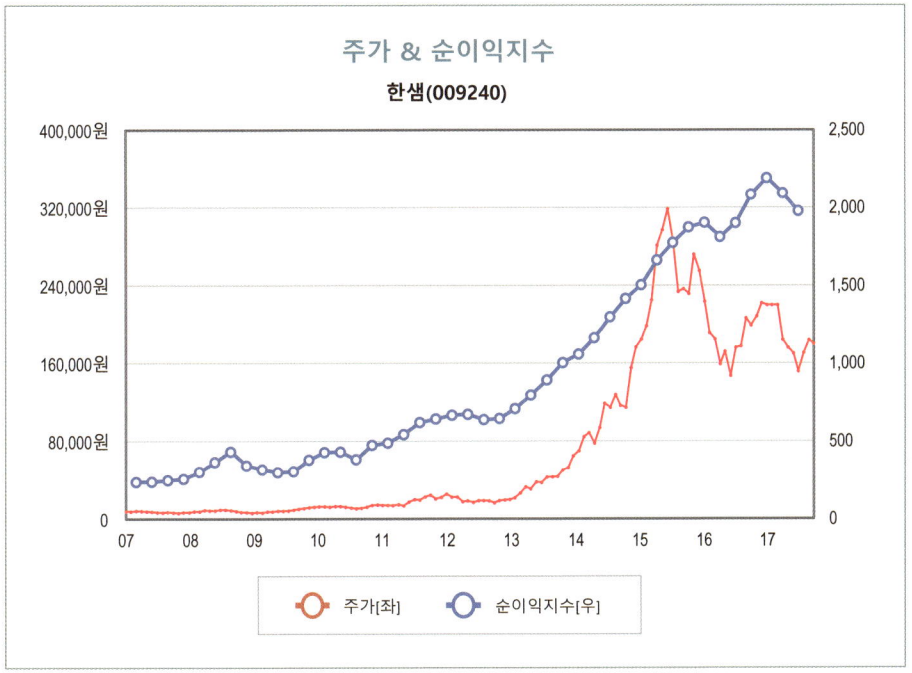

주가 & 순이익지수
한샘(009240)

이처럼 성장형 기업은 투자자에게 주가 급등을 누릴 수 있는 기회를 준다. 이런 기업을 조기에 발견했거나, 다소 늦게 찾았더라도 성장 포인트를 확실히 이해하고 적절한 가치평가를 거친 후 투자한다면 만족할 만한 성과를 누릴 수 있다. 반면 성장에 대한 기대가 고평가 구간까지 주가를 올린 다음이라면, 자칫 단기간에 큰 손실을 입을 수 있다는 점에 유의해야 한다.

> **핵심 정리**
>
> ❶ 매출과 영업이익이 동시에 성장하는 '성장형'은 일반적으로 성장산업이거나 신사업 진출, 해외 진출로 신규매출이 발생하는 경우에 나타난다.
>
> ❷ 실적이 크게 성장한 시기 어떤 사업부의 제품 매출과 이익이 늘었는지 조사한다.
>
> ❸ 성장주 평가법에 따른 가치평가가 유용하다.
>
> ❹ 성장에 대한 기대가 커지면 고평가되기 쉽고, 이후 성장이 조금만 훼손돼도 주가급락이 있을 수 있다.

4) 경기변동형

경기변동형 기업은 경기에 따라 실적이 증감을 반복하는 유형이다. 즉, 경기가 좋을 때 매출과 이익이 가장 많고, 경기가 나쁘면 이익이 급감하거나 심지어 적자를 낼 수도 있는 기업들이다.

물론 경기에서 완전히 자유로울 수 있는 기업은 거의 없다. 그럼에도 좋을 때와 나쁠 때의 차이가 다른 기업에 비해 확연하면 경기변동형으로 분류한다. 경기에 민감한 산업이 많은 우리나라 주식시장에는 특히 이런 유형이 많다.

경기에 따라 실적 변동이 크다는 건 그만큼 주가 등락도 심하단 얘기다. 따라서 경기변동형 기업에 잘못 투자하면 가장 비쌀 때 사고, 가장 쌀 때 파는 우를 범하기 쉽다. 많은 주식투자자가 손실을 보는 이유 중 하나도 이들 경기변동형 기업에 대해 제대로 알고 투자하기가 쉽지 않기 때문이다.

경기변동형 기업은 두 가지로 나눌 수 있다. 하나는 경기에 따라 매출액 자체의 증감 폭이 큰 A타입, 다른 하나는 매출액 증감에 비해 이익률 차이가 매우 큰 B 타입이다. 사례를 통해 두 타입을 차례로 살펴보자.

경기변동형 A타입

유진테크의 매출액과 영업이익, 순이익 차트는 앞서 살폈던 3가지 유형인 스노우볼, 수익성 개선, 성장형과는 다른 모양이다.

가장 큰 차이점은 매출액 증감이다. 〈그림 2-25〉에서 보듯이, 최근 10년 간 유진테크의 매출액은 3차례 정점을 기록했다. 첫 번째는 2007년, 두 번째는 2012년, 세 번째는 2016년 무렵이다.

정점을 기록한 뒤에는 매출이 급감하기 시작한다. 2008~2009년에는 매출이 거의 발생하지 않을 때도 있었다. 매출액 증감에 따라 영업이익과 순이익 또한 큰 폭의 등락을 반복했다.

그림 2-25

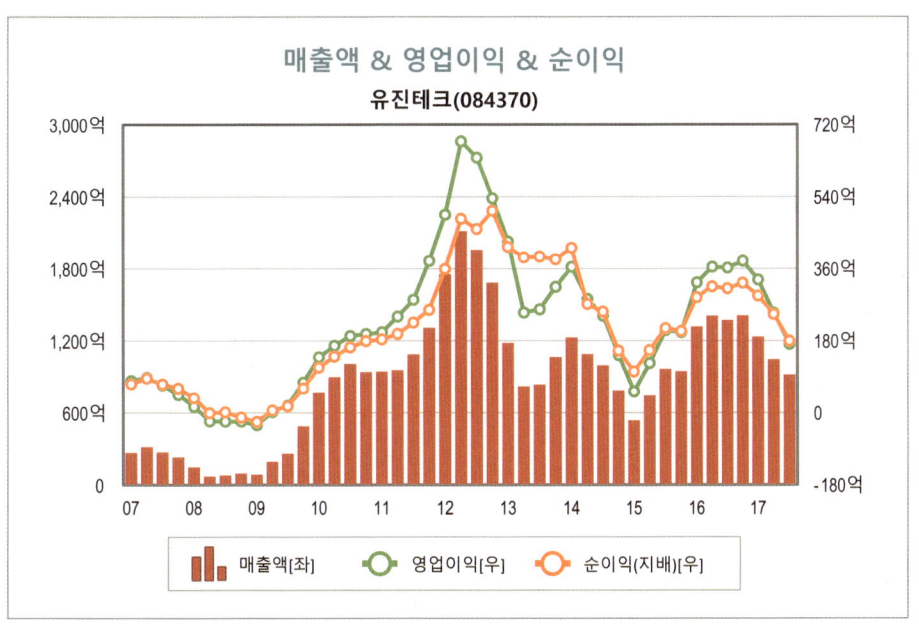

그렇다면 유진테크는 무슨 사업을 하는 회사이길래 이처럼 실적이 들쑥날쑥 하는 것일까? 유진테크는 반도체 장비를 만드는 회사다. 반도체 전공정에 필요한 LP-CVD (저압화학기상증착), 플라즈마 장비를 만든다. 두 장비 모두 반도체 위에 얇은 막을 씌우는 공정에 사용된다. 대당 수십 억 원이 넘는 고가품이다.

반도체 장비회사의 주 고객사는 삼성전자, SK하이닉스와 같은 종합 반도체 회사다. 이들 기업이 새로운 설비투자를 진행할 때(즉, 공장을 새로 짓거나, 다음 기술에 맞게 장비를 교체할 때) 유진테크 같은 반도체 장비회사에 집중적으로 발주한다. 삼성전자와 SK하이닉스는 조 단위 투자를 집행해 해당 투자를 뒷받침할 수 있는 기술력을 갖춘 장비회사들에 일제히 주문이 들어가곤 한다.

그래서 이들 고객사의 설비투자 일정에 따라 장비회사들의 매출은 직접적인 영향을 받는다. 설비주문이 있을 땐 매출이 급증하다가, 납품이 끝나면 급감한다. 반도체 장비가 꾸준히 소모되는 성격도 아니고, 특정 고객사에만 공급할 수 있는 인프라 성격을 갖기 때문이다.

〈그림 2-26〉은 유진테크의 매출지수와 순이익지수 차트다. 앞서 살펴본 오뚜기, 현대EP, 한샘과 달리, 최근 10년 내 매출지수가 최저 55.4~최고 1,667.4를 기록한다(다른 3개 기업은 최저 지수는 100, 최고 지수는 1,000 미만).

호황과 불황의 차이가 그 정도로 크다는 걸 다시 확인시켜준다. 매출이 이렇듯 변동하니 순이익 변화는 더하다. 최근 10년 내 유진테크의 순이익지수는 −123.5~2,764.9 사이에서 움직이고 있다.

그림 2-26

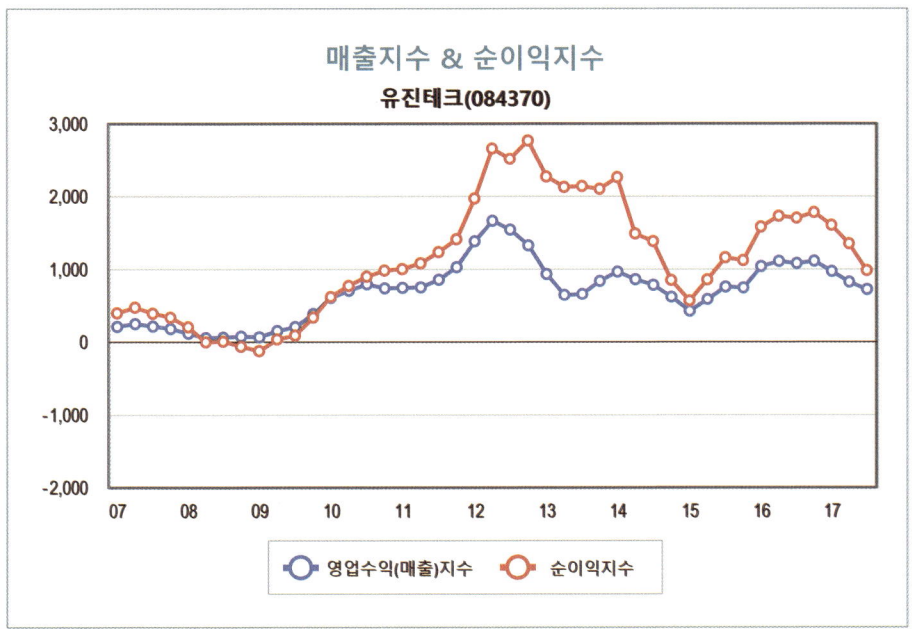

주목할 것은 영업이익률이다. 연간 기준으로 볼 때, 2010년에서 2017년 9월 말까지 유진테크의 영업이익률은 15.6~31.8%를 기록했다(〈그림 2-27〉). 호황일 때 영업이익률이 30%를 넘는 건 자연스럽지만, 불황일 때도 15% 이상을 유지했다. 불황기 매출액이 호황기의 절반 수준임에도 영업이익률 하락이 제한적이다. 일반적으로 제조업은 매출이 절반 이하로 급감하면 영업흑자를 유지하기가 어렵다.

그림 2-27

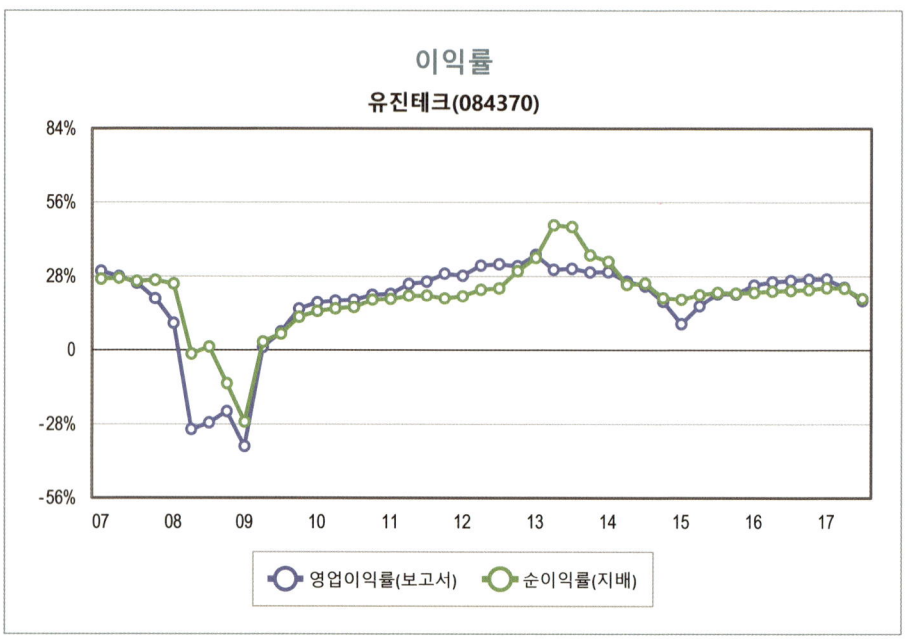

매출원가율과 판관비율 차트에서 이같은 영업이익률 유지의 비결을 알 수 있다 (〈그림 2-28〉). 같은 기간 유진테크의 매출원가율은 2010년 12월 68.1%에서 계속 하락해 2013년 12월부터 2017년 9월까지 50% 내외를 유지 중이다. 낮은 매출원가율 덕분에 매출 감소에도 영업이익률 하락이 제한됐다.

매출원가에서 고정비용 성격이 있는 인건비와 감가상각비 비중이 적다. 인건비는 전체 매출원가의 20% 내외, 감가상각비는 2~4%에 불과하다. 또한 원재료는 장비를 구성하는 각종 부속품들이다. 주문 받은 만큼만 생산하기 때문에 원재료 역시 매출에 맞게 효율적으로 조달하고, 재고를 관리할 수 있다.

판관비율은 매출원가율과 달리 변화가 크다. 고정비용 성격이 강한 판관비의 경우는 매출이 달라져도 크게 달라지지 않는다. 그래서 판관비율 계산의 분모인 매출액이 줄면 판관비율이 상승한다.

판관비율↑ = 판관비 ÷ 매출액↓

그림 2-28

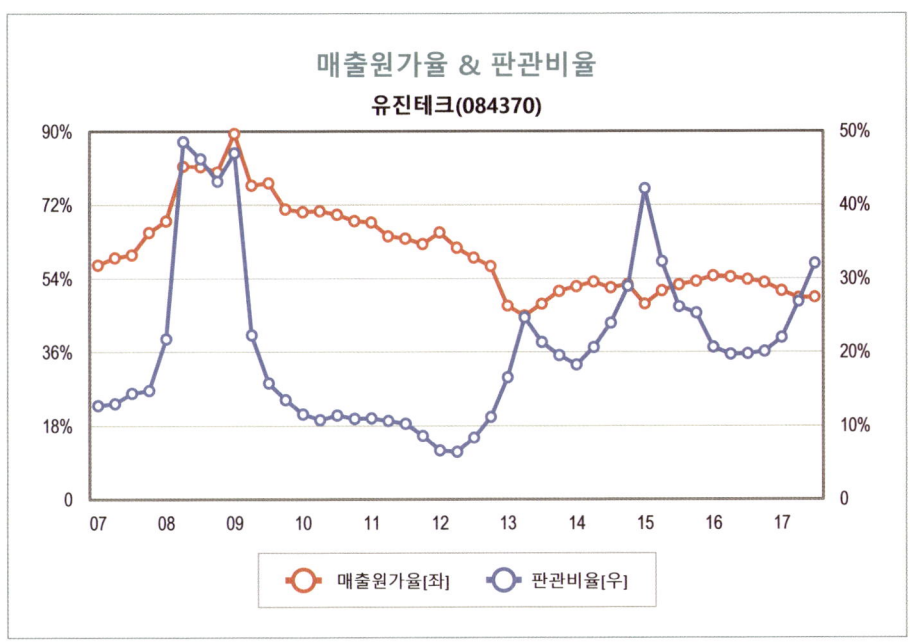

유진테크처럼 장비를 만드는 회사는 국내 주식시장에 많다. 삼성전자와 SK하이닉스, LG디스플레이 등 세계적인 반도체, 디스플레이 회사가 우리나라 기업인 영향을 받았다. 또한 SK텔레콤과 KT, LG유플러스 등 국내 통신 3사가 새로운 통신망 투자를 할 때 장비를 공급하는 통신장비 업체들도 있다.

이들 대부분은 앞선 유진테크와 비슷하게 고객사 설비투자 일정에 따라 실적이 크게 변동하는 특성을 갖는다. 말하자면 이들 기업의 경기는 고객사의 사업계획이 결정하는 셈이다.

따라서 이런 기업들은 고객사의 다음 투자, 즉 차세대 기술에 맞는 장비를 공급할 수 있느냐가 중요하다. 기술력이 없으면 다음 주문을 받기 어렵고, 사업을 유지하기 어렵다. 또한 실적을 비교할 때도 전년 동기 대비 비교보다는 직전 호황기, 또는 직전 불황기와 비교하는 게 유의미할 때가 많다. 고객사 설비투자가 있는 기간과 없는 기간의 실적을 기계적으로 비교해서는 기업가치가 늘고 있는지를 가늠하기 어렵다. 오히려 매출이 전고점(호황)이나 전저점(불황)을 계속 경신하는지를 살피는 게 중요하다.

경기변동형 B타입

경기변동형 B타입은 일반적으로 얘기하는 경기에 민감한 기업들이다. 주로 석유화학과 조선, 철강, 건설 등 소위 '굴뚝산업'이 해당한다. 이들 유형은 고정비용 비중이 크고, 생산량 조절 등이 어려워 수요와 공급의 불일치가 자주 나타난다. 수요와 공급의 불일치는 각각의 산업이 생산하는 제품가격의 급등락으로 연결돼 큰 폭의 이익률 변화를 초래한다.

사례로 살펴볼 대한유화는 플라스틱의 원료인 폴리프로필렌(PP), 고밀도폴리에틸렌(HDPE) 등을 만드는 회사다. 나프타와 에틸렌, 프로필렌 등을 원재료로 다음 중간 소재를 만든다.

〈그림 2-29〉의 차트에서 보듯이, 이 회사의 최근 10년 매출과 이익 추이를 보면 유독 이익이 많이 나는 시기가 있다. 2006년~2007년 초, 그리고 2009년 말, 최근

엔 2016년 초에 정점을 지났다. 반대로 이익이 감소하는 시기엔 영업적자(2008년, 2012년 9월~2013년 3월)를 내기도 한다.

그런데 이익에 비해 매출 증감은 크지 않다. 최근 10년 사이 매출액은 1조 3,200억~2조 2,000억 원 사이를 기록했다. 최소와 최대 비율이 약 1.66이다. 같은 기간 영업이익은 -477억 원에서 3,704억 원 사이를 넘나든다.

그림 2-29

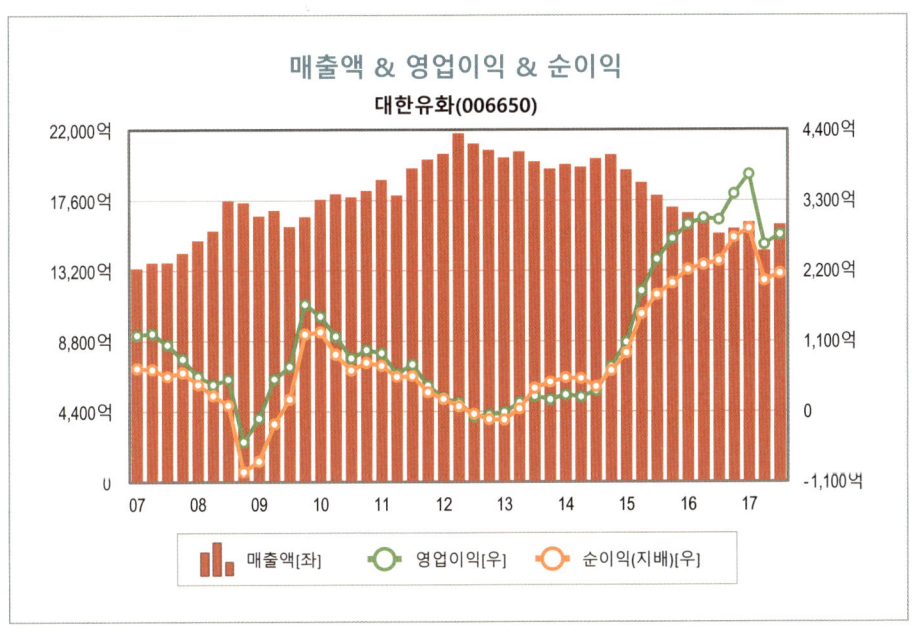

그림 2-30

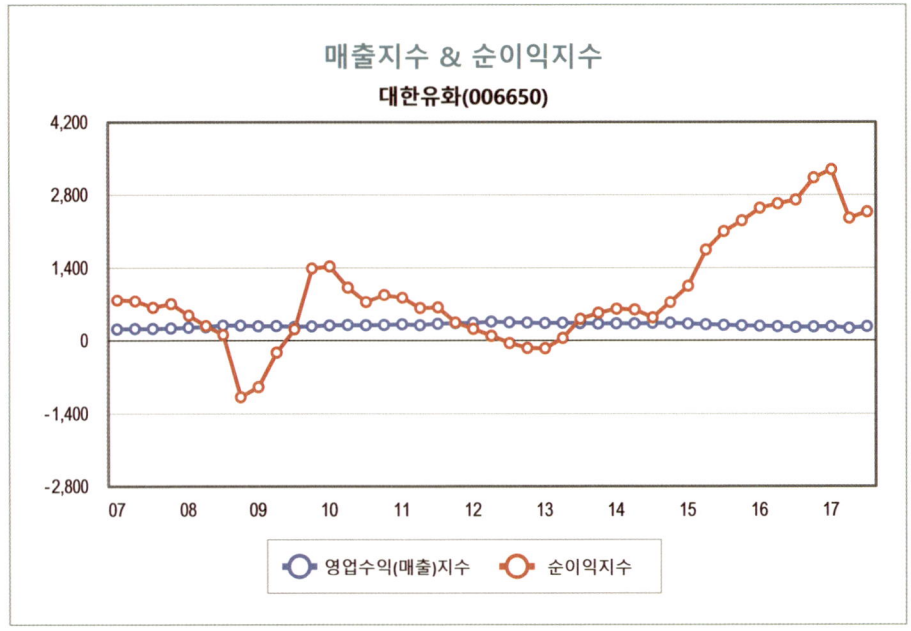

지수 차트로 보면 이런 현상이 더욱 확연하다. 〈그림 2-30〉에서 보듯이 순이익지수 등락 폭이 워낙 크다보니, 매출지수는 등락이 거의 없는 '일자' 모양으로 보인다.

앞서 살핀 유진테크가 매출과 이익의 등락이 함께 있었다면, 대한유화는 매출보다는 이익률 차이에 따라 이익 등락이 큰 유형이다.

그림 2-31

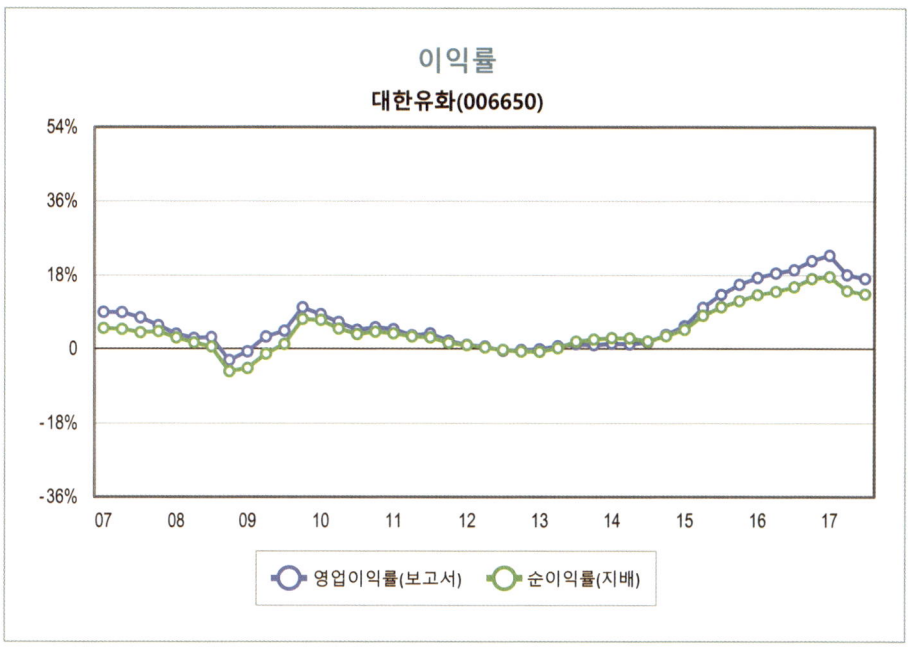

〈그림 2-31〉에서 보듯이 최근 10년 내 대한유화의 영업이익률은 -2.7%에서 22.8%를 기록했다. 가장 높은 22.8%의 영업이익률은 2017년 3월에 달성했다. 직전 영업이익률이 높던 시기는 9~10%였는데, 최근 겪은 호황기는 예전보다 훨씬 높은 이익률을 회사에 안겼다.

대한유화가 직전 영업이익률 고점인 10%를 최근에 넘어선 시기는 2015년 9월이다. 이 회사에 주목했던 투자자라면 당시 회사 사업에 일어난 변화가 과거와 어떻게 다른지, 얼마나 지속될 수 있는지를 분석하는 게 가장 중요했을 것이다.

그림 2-32

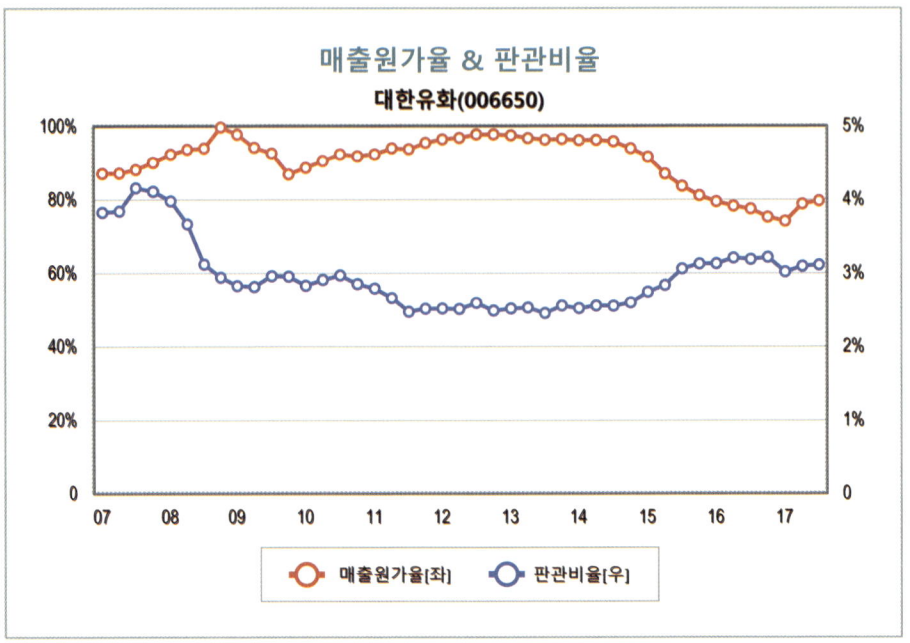

이제 대한유화의 비용을 살펴보자. 〈그림 2-32〉 차트의 첫 번째 특징은 낮은 판관비율이다. 이 회사의 판관비율은 3% 내외에 불과하다. 즉, 비용 대부분은 제품 생산에 들어간 매출원가다.

대한유화의 매출원가율은 영업이익률이 특히 높던 시기에 87% 내외였다. 이후 2014년까지는 줄곧 90% 이상을 유지하다, 2015년 들면서 급격히 하락한다.

2014년 4분기부터 내린 국제 유가 영향으로 대한유화 주요 원재료인 나프타 가격이 하락했다. 나프타 가격 하락에 비해 주요 제품인 폴리에틸렌, 폴리프로필렌 가격은 비교적 안정적으로 유지됐다. 덕분에 그 차이(스프레드)가 고스란히 매출원가율 하락으로 연결된다. 원재료는 싸게 사오고, 제품은 가격을 조금만 낮춰 판매했다는 얘기다.

폴리에틸렌과 폴리프로필렌 가격은 왜 하락 폭이 적었을까. 수요가 유지된 덕분이다. 유가 하락에도 당시 미국과 유럽, 아시아 지역 폴리에틸렌의 출하량과 가동률은 거의 최대에 가깝게 유지됐다. 또한 증설에 걸리는 기간이 2년인 점 등으로 인해 공급이 곧바로 늘어나기도 어려웠다.

개인투자자가 이런 상황까지 스스로 분석할 필요는 없다. 증권사의 보고서들이 당시 상황을 충분히 설명하며 제품가와 원재료 가격 차이(스프레드)를 신속하게 업데이트해 제공하는 덕분이다. 오히려 대한유화 같은 기업의 특성을 파악하고, 적절한 질문을 설정한 다음 답을 찾는 능력이 투자자에게는 더 필요하다.

대한유화의 주가는 이익 증가와 함께 가파르게 올랐다(〈그림 2-33〉). 2014년 말 7만 원 대에서 2017년은 24만~27만 원 사이가 됐다. 약 3년 만에 4배 가까이 오른 셈이다.

앞서 현대EP (수익성 개선형) 사례에서 보듯, 꼭 스노우볼이나 성장형이 아니더라도 이익이 늘면 주가도 오른다. 중요한 건 이익을 성장시킨 요인이 언제까지 지속될 수 있는지, 이익 성장을 고려해도 주가가 비싸진 않은지 등을 합리적으로 판단하는 일이다. 예컨대, 대한유화의 경우 향후 유가 흐름과 제품-원재료 가격 스프레드, 2017년 증설된 공장의 가동률 등이 이익의 추가 성장여부를 판단하는 중요한 근거가 되겠다.

그림 2-33

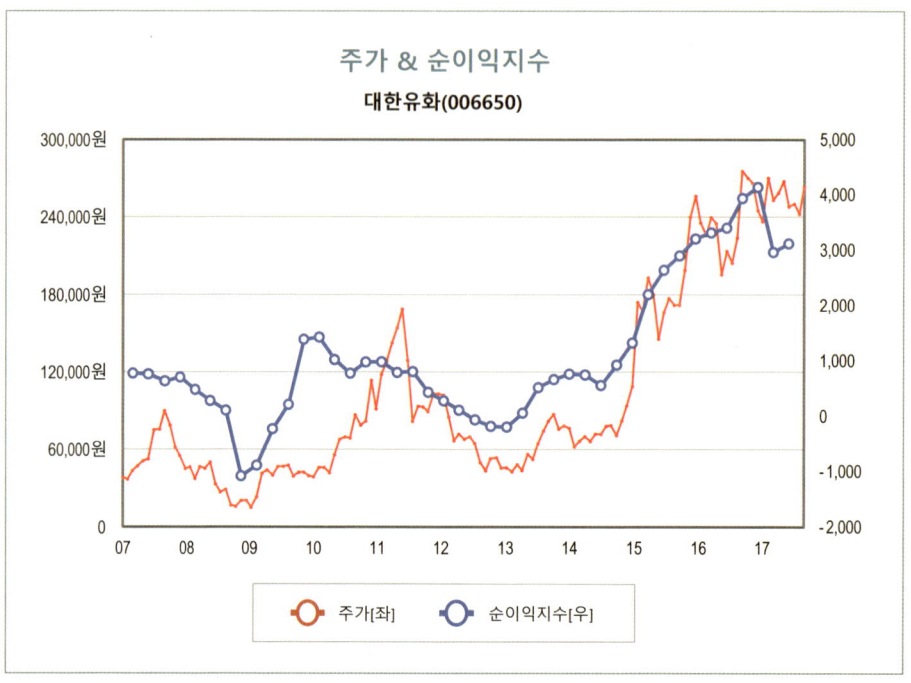

경기변동형은 국내 주식시장에 가장 많은 유형이라 할 수 있다. 유진테크와 같은 장비업체뿐만 아니라, 석유화학과 조선, 철강, 건설 등도 우리나라 주력 산업이기 때문이다.

문제는 이런 유형의 기업을 가치 평가할 때 '착시'가 일어나기 쉽다는 점이다. 즉, 가장 비쌀 때 오히려 싸게 보이고, 가장 쌀 때는 비싸게 보일 때가 많다. 왜 그럴까?

경기변동형은 이익이 주기적으로 증감을 반복한다. 그리고 이들 유형의 이익이 최대일 때, 주가가 이미 많이 올랐음에도 주가수익배수(PER)는 무척 낮을 때가 많다. 이익이 저점 대비 많게는 수백 배 이상 늘기 때문에, 주가가 100% 이상 오르더라도 PER이 하락한다.(주가가 수백 배 이상 급등하는 경우는 극히 드물며, 주로 테마주나 부실기업 중 극히 일부에서 볼 수 있다.)

그럴 때 이들 유형은 '고PBR-고ROE'에 따른 저PER이 형성된다. 〈표 2-1〉에서 회색 음영으로 표시된 사례들이다. PER이 5.7~9배 사이더라도, 이미 PBR은 1.5배 이상이다. ROE가 20% 이상으로 높기 때문에(이익이 최대여서 ROE가 높다) 이런 결과가 나온다.

표 2-1 ROE, PBR에 따른 PER

PBR \ ROE	5%	10%	15%	20%	25%	30%	35%	40%	45%	50%
0.50	10.0	5.0	3.3	2.5	2.0	1.7	1.4	1.3	1.1	1.0
1.00	20.0	10.0	6.7	5.0	4.0	3.3	2.9	2.5	2.2	2.0
1.50	30.0	15.0	10.0	7.5	6.0	5.0	4.3	3.8	3.3	3.0
2.00	40.0	20.0	13.3	10.0	8.0	6.7	5.7	5.0	4.4	4.0
2.50	50.0	25.0	16.7	12.5	10.0	8.3	7.1	6.3	5.6	5.6
3.00	60.0	30.0	20.0	15.0	12.0	10.0	8.6	7.5	6.7	6.0
3.50	70.0	35.0	23.3	17.5	14.0	11.7	10.0	8.8	7.8	7.0
4.00	80.0	40.0	26.7	20.0	16.0	13.3	11.4	10.0	8.9	8.0
4.50	90.0	45.0	30.0	22.5	18.0	15.0	12.9	11.3	10.0	9.0
5.00	100.0	50.0	33.3	25.0	20.0	16.7	14.3	12.5	11.1	10.0

PER = PBR ÷ ROE

단순히 보면 이런 유형은 과거 이익이 크게 늘었는데도, PER은 여전히 낮다. "좋은 기업은 이익이 늘어야 한다"거나 "PER이 낮을수록 좋다" 는 사실만 놓고 보면, 반드시 투자해야 하는 기업군으로 보인다.

문제는 그렇게 시작한 투자 대부분이 향후 이익 감소와 함께 주가 급락을 경험하며, 이를 통해 기업 이익이나 PER처럼 합리적인 투자를 위해 중요한 요소들에 대한 신뢰를 잃는다는 점이다. 국내 주식시장에 경기변동형 기업이 많기 때문에, 이런 경험을 가진 투자자도 적지 않다.

"저PER에 사고, 고PER에 판다"는 투자전략의 가장 중요한 전제는 기업 이익의 우상향, 즉 이익이 꾸준히 증가하는 것이다. 따라서 이익의 주기적인 등락이 주요 특징인 경기변동형 기업은 애초부터 이런 투자전략이 맞지 않는다.

그래서 경기변동형 기업은 오히려 역발상 전략이 유용할 때가 많다. 이익이 최대일 때 주식을 매도하고, 이익이 급감했거나, 심지어 적자로 전환했을 때 투자를 고려하는 방법이다.

단, 이익 감소가 언제까지 계속될지 알기 어려우며 충분히 떨어졌을 때 샀다해도 주가가 계속 하락할 수 있다. 역발상 투자는 단순히 다른 사람과 반대로 하는 투자라고 쉽게 생각해서는 곤란하다. 해당 기업 상황에 대한 정확한 진단과 함께 추가적인 주가 하락을 견딜 수 있는 마음의 준비도 필요하다.

앞서 언급했던 유진테크의 사례를 통해서 경기변동형 기업의 주가 등락을 다시 한 번 확인하자. 〈그림 2-34〉 차트처럼 고점 대비 반토막이 났다가, 다시 2배 상승하는 상황이 비일비재다. 이익의 증감이 주가 변동 폭을 키우는 배경 중 하나다.

그림 2-34

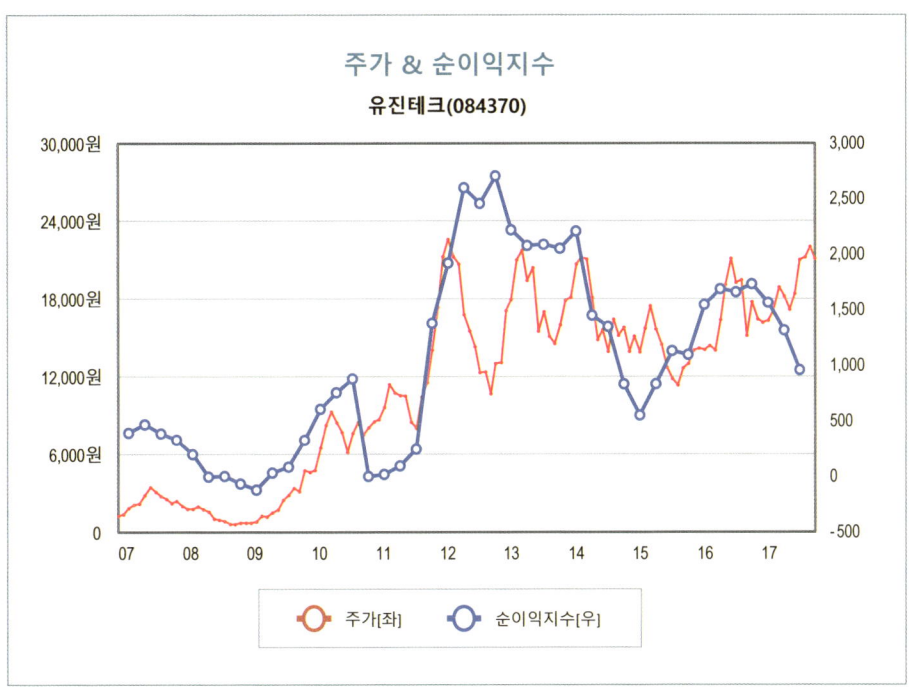

핵심
정리

① 경기에 따라 매출과 이익의 변동이 크다.

② 화학, 조선, 철강 외 반도체, 디스플레이 장비업종도 해당한다. 고정비 비중에 따라 이익률 유형을 나눌 수 있다.

③ 전년 동기 대비 변화보다는, 전분기 대비 또는 직전 호황 및 불황기와의 비교조사가 필요하다.

④ 이익이 최대일 때 주가도 비싼 경우가 많다. 고PER에 사서 저PER에 파는 역발상 전략이 유용하다.

3. 이익끼리 '엇박'일 때 기회 있다

영업이익과 순이익은 일반적으로 함께 움직인다. 영업이익이 늘면 순이익도 늘고, 반대 경우엔 둘 다 준다. 다른 요인이 없다면 영업이익에서 법인세를 납부하고 남은 게 순이익이기 때문에, 보통의 경우 순이익이 영업이익보다 적다.

그런데 실제 기업 사례에선 영업이익과 순이익의 증감이 반대로 나타나거나, 증감 방향이 같더라도 정도의 차이가 크거나, 순이익이 영업이익보다 많은 경우가 흔히 발생한다. 즉, 일반적이지 않은 경우가 빈번하다.

영업외손익률 차트는 바로 이런 경우의 원인을 파악하기 위해 본다. 영업이익에서 순이익까지 갈 때 반영하는 여러 계정과목을 차트로 놓고 비교한다. 특정 시기 이같은 엇박자 또는 순이익이 영업이익보다 많은 역전 현상의 이유를 파악할 수 있다.

주가는 영업이익이 아닌 순이익의 영향을 많이 받는다. 주가수익배수(PER), 자기자본이익률(ROE) 등 투자판단에 직접 영향을 주는 지표들도 순이익으로 계산한다. 그래서 영업이익은 늘었는데 일시적인 요인으로 순이익이 줄어 주가까지 내려간 기업이 있다면 눈여겨볼 필요가 있다.

영업이익과 순이익 사이엔 영업외손익, 그리고 법인세 비용이 있다. 공식으로 쓰면 다음과 같다.

영업이익 + 영업외손익 − 법인세 비용 = 순이익

영업외손익의 주요 구성항목을 정리하면 〈그림 2-35〉와 같다(편의상 법인세도 포함). 위에서 아래로 갈수록 일시적으로 발생했을 가능성이 크다. 영업이익과 순이익의 엇박자를 분석하려면 이들 구성항목에서 원인을 찾는다.

그림 2-35 영업외손익 주요 세부항목

이제 사례를 통해 엇박자 기업을 살펴보자. 우선 적자 자회사 청산을 통해 엇박자를 해소하고 순이익을 늘린 에스앤에스텍이다.

에스앤에스텍은 반도체 및 LCD 산업에 쓰이는 블랭크마스크를 만드는 회사다. 블랭크마스크는 회로를 묘사하는 포토마스크의 기초가 되는 소재다.

〈그림 2-36〉의 V차트에서 보듯이 에스앤에스텍의 영업이익과 순이익은 2011년부터 차이가 벌어지기 시작했다. 급기야 2013년에는 영업이익 71억 원, 순이익 -71억 원, 2014년은 영업이익 55억 원, 순이익 -48억 원을 기록했다.

그림 2-36

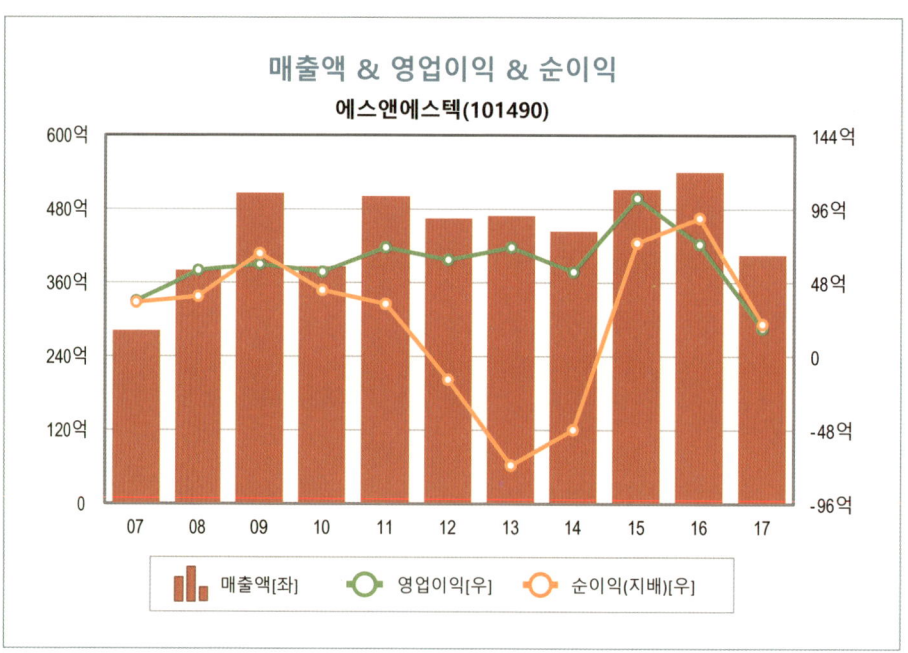

에스앤에스텍의 순이익 적자 배경에는 자회사 에스에스디가 있었다. 에스앤에스텍은 2011년 3월 터치스크린 모듈 제작회사 에스에스디를 설립한다. 그런데 에스에스디는 2011년 -16억 원, 2012년 -74억 원, 2013년 -101억 원으로 3년 연속 적자 폭이 커진다. 결국 2013년 12월 말에는 자본총계 3억 8,000만 원, 자산총계 305억 원으로 사실상 자본이 모두 바닥난다. 당시 발생한 에스에스디의 적자가 모두 에스앤에스텍의 영업외손실에서 지분법손실로 반영됐다.

에스앤에스텍은 2014년 초부터 에스에스디 청산 절차에 들어갔다. 2월 무상감자를 실시한 뒤 7월에 회생절차 개시 신청을 낸다. 그리고 12월 말 마지막으로 지급보증비용 94억 원을 장부에 반영하며 청산을 완료했다.

덕분에 2015년부터 순이익이 크게 증가한다. 여기에 당시 영업이익도 전년 대비 87% 늘어난 103억 원을 기록해 순이익 증가에 힘을 보탰다.

순이익 회복과 함께 주가도 급반등했다(〈그림 2-37〉). 에스앤에스텍의 2015년 연간 주가 상승률은 170%에 달했다. 특히 에스에스디 회생절차 개시 신청을 냈던 2014년 7월 말과 비교한 상승률은 무려 337%다. 적자 자회사 청산이라는 이벤트가 기업가치와 주가를 단숨에 끌어올린 경우라고 할 수 있다.

영업흑자를 내고 있음에도 순이익 적자가 이어지던 기간에 주가는 계속 하락했지만, 엇박자 해소를 염두에 두고 이 과정을 유심히 지켜봤던 투자자에겐 유망한 투자기회가 될 수 있었다.

그림 2-37

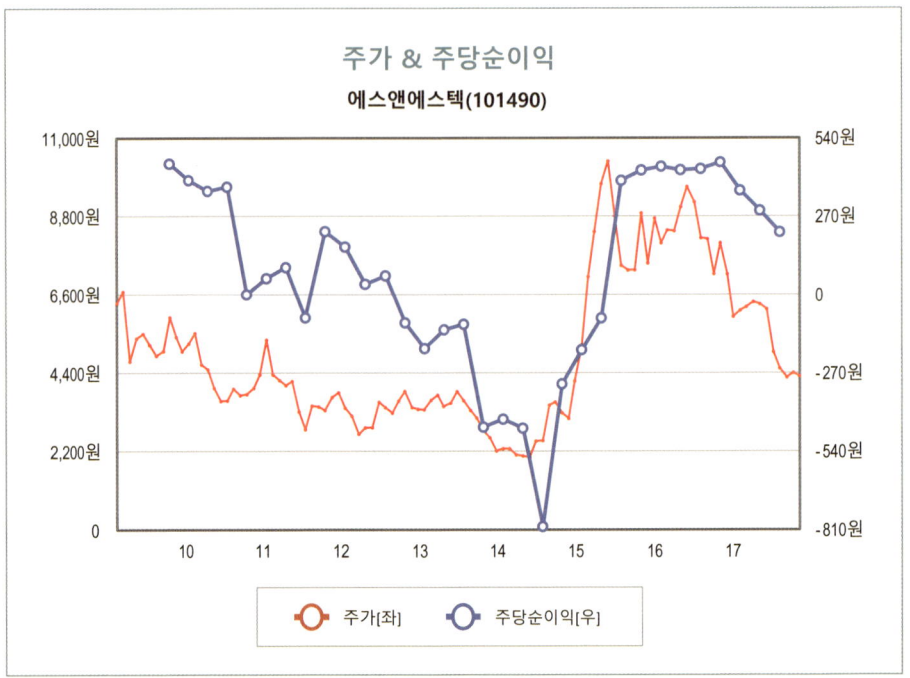

영업외손익은 엇박자 분석뿐만 아니라 회사가 영업 외로 하는 활동의 성적표도 알려준다. 특히 영업 외 자산이 많은 기업의 경우 이들 자산이 순이익을 늘리는지, 아니면 줄이는지를 파악할 수 있다.

V차트는 항목 중 일부만 선택해 보는 기능도 지원한다. 웹 페이지에서 특정 항목을 클릭하면, 해당 그래프가 사라지고 항목명도 흐릿하게 표시된다. 반대로 다시 클릭하면 활성화된다.

영업외손익률은 특히 8개 항목을 비교하기 때문에, 불필요한 항목은 각각 클릭해서 생략하는 게 좋다. 이하 영업외손익률 차트는 모두 필요한 항목만 남기고 설

그림 2-38

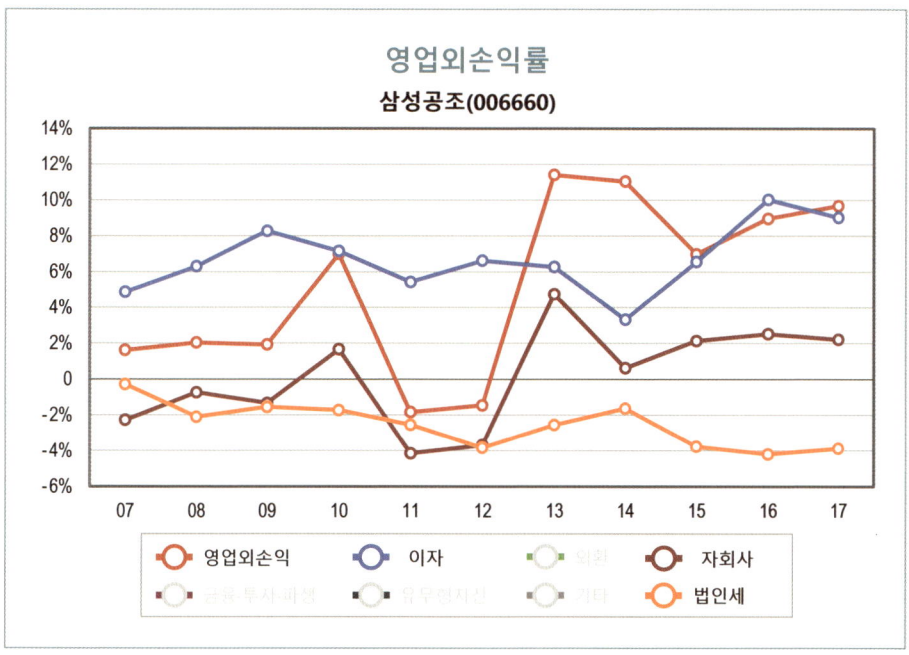

명한다.

　삼성공조의 영업외손익률 차트를 살펴본다. 〈그림 2-38〉의 V차트를 보면, 삼성공조는 영업외손익률이 많을 때는 12%에 육박한다. 특히 눈에 띄는 건 최근 10년 내 이자손익이 꾸준히 발생했고, 2016년부터는 매출액 대비 10%에 달하는 점이다. 웬만한 제조업의 영업이익률을 넘는 수준이다.

　삼성공조는 트럭이나 버스 등 상용차의 공기조절장치를 만드는 자동차 부품사다. 오랜 기간 뚜렷한 매출 성장은 없지만, 꾸준히 영업흑자를 냈다. 재무제표를 통해 구체적인 내용을 살펴보면, 이런 과정을 거치며 쌓은 현금이 2017년 9월 말 기준 1,345억 원(현금 및 현금성자산+단기금융자산)에 달하며, 394억 원의 장기 금융

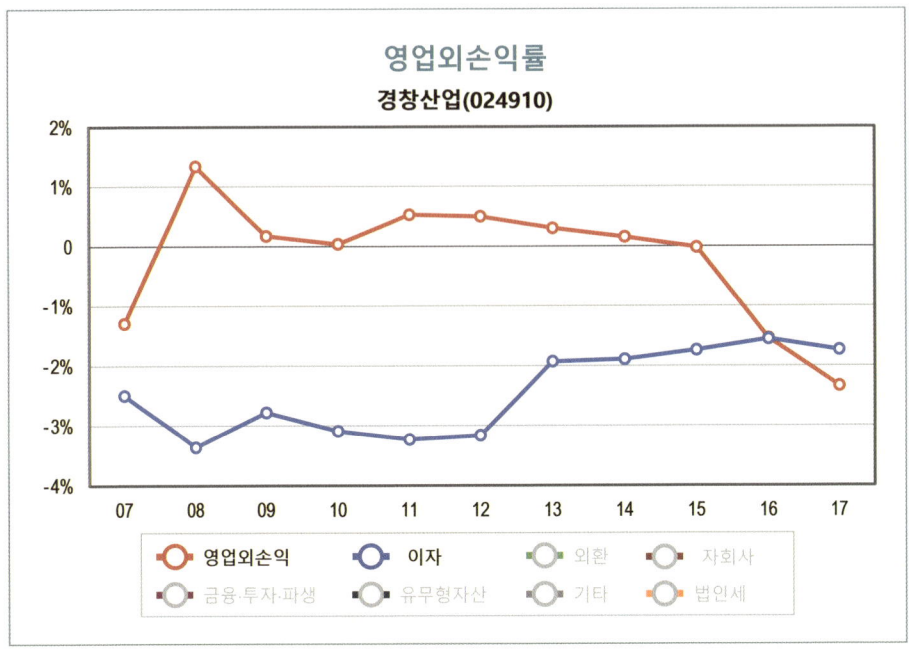

그림 2-39

자산(채권 등)도 갖고 있다. 이들 자산의 합계만 1,739억 원으로 시가총액 930억 원의 약 2배다(2017.12.28. 종가 기준). 이처럼 풍부한 현금에서 매년 꾸준히 이자수익이 발생해 영업외손익에 기록됐다.

반면 반대 사례의 V차트도 확인해 보자. 〈그림 2-39〉의 V차트는 같은 자동차 부품사인 경창산업의 영업외손익률 차트다. 최근 10년 내 매출액 대비 많게는 3.7%, 적게는 1.5%에 해당하는 이자비용을 계속 지출해왔다. 회사에 현금이 남아 은행에서 이자수익을 얻는 삼성공조와 달리 경창산업은 금융기관 등에서 돈을 빌려 이자를 내면서 사업에 활용하는 회사인 셈이다.

그림 2-40

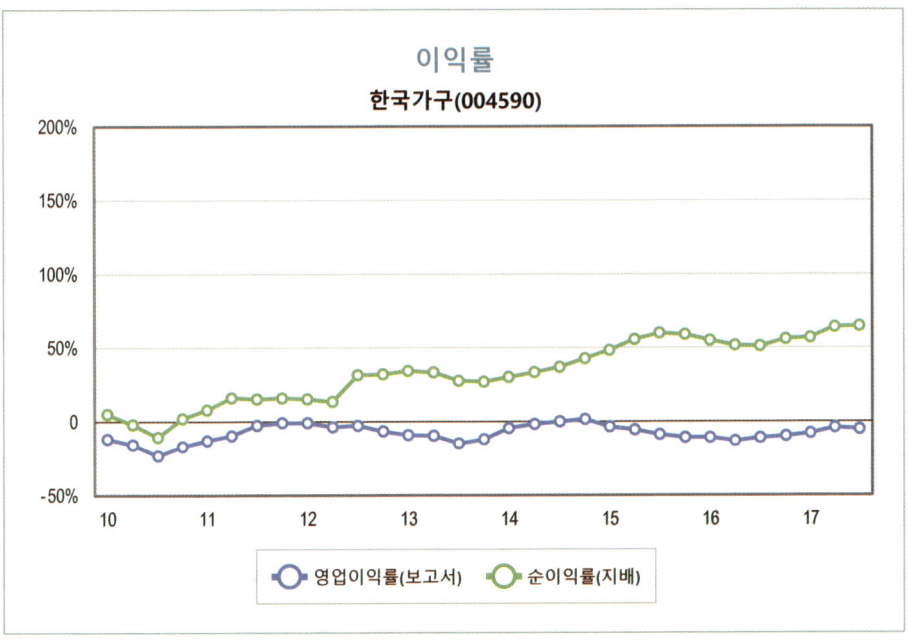

　이번엔 우량 자회사를 가진 한국가구를 보자. 한국가구는 본업인 가구업이 아닌 2010년 9월 인수한 100% 자회사 제원인터내쇼날을 통해 기업 가치를 높이고 있다. 제원인터내쇼날은 제과, 제빵에 들어가는 각종 원료를 수입한다. 케이크의 크림과 위에 얹혀지는 딸기, 키위 등 과일, 크림치즈, 초콜릿 등이 제원인터내쇼날의 주된 수입품이다.

　제원인터내쇼날 인수 이후 한국가구의 순이익률은 2010년 2.4%에서 계속 상승해 2017년 9월 말에는 58.9%에 달했다(〈그림 2-40〉). 2014년을 제외하곤 매년 마이너스(-)를 기록한 영업이익률과 격차도 크다.

그림 2-41 한국가구 매출액 & 영업이익 & 순이익 – 연결 기준

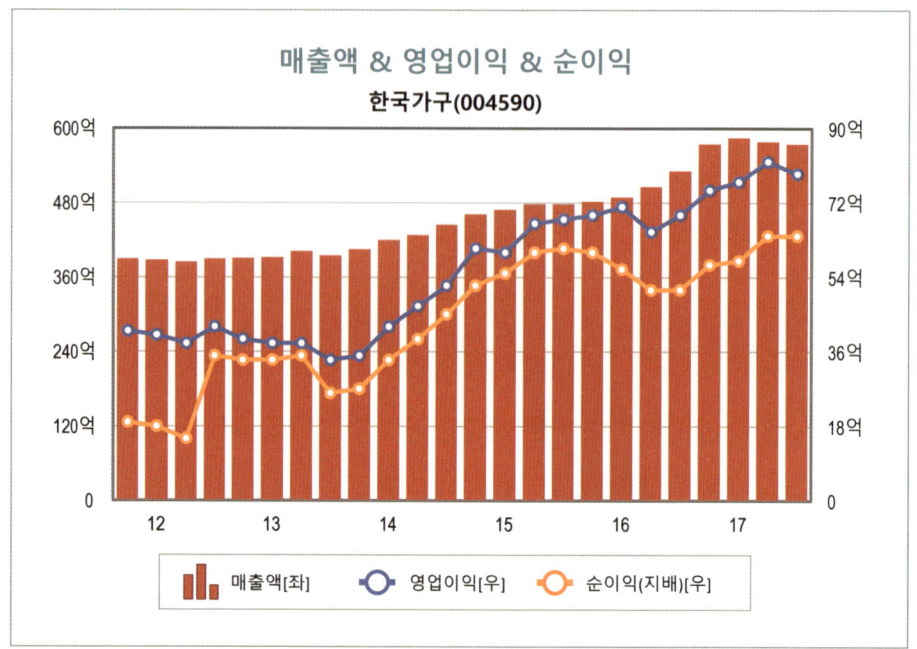

2017년 9월 말 한국가구의 개별 기준 누적 영업이익은 -4억 원, 연결 기준은 50억 원이다. 자회사인 제원인터내쇼날에서 발생하는 이익이 본업의 적자를 메운다.

한국가구처럼 자회사가 기업 가치 대부분을 설명하는 회사는 연결 기준 V차트가 유용하다(〈그림 2-41〉).

연결 기준으로 보면, 한국가구의 성장이 확연히 보인다. 2014년부터 매출이 늘고, 특히 영업이익이 크게 증가했다. 2013년까진 연간 30~40억 원 정도의 영업이익을 내던 회사가 그 이후 3년은 평균 68억 원의 영업이익을 기록했다.

그림 2-42 한국가구 이익률 - 연결 기준

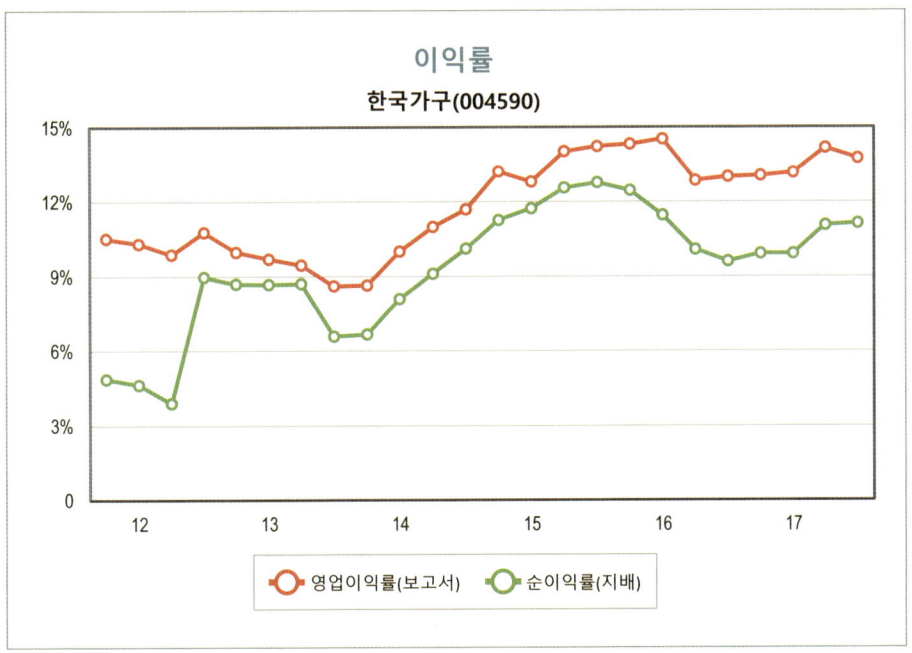

연결 기준 이익률 차트를 통해 한국가구의 실질적인 영업이익률을 알 수 있다. 실적이 좋아진 2014년부터의 영업이익률은 13~14% 정도다. 개별 기준 V차트와 비교해볼 때, 이는 제원인터내쇼날의 영업이익률에 한국가구 본업의 소폭 영업적자가 합쳐진 결과다.

국내 기업 대부분이 영향을 받는 환율 변동에 따른 외환거래 손익도 영업외손익을 구성하는 주된 요소다. 해당 기업의 외화 자산과 부채 규모에 따라 환율 변동에 따른 유불리도 결정된다.

대표적인 외화 자산은 수출을 하고 받은 매출채권(주로 달러)이다. 달러화로 돼 있기 때문에 국내에서 환전할 때 환율에 따라 관련 이익 또는 손실이 발생할 수 있다. 이 밖에 기업이 가진 외화 예금도 외화 자산이다.

외화 부채는 원재료 등을 수입할 때 발행한 매입채무, 또는 외국계 은행에서 빌린 외화 차입금 등이다. 역시 갚는 시점의 환율에 따라 관련 이익과 손실을 계산한다.

그림 2-43

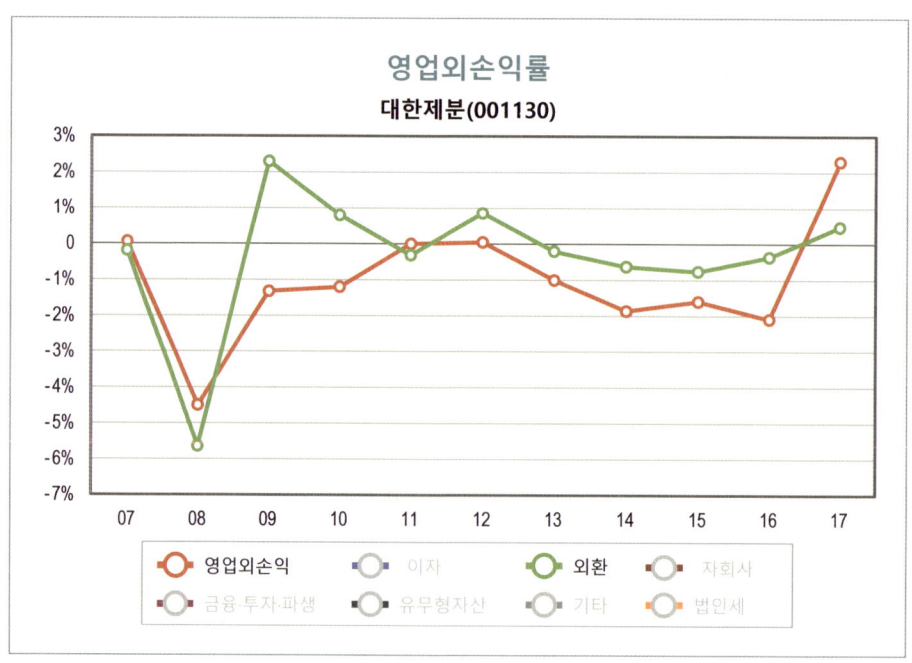

〈그림 2-43〉의 V차트는 곰표 밀가루로 유명한 대한제분의 영업외손익률 차트다. 대한제분은 원재료인 원맥(밀)을 100% 수입하는데, 주요 매출은 국내에서 일어난다. 그래서 원/달러 환율이 하락하면 영업외수익이, 상승하면 영업외손실이 발생한다. V차트를 통해 대한제분과 그 자회사들의 영업외손익률 대부분이 외환거래 손익률에 따라 결정됨을 알 수 있다.

2017년 9월 말 연결 기준 대한제분은 25억 9,600만 원의 외화 자산, 645억 9,000만 원의 외화 부채를 보유했다. 외화 순부채(외화 부채 − 외화 자산)가 619억 9,400만 원이므로 원/달러 환율이 하락하면 이익이, 오르면 손실이 발생한다.(참고로 외화 자산과 부채 내역을 확인하려면 사업보고서 주석 사항을 살펴야 한다. 그러나 이런 내용은 참고만 하고, V차트에선 영업외손익률 차트에서 외환거래 손익 정도를 보면서 환율 영향을 판단하면 충분하다.)

이 밖에 주식, ELS 등 재테크를 통해 발생한 손익도 영업외손익에 반영된다. 종합주가지수가 상승하면 이익, 하락하면 손실이 나는 경우가 대부분이다.

특정 자산을 처분했거나 손실로 처리했을 때, 분할·합병과 같은 이벤트가 발생했을 때, 세무 조사 등으로 과징금이 발생했을 때도 영업외손익이 크게 변동할 수 있다. 다만 방금 언급한 사안은 대부분 일시적으로만 순이익에 영향을 준다.

정리하면, 영업외손익 차트를 살필 땐 영업이익이 늘고 순이익이 줄어드는 엇박자 기업을 눈여겨본다. 그러다가 순이익 감소 요인이 제거되면 영업이익에 맞춰 순이익도 급증하고 주가도 상승할 수 있다. 또한 영업외손익이 꾸준히 플러스(+)를 유지하는 경우 이를 가능케 하는 요소를 찾으면 기업 가치 증가 포인트가 될 수 있다.

사례 분석 : 세이브존I&C

엇박자 분석 사례로 차입금 상환을 통해 이자손익을 꾸준히 개선시킨 세이브존I&C를 소개한다. 내용 중에 아직 설명하지 않은 V차트도 등장하지만, 전체 내용을 이해하는 데 큰 무리는 없다. 혹시 내용이 잘 이해가지 않는 부분이 있으면, 이 책의 3장과 4장을 읽고 아래 글을 읽으면 이해가 더 쉽다.

세이브존I&C는 아파트 단지와 도심, 지하철역 부근 등 인구 밀집 지역에서 아울렛을 운영한다. 주 고객층은 중저가 의류 및 생활용품을 찾는 소비자다. 세이브존I&C는 이월 상품, 기획상품 등의 할인 판매를 통해 백화점(고가)과 대형마트(저가)의 틈새시장을 공략하고 있다. 2016년 12월 현재 운영 점포는 노원, 성남, 광명, 대전, 부천, 전주까지 6개다. 부천점을 제외한 모든 점포가 자가 소유다. 함께 운영 중인 울산, 해운대는 모회사인 세이브존, 화정(일산) 지점은 계열사인 세이브존리베라가 운영한다.

세이브존I&C는 꾸준한 차입금 상환으로 부채와 이자비용 감소를 동시에 이뤄가는 회사다. 2008년 6월 178%까지 올라갔던 부채비율이 이후 계속 하락해 2016년 9월에는 47%가 됐다. 같은 기간 차입금은 2008년 6월 1,801억 원에서 2016년 9월 805억 원으

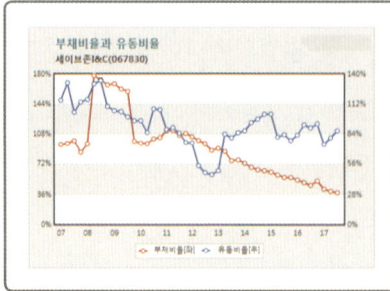
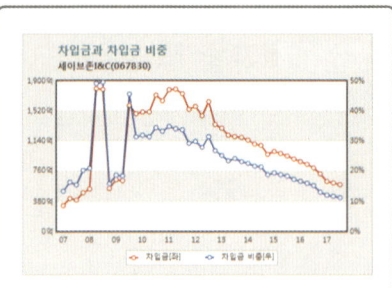

로 1,000억 원 가까이 줄었다(996억 원). 자산 대비 차입금 비중 또한 48.9%에서 15.2%로 감소했다.

세이브존I&C의 차입금 감소는 이자비용 하락으로 이어졌다. 이자비용은 2008년 6월 기준 51억 원에서 2012년 3월 128억 원까지 늘었다. 2016년 9월 이자비용은 25억 원에 불과하다(이상 연환산(최근 4분기 합산) 기준). 4년 6개월 만에 100억 원의 이자비용을 절감한 셈이다.

이자비용이 줄어드는 사이, 영업이익은 늘었다. 점점 영업으로 돈을 더 벌고, 내는 이자는 줄였다는 의미다. 덕분에 이자보상배율이 크게 높아져 2016년 9월 15배가 됐다.(이자보상배율 = 영업이익 ÷ 이자비용. 영업이익으로 이자비용을 부담할 능력을 측정하며, 5배가 넘으면 충분히 높다고 볼 수 있다.)

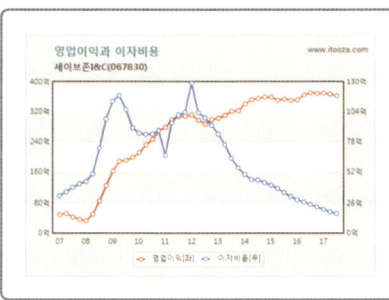 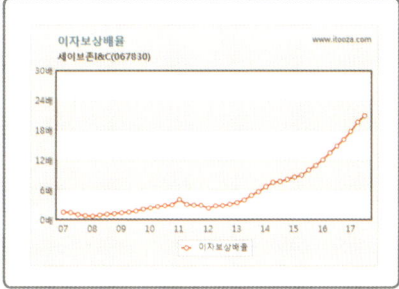

세이브존I&C는 차입금을 늘린 후, 이를 계속 갚아나간 경우다. 늘렸던 차입금을 어디에 썼을까? 다음의 이익축적 차트를 보면, 유형자산이 2008년 3월 1,312억 원에서 2011년 3월 3,883억 원까지 약 3배 증가한 걸 확인할 수 있다. 세이브존I&C는 임차로 사용하던 점포 건물을 자가로 구입했고, 이를 위한 자금을 차입금으로 조달했다.

빌려쓰던 건물을 자가로 바꾸면, 임차료가 감소한다. 대신 자가 소유가 된 건물에서 감가상각비가 발생하고, 세이브존I&C처럼 차입금을 조달하면 이자비용도 생긴다.

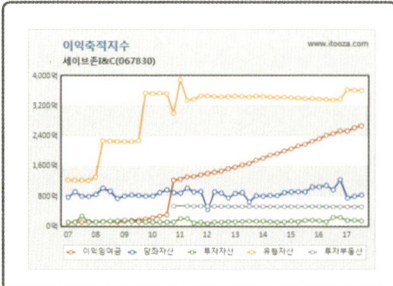 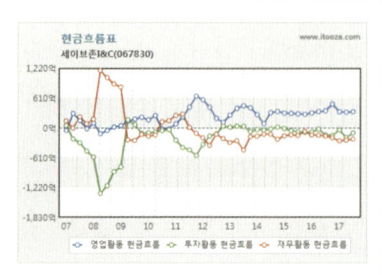

세이브존I&C의 차입금을 활용한 투자는 현금흐름표에서도 볼 수 있다. 차입과 투자가 이뤄지던 2008~2009년 사이 재무활동 현금흐름이 큰 폭의 플러스(+)를 기록하고, 투자활동 현금흐름은 비슷한 규모의 마이너스(-)가 기록됐다. 차입금 조달은 재무활동 현금흐름 플러스(+)로, 유형자산 취득은 투자활동 현금흐름 마이너스(-)로 각각 기록한다.

차입금 상환에 따른 이자비용 감소로 영업외손익도 개선됐다. 2009년 6월 매출 대비 -6.7%에 달했던 이자손익이 2016년 9월에는 오히려 0.1% 플러스(+)로 전환했다.

세이브존I&C가 차입금을 꾸준히 갚을 수 있던 건, 영업실적이 뒷받침된 덕분이다. 세이브존I&C는 2008년 이후 매출을 완만히 늘렸고 임차료 지출이 줄면서 영업이익 증가속도도 빨랐다. 더불어 이자비용이 줄면서 순이익도 함께 늘었다. '영업이익 증가 → 차입금 상환 → 이자비용 감소 → 순이익 더욱 증가'의 선순환이 몇 년간 이어진 셈이다.

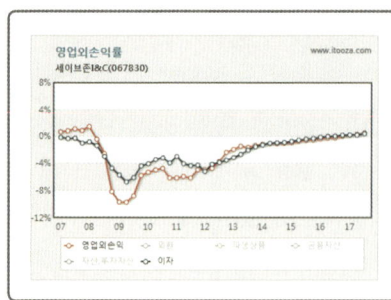 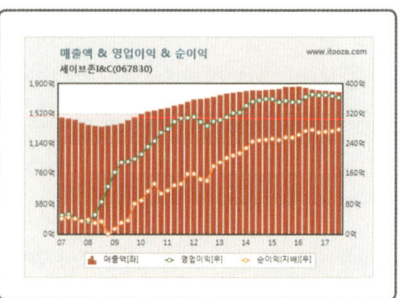

※〈보너스〉페이지에 실린 V차트 이미지는 아이투자의 화면을 캡처한 것으로 다소 선명하지 않을 수 있습니다.

3장

안전한 회사인가

▶ 이 장의 주요 V차트 관련 용어

부채비율, 유동비율, 차입금, 차입금 비중, 이자비용, 이자보상배율, 금융비용

▶ 이 장의 주요 V차트

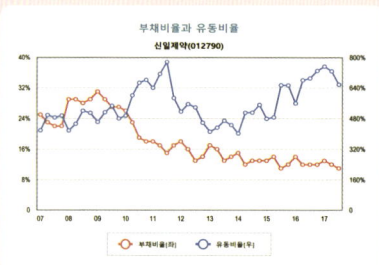

1. 안전성 차트의 체크 포인트

　이번 장에서 다룰 내용은 기업의 재무 안전성과 관련이 깊다. 아무리 돈을 잘 버는 기업이라 해도, 재무 안전성에 문제가 있다면 투자를 다시 검토해야 한다. 연봉이 아무리 많아도 빚이 너무 많아 이자와 원금을 갚기 급급하거나 파산 위험이 있다면 안심할 수 있는 배우자감이 아닌 것과 같다.

　먼저 살필 V차트는 부채비율과 유동비율 차트다. 이 V차트는 재무 안전성을 체크할 때 가장 먼저 보는 기본 항목을 담고 있다.

　일반적으로 부채비율은 낮을수록, 유동비율은 높을수록 부도 위험이 낮다. 제조업인 경우 보통 100%가 기준이다. 부채비율은 100% 이하, 유동비율은 100% 이상이면 안전하다.

　부채비율은 부채(남의 돈)를 자본(내 돈)으로 나눠 구한다. 즉, 사업에 쓴 전체 자금 가운데 내 돈에 비해 남의 돈이 얼마나 되는지를 측정한다. 일반 가정도 그렇듯, 내 돈에 비해 남의 돈을 과다하게 사용하면 재무적으로 위험하다. 부채비율이 100%가 넘으면 남의 돈이 내 돈보다 많아지기 시작한다.

유동비율은 유동자산을 유동부채로 나눠 계산한다. 1년 안에 현금으로 받을 돈과 1년 안에 현금으로 갚아야할 돈을 비교하는 개념이다. 이 비율이 100% 아래면 1년 안에 들어올 돈보다 나갈 돈이 더 많다는 뜻으로, 경영진은 어디서건 추가로 돈을 구해야 한다고 해석할 수 있다. 반대로 들어올 돈이 더 많다면, 별다른 자금 고민 없이 사업에만 전념할 수 있을 것이다.

〈그림 3-1〉은 고지혈증 치료제가 주력인 중소형 제약사 신일제약의 부채비율과 유동비율 차트다. 부채비율은 빨간 선으로 좌측에, 유동비율은 파란 선으로 우측에 각각 표시된다. 부채비율과 유동비율은 수치 차이가 클 수 있어 양쪽 그래프 축을 모두 사용해 비교한다.

신일제약의 부채비율은 최근 10년 동안 가장 높았을 때가 2009년 3월 30.9%였다. 그마저도 최근엔 더욱 줄어 2017년 9월은 10.6%를 기록했다. 이 회사 사업은 대부분 자체 자금으로 운영된다는 뜻이다. 부채가 거의 없는 매우 우량한 재무구조다.

유동비율은 최소 400% 이상을 유지했다. 2017년 9월은 656%에 달해 앞으로 1년간 들어올 돈이 나갈 돈보다 7배가량 많다. 최소한 운영비 등 자금에 대한 걱정 없이 사업을 키우고 미래 먹거리를 연구하는 데 전념할 수 있다.

그림 3-1

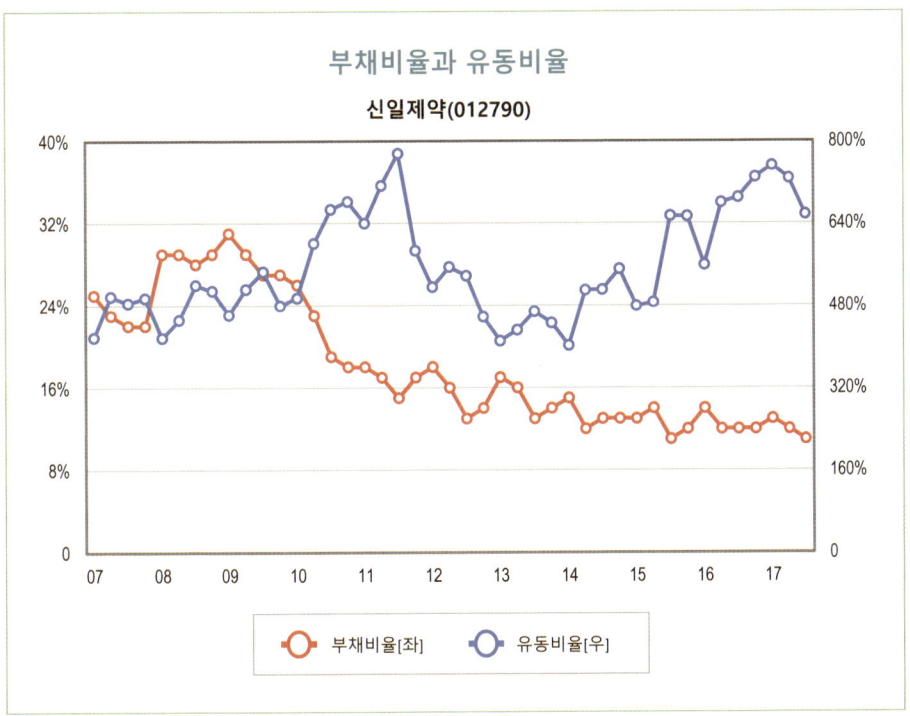

다음은 차입금과 차입금 비중 차트다(〈그림 3-2〉). 차입금은 부채 중에서도 이자를 지급하는 부채를 말한다.

부채는 이자를 지급하는 부채와 그렇지 않은 부채로 구분할 수 있다. 대부분 돈을 은행 등 금융기관에서 빌리는 일반 가정에선 이자를 지급하지 않는 부채는 생소한 개념이지만, 사업활동을 하는 기업은 무이자로 부채를 지는 경우도 많다. 대표적인 비이자부채로 매입채무가 있다. 원재료 등을 외상으로 받아올 때 생기는 항목이다.

차입금은 이런 비이자부채를 빼고 구한다. 장·단기 차입금과 회사채, 금융리스 등이 차입금으로 분류된다. 차입금의 절대액수가 줄어드는 추세거나 자산 대비 차입금 비중이 10% 미만이면 안전한 재무구조로 판단한다. 반대로 차입금이 점차 늘고, 비중이 40%를 넘어가면 위험신호다.

  신일제약은 차입금 자체가 원래 적고, 차입금 절대액수와 차입금 비중까지 모두 감소한 경우다. 최근 10년 동안 차입금이 가장 많았을 때는 지난 2008년 12월로 액수는 41억 원, 자산 대비 비중은 7.5%다. 2017년 9월 현재는 차입금 4억 원, 비중 0.4%로 무차입 경영에 가깝다. 부채비율과 유동비율 차트에서 확인했던 신일제약의 안전한 재무구조가 이 차트에서도 확인됐다.

그림 3-2

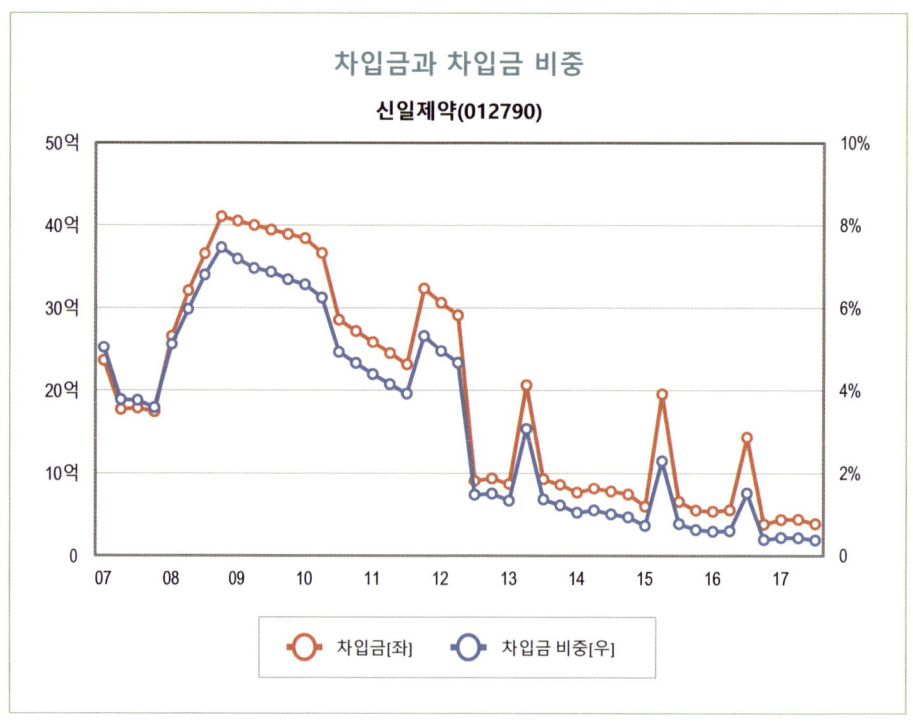

그림 3-3

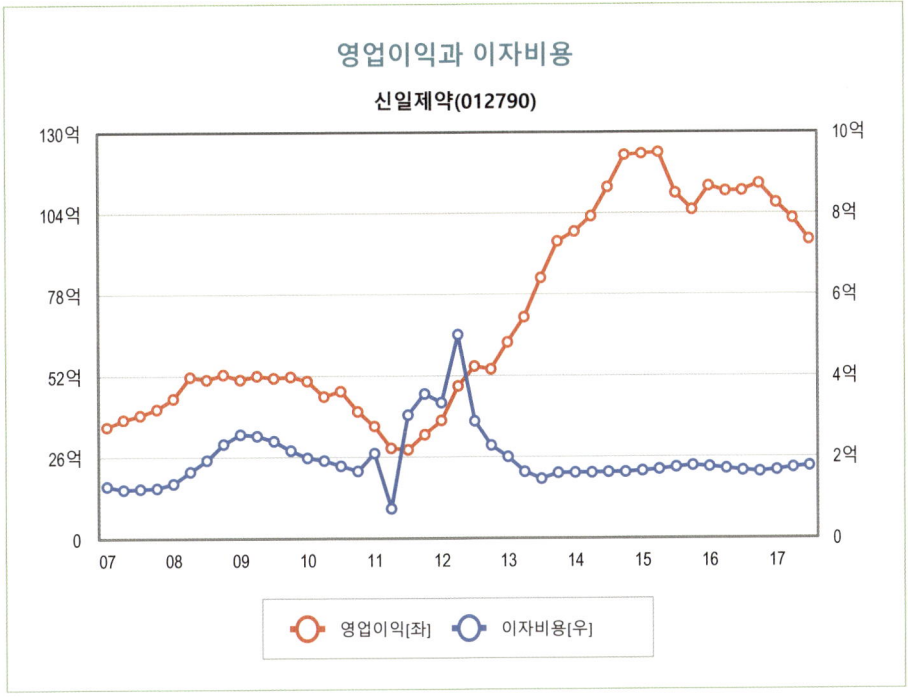

<그림 3-3>의 V차트는 영업이익과 이자비용 차트다. 이 2가지 항목의 비교는 기업의 재무 안전성을 체크하는 중요한 지표다. 사업으로 남긴 영업이익으로 이자비용도 감당할 수 없는 기업이라면 또다시 빚을 늘리거나 유상증자 등을 통해 자금을 조달해야 한다. 일반 가정에서 월급을 모두 투입해도 이자를 내지 못하는 상황과 같다.

반대로 영업이익이 이자비용보다 확연히 많으면 어느 정도 차입금이 있더라도 감당할 수 있다. 이자비용을 내는 데 무리가 없어 필요하다면 만기시 다른 차입금 계약을 새롭게 체결할 수도 있다. 이자비용을 내고 남은 영업이익을 모아뒀다가

차입금 상환에 사용할 수도 있어 여러모로 재무 안전성에 도움이 된다.

신일제약의 영업이익은 2007~2011년 30~50억 원을 기록했고, 그 이후 늘기 시작해 최근엔 100~120억 원을 달성했다. 반면 이자비용은 가장 많을 때가 5억 원, 보통은 2억 원 내외다. 영업이익이 이자비용을 훨씬 많이 초과한다.

이자보상배율 차트(〈그림 3-4〉)는 앞서 설명한 영업이익과 이자비용의 관계를 배수로 나타낸 값이다. 영업이익을 이자비용으로 나눠 구한다. 따라서 영업이익보다 많은 이자비용을 부담하는 기업은 이 지표가 1배 미만이며, 반대로 영업이익이 훨씬 많다면 이 지표가 수십~수백 배에 이른다.

이자보상배율 = 영업이익 ÷ 이자비용

일반적으로 이자보상배율이 5배를 넘으면 재무 안전성에 문제가 없다고 판단해도 무방하다. 1~5배 사이라면 향후 실적과 이자율 변화 등을 유의해서 봐야한다. 만약 1배 미만이거나 영업적자를 겪는 회사라면 투자를 보류하는 게 좋다.

신일제약의 최근 10년 동안 이자보상배율은 9.7~75배 사이다. 절대수치가 크게 높아 등락이 거의 무의미한 수준이다. 매우 안전하다고 볼 수 있다.

그림 3-4

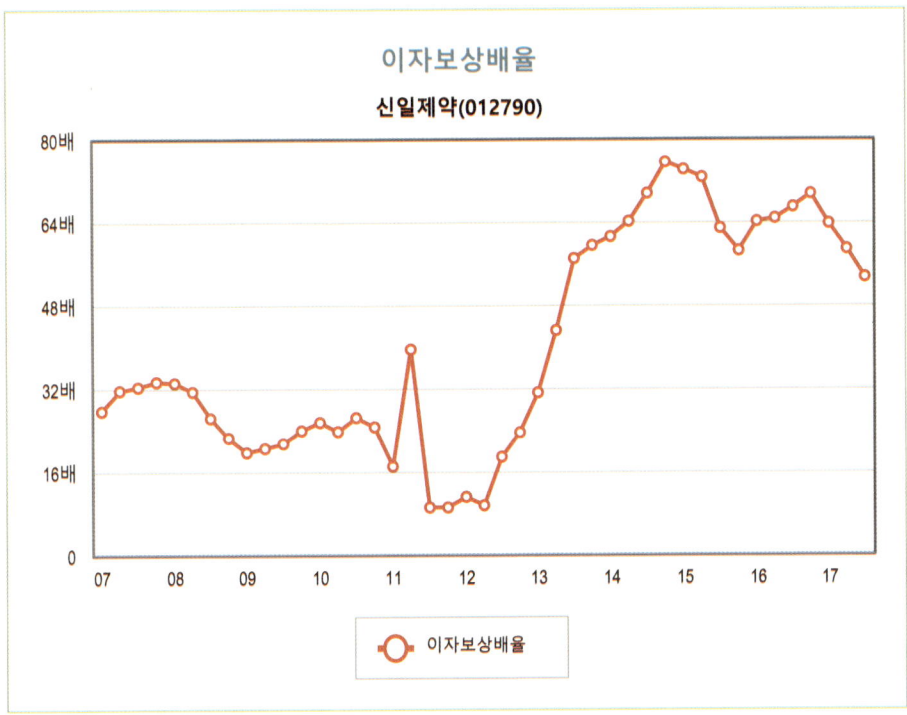

TIP

이자보상배율 5배 넘는 기업은 몇 개?

2018년 1월 31일 현재 국내 상장 제조업 1915개 가운데 이자보상배율이 5배를 넘거나 아예 이자비용이 없는 기업은 961개로, 전체 상장기업의 50.1%를 차지한다(이자보상배율은 2017년 9월, 주재무제표 기준).

재무 안전성을 확인하는 마지막은 차입금과 금융비용비율 차트다(〈그림 3-5〉). 금융비용비율은 매출액 대비 이자비용을 얼마나 지불하는 지를 나타낸다. 계산식은 다음과 같다.

금융비용비율(%) = 이자비용 ÷ 매출액 × 100

앞서 이익률 차트에서 제조업의 영업이익률이 10%면 높은 편이라고 설명한 바 있다. 만약 어떤 기업의 영업이익률이 10%인데, 금융비용비율이 5%라면 어떨까? 좀 더 구체적으로 숫자를 예시로 들어보자. 이해하기 쉽게 법인세 등 다른 비용은 없다고 가정하자.

매출액: 100억 원
영업이익: 10억 원
이자비용: 5억 원

이 기업은 10억 원의 영업이익 중 5억 원은 이자비용으로 지출해야 한다. 만약 이자비용 지출이 없다면 10억 원이 됐을 순이익이 이자비용 지출로 인해 5억 원에 그친다. 이처럼 금융비용비율이 높은 기업은 본업으로 이익을 남겨도 최종 손에 쥐는 순이익이 줄어든다.

금융비용비율은 1% 미만이면 안전하다고 본다. 그러나 3%를 넘어가면 위험하며, 이런 기업들은 수익성이 낮거나 순이익이 적자를 낼 가능성이 크다.

신일제약의 지난 10년 간 금융비용비율은 최대 1.3%, 2017년 9월은 0.4%에 불과하다. 앞서 살펴본 4개 차트와 마찬가지로, 신일제약의 재무 안전성은 걱정할 점이 없다.

그림 3-5

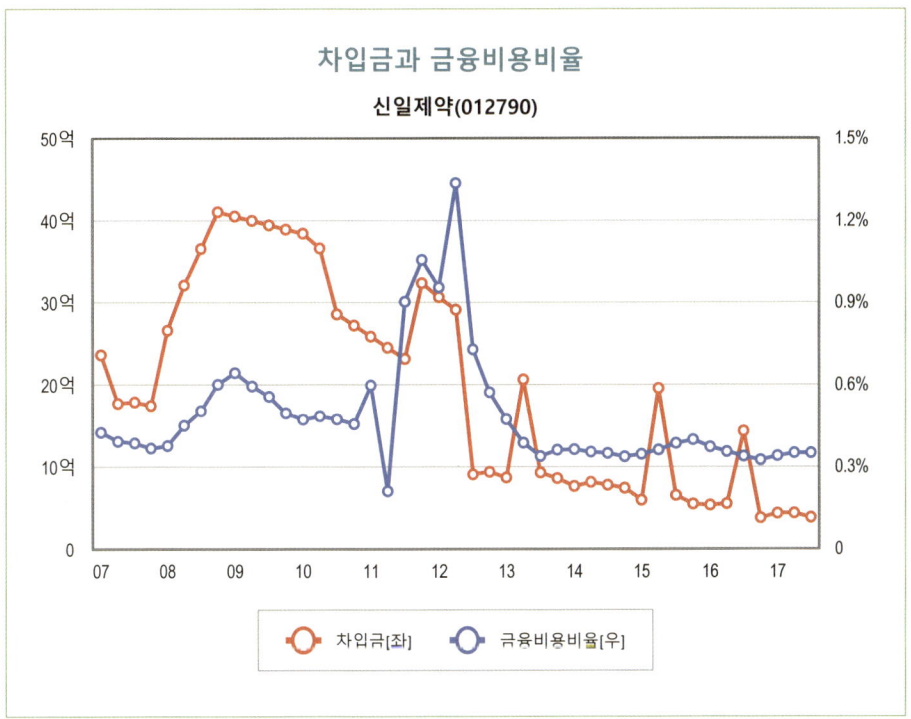

신일제약은 재무적으로 매우 안전한 회사다. 이런 기업들은 부도나 상장폐지 염려가 거의 없어 사업을 잘 하는지만 집중해서 체크하면 된다. V차트에선 첫 번째 질문에 나오는 차트를 살펴보면 된다.

신일제약은 재무적으로 안전할 뿐 아니라 갖고 있는 자산도 많은 회사다. 2017년 9월 기준 신일제약의 주요 자산은 〈표 3-1〉과 같다. 현금과 금융자산, 부동산에서 부채를 모두 제외해도 시가총액의 30% 정도다.

표 3-1 신일제약 자산가치
단위 : 억원

항목			금액	시총 대비
현금+금융자산+부동산 (A)			380	40%
	현금성자산		8	1%
	금융자산	단기	104	11%
		장기	2	0%
		관계기업지분	–	–
	부동산	토지	25	3%
		투자부동산	241	25%
부채 (B)			98	10%
	총차입금		4	0%
	비이자부채		94	10%
A-B			282	30%
시가총액			952	100%

* 2017년 9월 말 기준, 시가총액은 2017년 12월13일 기준

이처럼 재무구조가 매우 안전한 기업들은 오랜 기간 이익을 낸 사업 덕분에 회사 여기저기에 자산이 쌓여 있다. 그래서 V차트를 통해 재무구조가 매우 우량한 회사를 조사하다보면, 뜻밖에 자산주를 발견하기도 한다.

이번엔 상황이 전혀 다른 사례를 보자. LCD용 백라이트유닛(BLU), LED, 형광램프 등을 만드는 조명 전문회사인 B기업이다.

〈그림 3-6〉의 V차트를 통해 B기업의 부채비율과 유동비율부터 살피자. 우선 눈에 띄는 건 2012년 이후 변화다. 2012년 하반기~2013년 상반기를 기준으로 부채비율은 상승, 유동비율은 하락하기 시작했다. 회사에 부채가 점차 늘고 1년 안에

지불해야 할 현금이 많아진다는 것은 안 좋은 신호다. 2017년 9월 말 기준 부채비율은 142%, 유동비율은 78%다. 둘 다 '안전함'의 기준인 100% 이하, 100% 이상을 지키지 못했다. 여기에 추세까지 부채비율은 우상향, 유동비율은 우하향 중이라 더욱 재무 안전성에 유의해야 한다.

그림 3-6

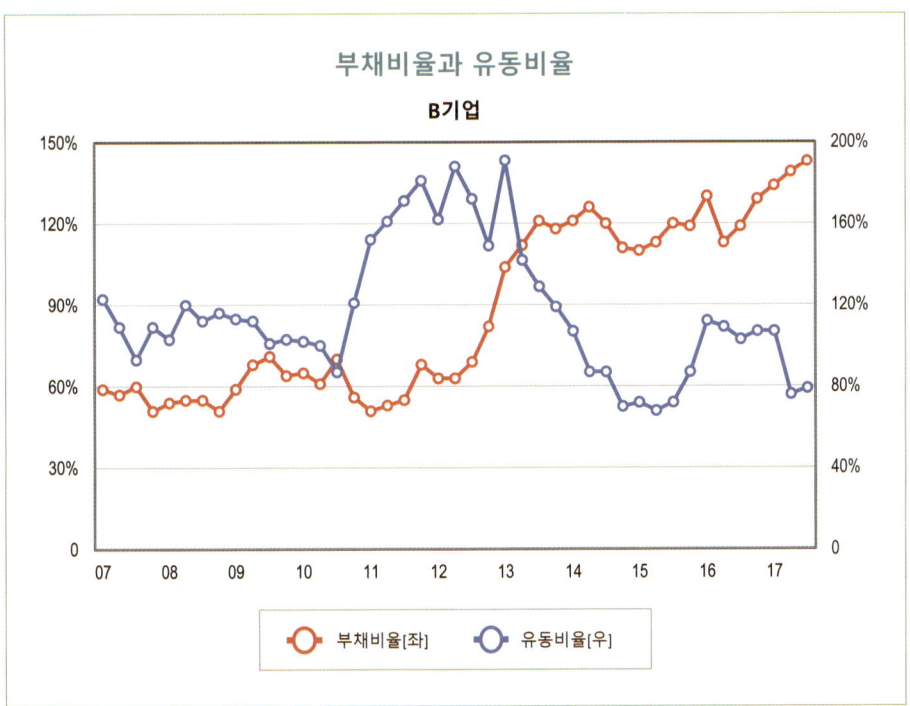

또다른 V차트인 〈그림 3-7〉을 보면 차입금도 많은 편이다. 차입금 액수는 2015년 9월 1,671억 원까지 늘었다가 2017년 9월엔 1,221억 원으로 27% 줄었다. 그럼에도 차입금 비중은 43.5%로 2015년 9월 45.6%에서 소폭 감소에 그쳤다.

차입금 절대금액이 줄었는데 비중이 별로 줄지 않은 건 자산의 감소 때문이다. B기업의 자산은 2015년 9월 3,665억 원에서 2017년 9월 2,808억 원으로 감소한다. 이 기간 이익잉여금이 335억 원 줄고, 부채총계도 523억 원 감소한다. 이익잉여금이 줄었다는 건 그만큼 적자가 누적됐다는 의미며, 회사는 부채도 함께 줄여 사업 규모를 축소하고 있다고 볼 수 있다.

투자자산, 유형자산의 토지와 건물, 투자부동산 등 비유동자산에서 골고루 자산이 줄었다. 이 회사는 2012년부터 2016년까지 5년 연속 영업적자를 기록 중인데, 사업이 어려워지면서 그 동안 투자했던 자산을 처분해 부채를 갚는 등 경영 개선에 나선 것으로 보인다.

그림 3-7

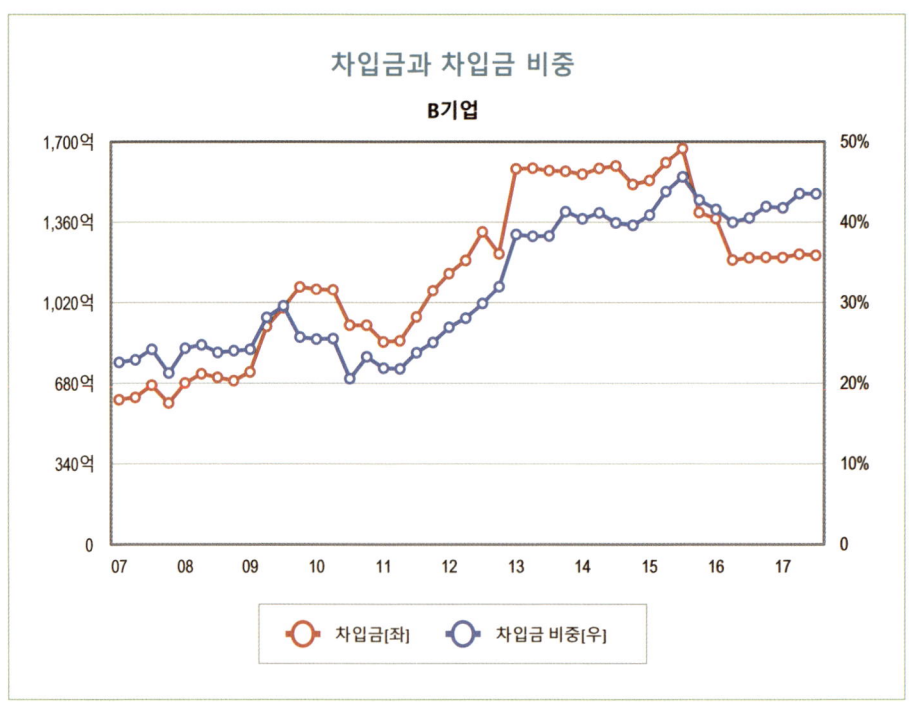

〈그림 3-8〉 차트를 보면 영업이익은 점점 줄고 이자비용은 계속 늘다가 최근에야 일부 줄었다. 다행히 차입금을 줄여 이자비용 액수는 2015년 9월 73억 원에서 2017년 9월 57억 원까지 줄었다. 그러나 영업적자가 계속되면 이자비용이 줄어도 감당하기가 어렵다.

그나마 2016년 3월부터 전년 동기 대비 영업적자 폭을 줄이며 2017년 9월(연환산 기준) 영업이익이 8억 원 흑자로 돌아선 점은 긍정적이다. 그럼에도 여전히 이자비용을 감당하기 어렵다.

그림 3-8

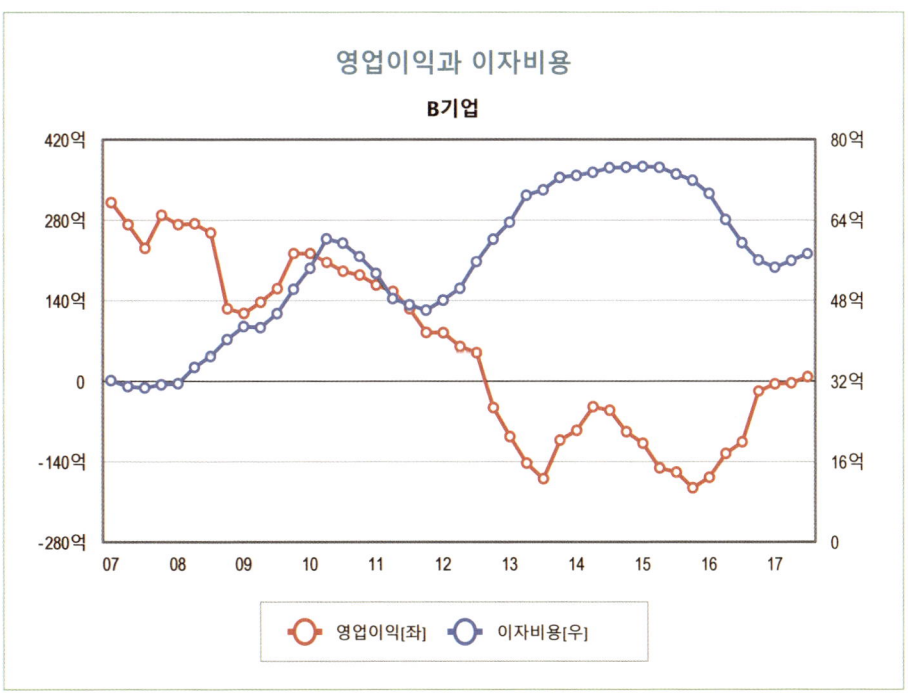

B기업의 이자보상배율은 2008년까지만 해도 안전한 수준이었다(〈그림 3-9〉). 문제는 계속 하락했다는 것으로, 영업적자 기간엔 마이너스(-)이며 2017년 9월 현재는 0.1배에 불과하다. 이자보상배율을 살필 때 절대 수치가 5배 이상인지도 중요하지만, 하락하는 추세라면 향후 재무 안전성에 문제가 생길 수 있음을 대비해야 한다. V차트가 보여주는 추세는 한번 형성되면 대개는 그대로 이어지는 경향이 강하다.

그림 3-9

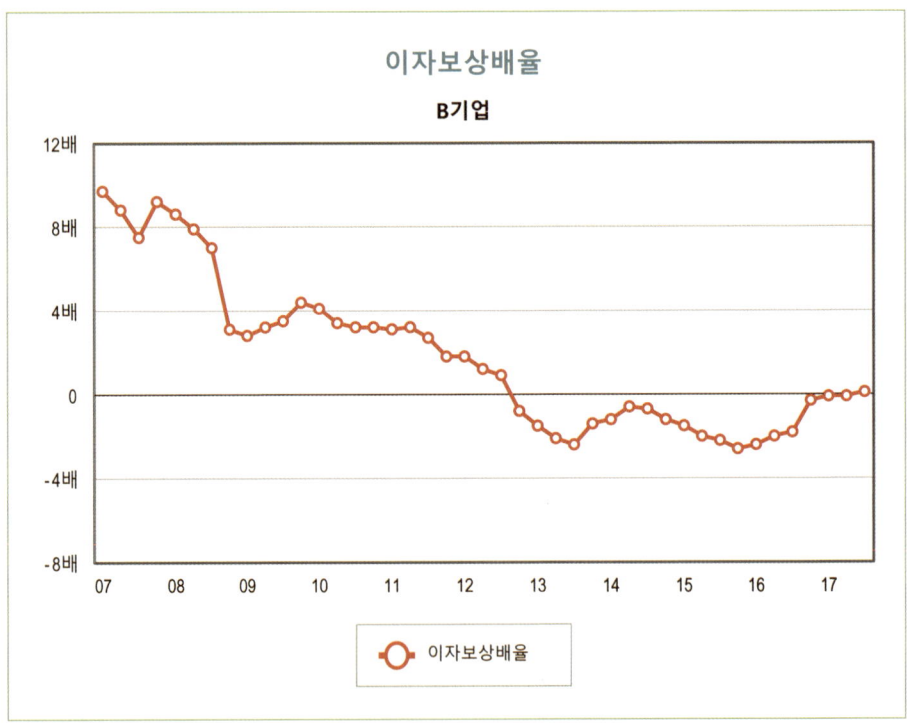

마지막으로 차입금과 금융비용비율 차트다(〈그림 3-10〉). 2015년 3월 금융비용

비율이 이미 5%를 넘어섰다. 최고는 2015년 9월 기록한 8.8%며, 2017년 9월 현재는 7.2%다. 위험 신호의 기준인 3%를 넘은 상태가 5년 째 이어지고 있다.

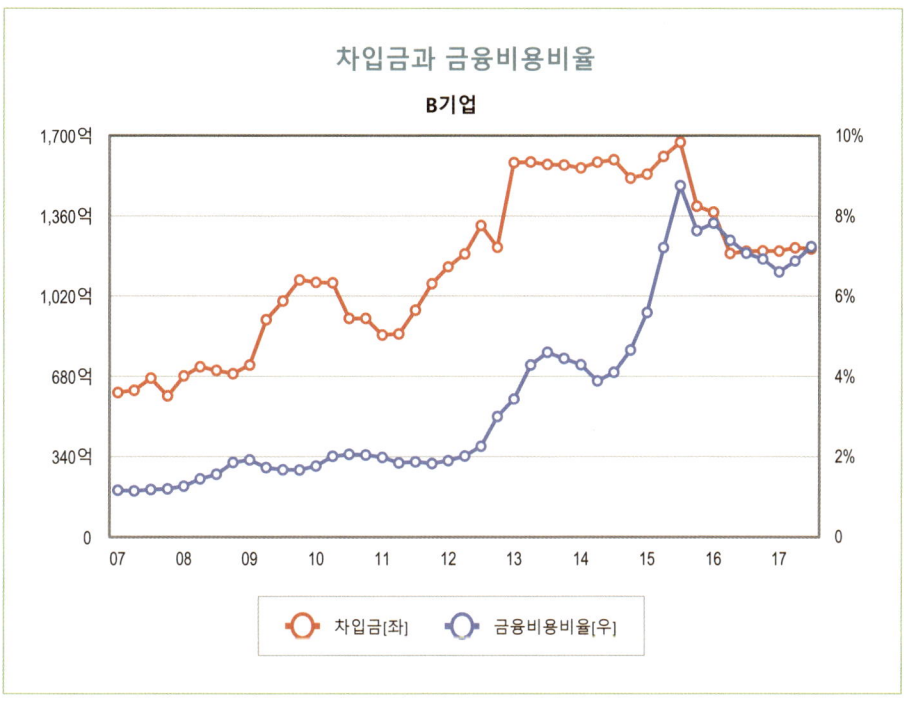

그림 3-10

영업적자가 이어지고 손실을 메우기 위해 차입금을 늘리면 거기서 발생하는 이자비용이 다시 손실을 키운다. 사업이 어려워지는 기업의 전형적인 수순이다.

그리고 이런 기업의 주가는 다분히 투기적으로 움직이곤 한다. 실제로 B기업은 사업이 어려워지기 시작한 2012년 이후에도 중간중간 주가가 급등하곤 했다. 특히 2013년엔 한때 연초 대비 82%나 상승했다. 2015년에도 연초 대비 34% 오르는 등 투자자들의 매매가 이어졌다.

그러나 어려움이 계속되는 기업에 대한 투자는 결국 낭패를 보게 된다. 〈그림 3-11〉에서 보듯이, 현재 B기업의 주가는 7,420원으로 2012년 초 2만 5,000원 대비 70%나 빠진 상태다. 장기적으로 가치가 감소하고 재무 안전성에 위험신호가 들어온 기업에 투자해서 성공하려면 엄청난 행운이 필요하다. 주식시장엔 수많은 우량기업이 있는데도 불구하고, 재무 안전성이 낮은 기업을 산 다음 행운을 기대하는 건 합리적인 투자와 거리가 멀다고 할 수밖에 없다.

그림 3-11

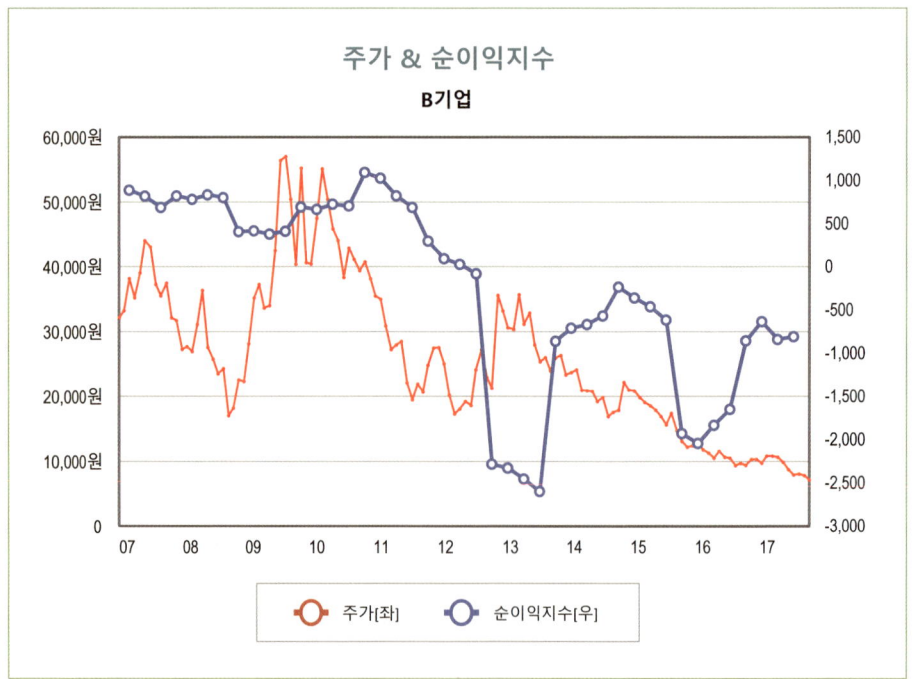

2. 3단계로 검증하는 특수 사례

앞서 살펴본 재무 안전성 관련 V차트는 대부분 하나의 결론을 낸다. "이 회사는 안전해서 망할 염려가 적다" 또는 "이 회사는 위험하다. 섣불리 투자하면 안 된다" 중 하나다. 신일제약과 B기업 사례에서 보듯, 안전한 회사는 모든 차트가 안전하다고 말하고, 위험한 회사는 모든 차트가 위험신호를 보낸다.

그런데 주식시장엔 1,900개가 넘는 기업이 상장해 있고, 일반적인 경우를 벗어나는 특수한 사례도 있기 마련이다. 말하자면 부채비율은 높은 데 차입금 부담은 적다던가, 차입금이 많은 데 이자비용을 충분히 부담할 수 있는 경우 등이다. 이런 경우 재무 안전성에 대한 판단 또한 여러 차트를 종합적으로 고려할 필요가 있는데, 이때 어떤 과정을 거쳐 판단하면 좋을까. 재무 안전성에 대한 판단 또한 애매한 경우가 있는데, 이때 어떤 과정을 거쳐 판단하면 좋을까.

우선 이같은 판단을 위해 필요한 차트는 3개다. 부채비율과 유동비율 차트, 차입금과 차입금 비중 차트, 마지막으로 이자보상배율 차트다. 이 3개 차트를 순서대로 보면서 각각의 차트에 대해 긍정적 케이스와 부정적 케이스를 비교하며 특수한 사례를 판단해보자.

1단계 체크: 부채비율과 유동비율 차트

아래는 리노공업의 부채비율과 유동비율 차트다. 선 그래프의 등락이 커 복잡해 보이지만, 실상 판단에는 전혀 무리가 없다. 리노공업의 부채비율은 최근 10년 동안 20%를 넘은 적이 없다. 유동비율은 수백~1,000% 이상에 달한다. 이 차트 하나만으로 다른 차트의 검증이 필요없을 만큼 재무구조가 안전하다고 할 수 있다.

그림 3-12

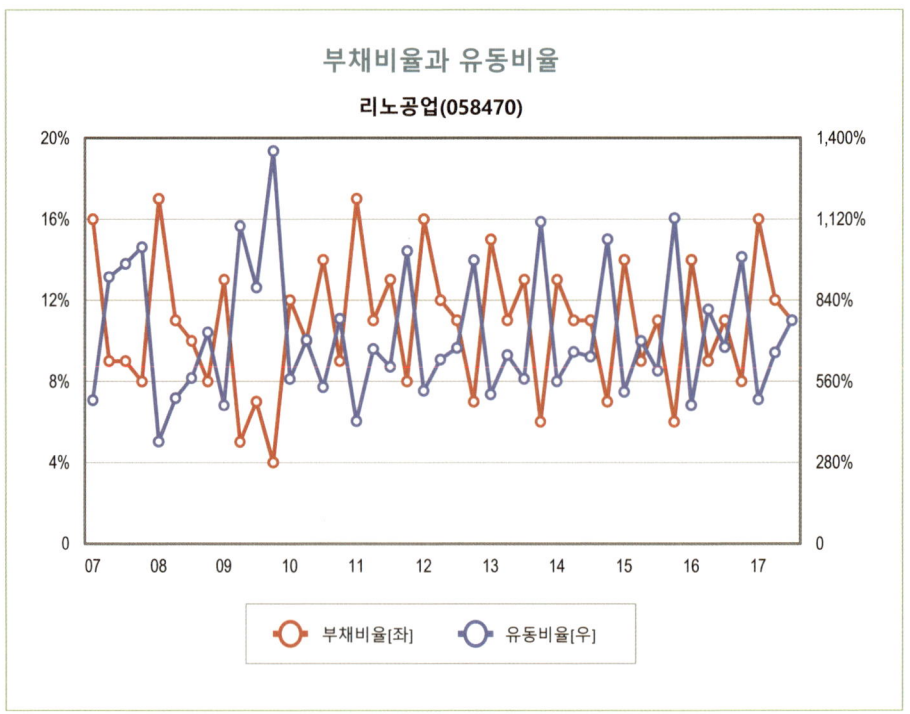

이번엔 C기업의 차트다. 부채비율은 한때 500%가 넘었고, 2017년 9월에도 184%다. 유동비율은 79%다. 다른 차트를 통해 기업의 재무 안전성을 더 면밀히 살피라는 신호를 보내고 있는 셈이다.

그림 3-13

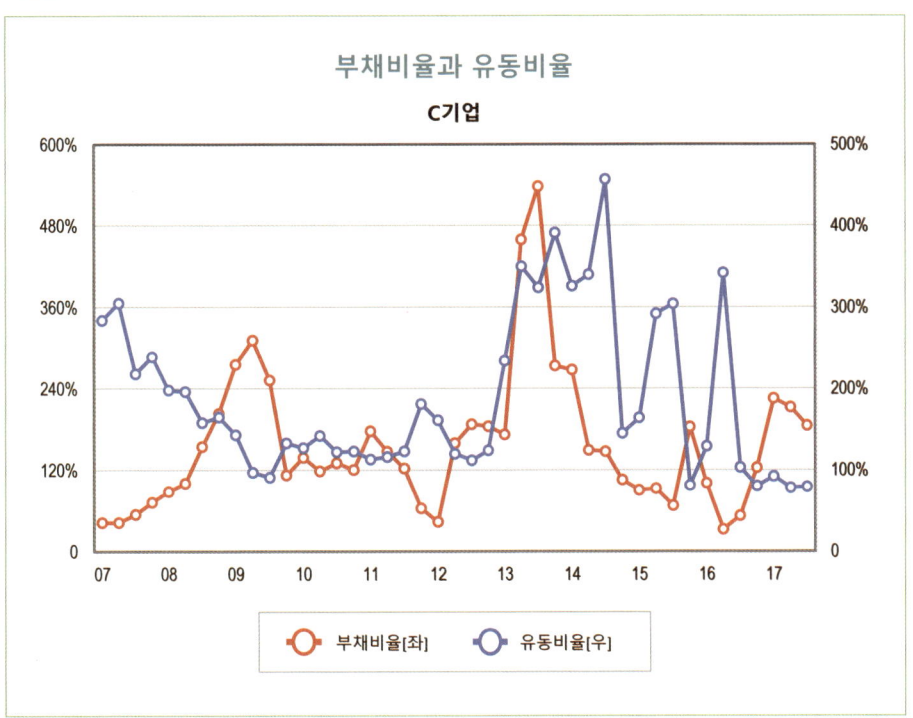

핵심 정리

① 부채비율은 100% 미만, 유동비율은 100% 이상이면 재무 안전성이 높다고 평가한다.

② 유동비율 100% 미만이거나, 부채비율이 매년 상승하는 기업에 대한 투자는 유의하는 것이 좋다.

③ 부채비율, 유동비율은 동종 업종 내 기업과 비교, 분석을 통해 판단의 정확성을 높일 수 있다.

2단계 체크: 차입금과 차입금 비중 차트

부채비율과 유동비율 차트에서 각각 '안전', '위험' 판정을 받아도 차입금과 차입금 비중 차트를 그냥 지나쳐선 안 된다. 흔치 않지만 이 차트에서 판정이 뒤집히는 특수한 경우가 있기 때문이다.

〈그림 3-14〉은 제조용 로봇 · FPD장비 · IT부품 제조장비 등을 만드는 로보스타의 부채비율과 유동비율 차트다. 부채비율이 줄곧 100%를 넘으며, 최근인 2017년 9월 말 기준도 191%다. 유동비율이 100%를 넘는 건 긍정적이지만, 높은 부채비율이 부담스럽다.

그림 3-14

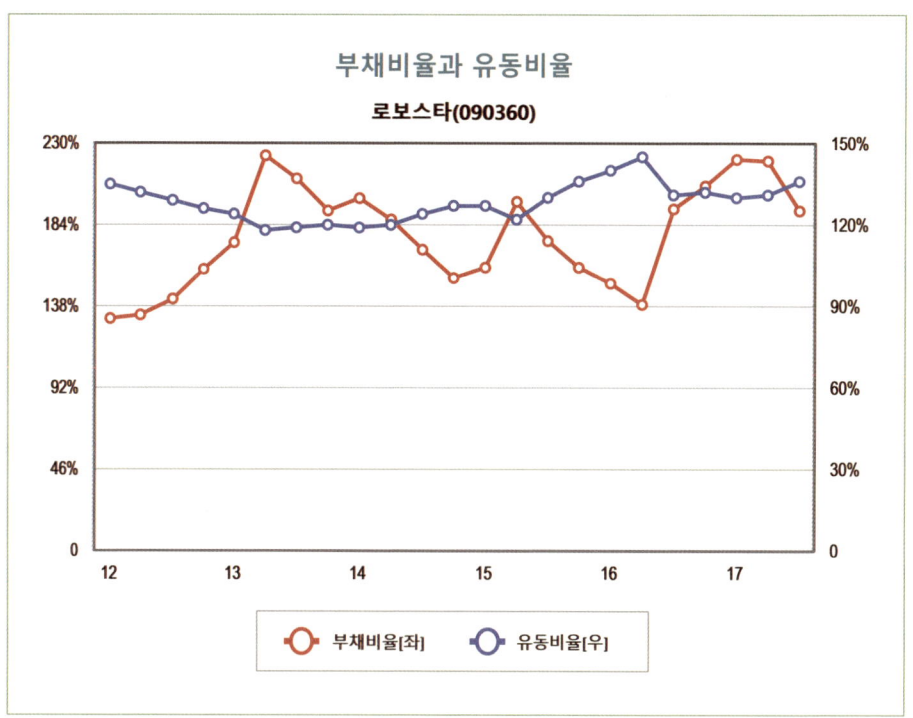

그런데 차입금과 차입금 비중 차트를 보면 이런 우려가 해소된다. 로보스타의 차입금은 2012년부터 150억 원에서 180억 원 정도를 유지해왔다. 그리고 중요한 차입금 비중은 2011년 9월 38.7%를 정점으로 계속 하락 중이다. 2017년 9월 차입금 비중은 10.5%에 불과하다.

부채비율이 191%에 이르는 회사가 차입금 비중은 10.5%, 어떻게 이럴 수 있을까? 답은 로보스타의 부채 대부분이 이자가 발생하지 않는 비이자부채이기 때문이다. 2017년 9월 말 기준 로보스타의 부채 975억 원 중에 84%인 817억 원이 비이자부채다. 매입채무 및 기타 채무가 746억 원으로 대부분이다.

부채비율 측면에서 위험이 감지됐지만, 차입금 비중 확인을 통해 '안전'이 확인된 경우다.

그림 3-15

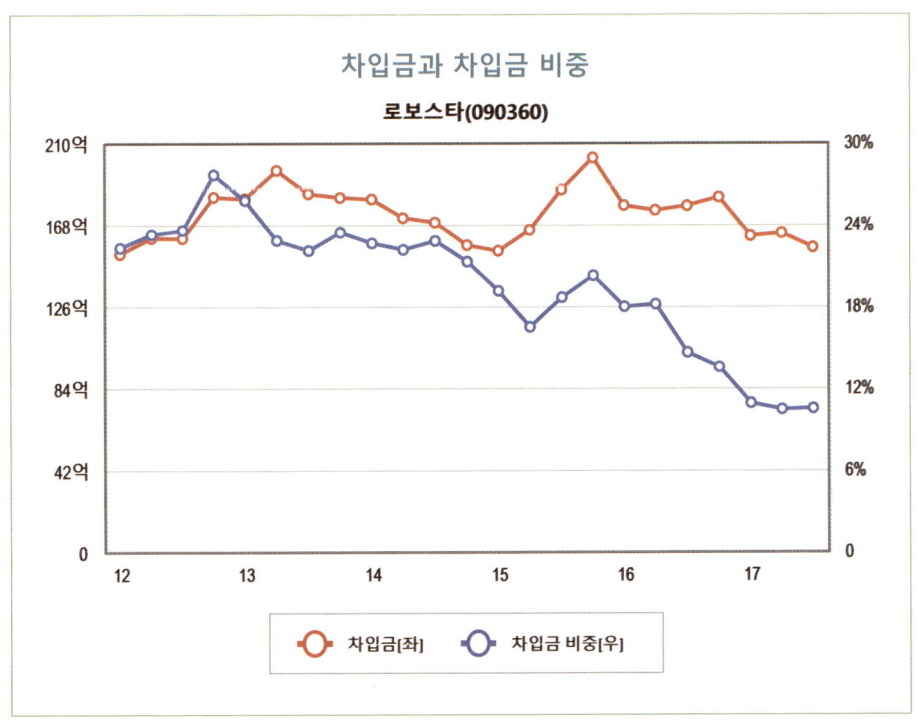

로보스타와 반대인 경우도 있다. 부채비율과 유동비율 차트만 봐선 매우 안전해 보였는데, 차입금과 차입금 비중을 살피니 유의할 점이 발견된 케이스다.

사례 기업은 섬유용 염료와 화학약품을 수입해 판매하는 D기업이다. 이 회사의 부채비율은 31%, 유동비율은 115%로 '안전'의 기준을 너끈히 통과한다. 특히 부채비율만 보면 재무 구조에 거의 문제가 없어 보인다.

그림 3-16

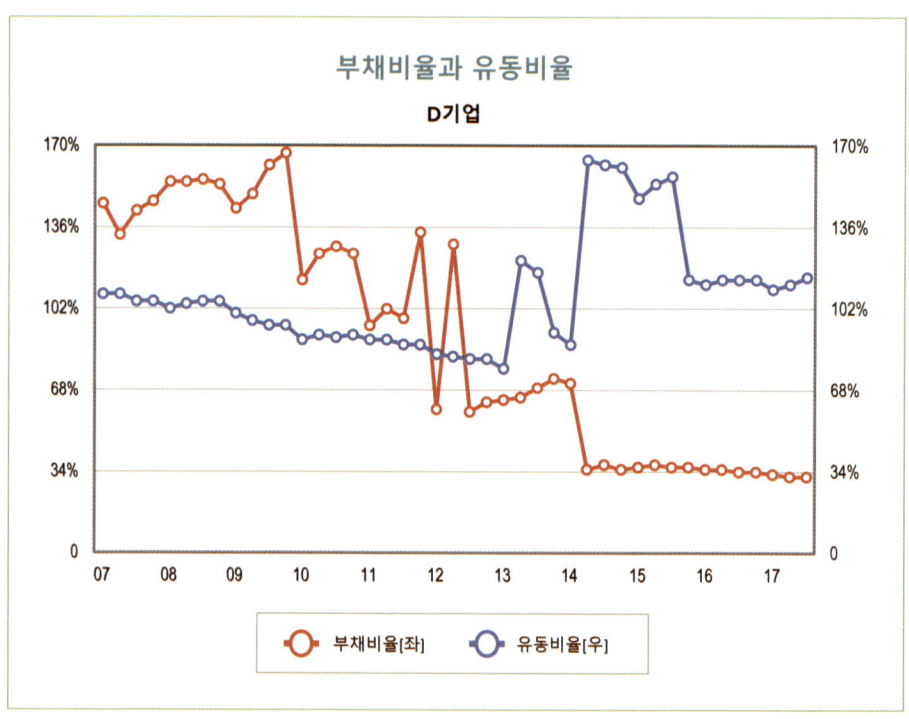

그런데 다음 차트를 보면 생각을 다소 달리할 필요가 있다. D기업의 차입금 비중은 2014년 3월까지 54%에 달했고, 2017년 9월에도 29.9%다. 부채비율이 31%임을 고려할 때 차입금 비중이 상당하다.

앞선 로보스타와 달리, D기업의 부채는 대부분 차입금이다. 2017년 9월 기준 347억 원의 부채를 갖고 있는데, 이 중 차입금은 88%인 306억 원에 달한다. 낮은 부채비율만 믿고 차입금 비중을 간과했다가 나중에 재무 안전성에 위험신호가 들어올 수 있단 얘기다.

그림 3-17

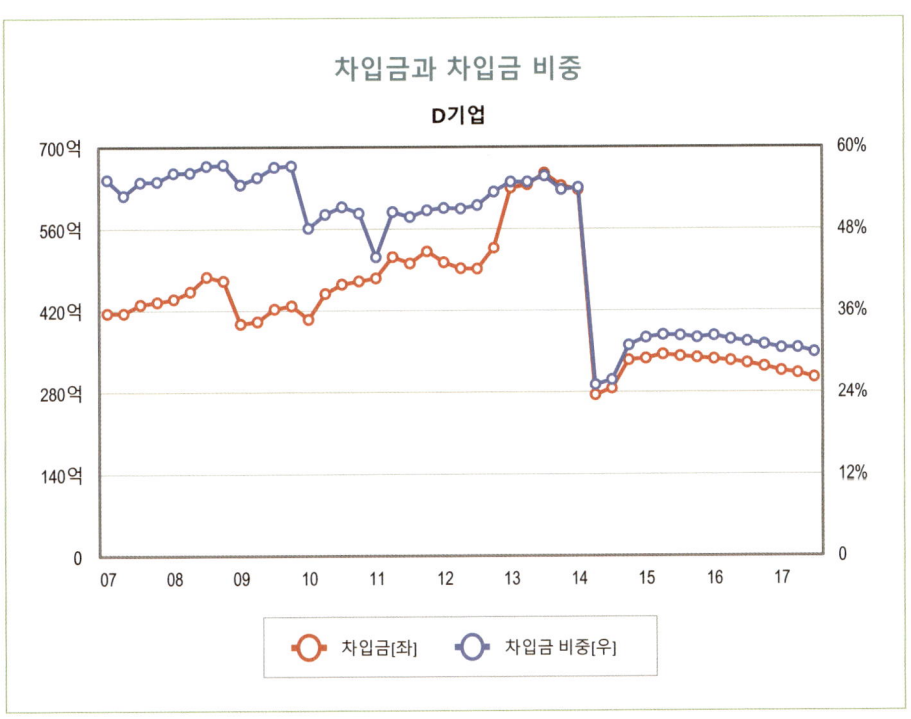

핵심 정리

❶ 차입금 규모와 차입금 비중은 장기적인 추세가 중요하다.

❷ 차입금 비중이 10% 미만이고, 차입금 규모가 장기적으로 하락하는 기업은 안전한 재무구조를 갖고 있다고 볼 수 있다.

❸ 차입금 비중이 40%를 초과하고, 차입금이 상승하는 기업은 투자에 유의해야 한다.

3단계 체크: 이자보상배율 차트

마지막으로, 이자보상배율 차트를 통해 '안전성' 판단이 바뀌는 경우다. 부채비율과 유동비율, 차입금과 차입금 비중 차트까지 위험하다고 여겨진 기업도 이자보상배율이 충분하다면 안전성에 별 문제가 없다.

'빨간모자 여행사'로 알려진 레드캡투어는 렌터카와 상용여행(출장 등 비즈니스 미팅)이 주 사업이다. 렌터카 매출 비중이 80% 이상으로 대부분이다.

이 회사의 재무 안전성은 언뜻 봐선 매우 위험해보인다(〈그림 3-18〉). 우선 2017년 9월 부채비율이 234%에 달하며 계속 늘고 있다. 반면 유동비율은 38%에 불과하며 수년 째 그대로다. 1단계 체크에서 안전하다고 볼수 없는 유형인 셈이다. 다음 단계의 체크가 필요하다.

그림 3-18

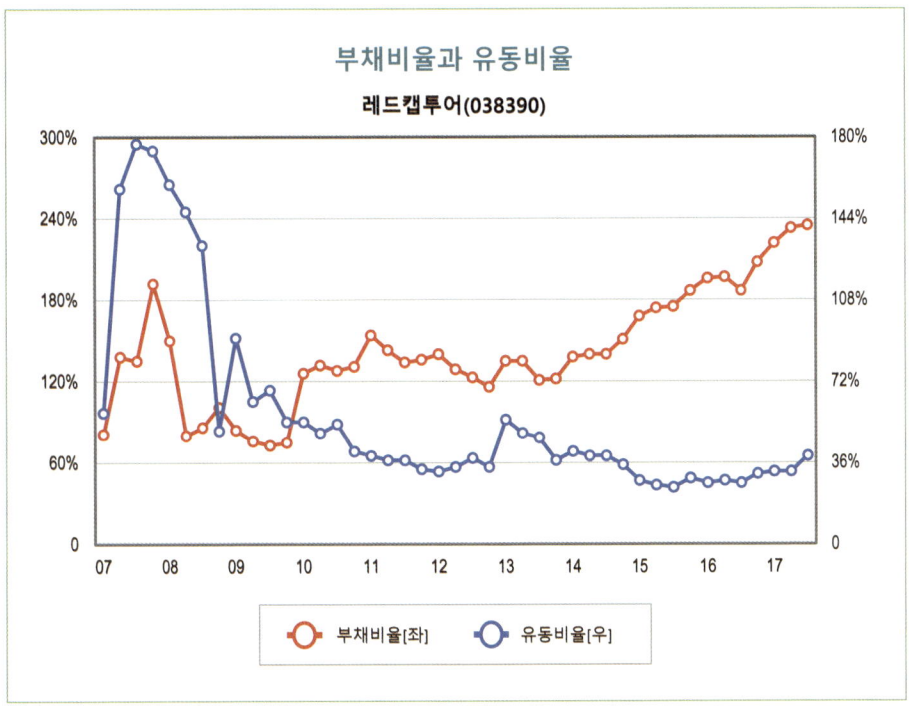

그런데 2단계 체크 포인트인 차입금과 차입금 비중을 살펴도 위험 신호는 여전하다(〈그림 3-19〉). 차입금이 계속 늘어 2,627억 원(2017년 9월 기준)에 이르렀고, 차입금 비중은 56.4%에 달한다. 둘 다 우상향 중으로 이 상태가 지속되면 회사 경영에 심각한 문제가 생긴다 해도 무리가 아니다.

그림 3-19

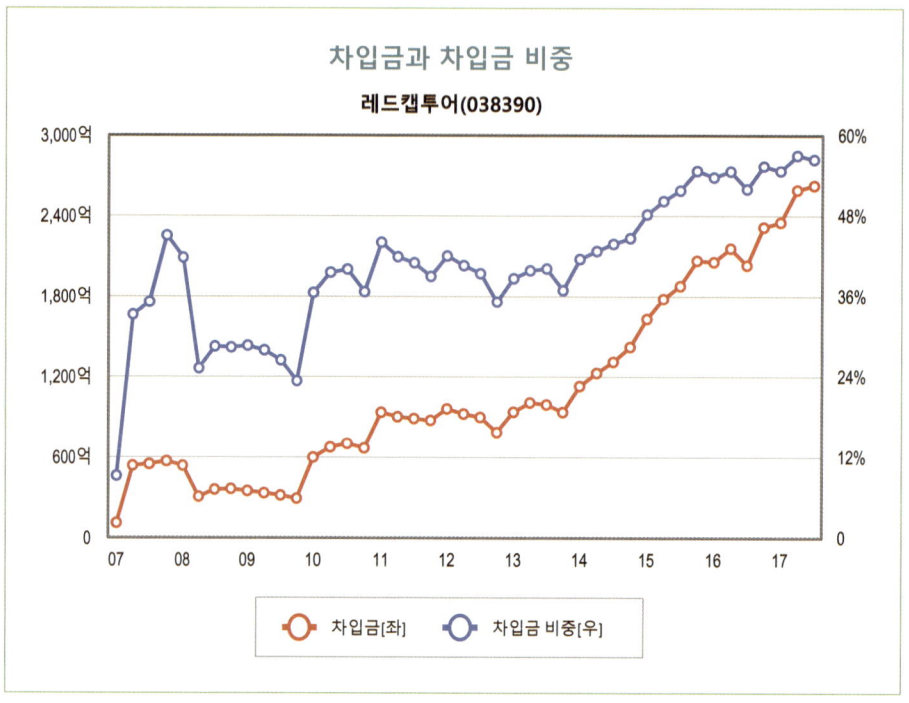

그런데 3단계 체크 포인트인 이자보상배율 차트를 보면 다른 신호가 잡힌다. 〈그림 3-20〉를 보면 이자보상배율이 4배 이상에 상당기간 형성됐고, 최근 하락하긴 했지만 여전히 2배 이상이다. 아주 안전하진 않아도, 최소한 위험한 상태는 아닌 셈이다.

2017년 9월 기준 영업이익은 196억 원, 이자비용은 74억 원이다. 영업이익으로 이자비용을 충분히 지불할 수 있을 정도의 차이다.

레드캡투어의 이런 특수한 상황은 왜 비롯됐을까. 이유는 '렌터카' 사업모델에 있다. 레드캡투어는 자산 대부분이 유형자산, 그 중에도 임대자산으로 분류된 자

그림 3-20

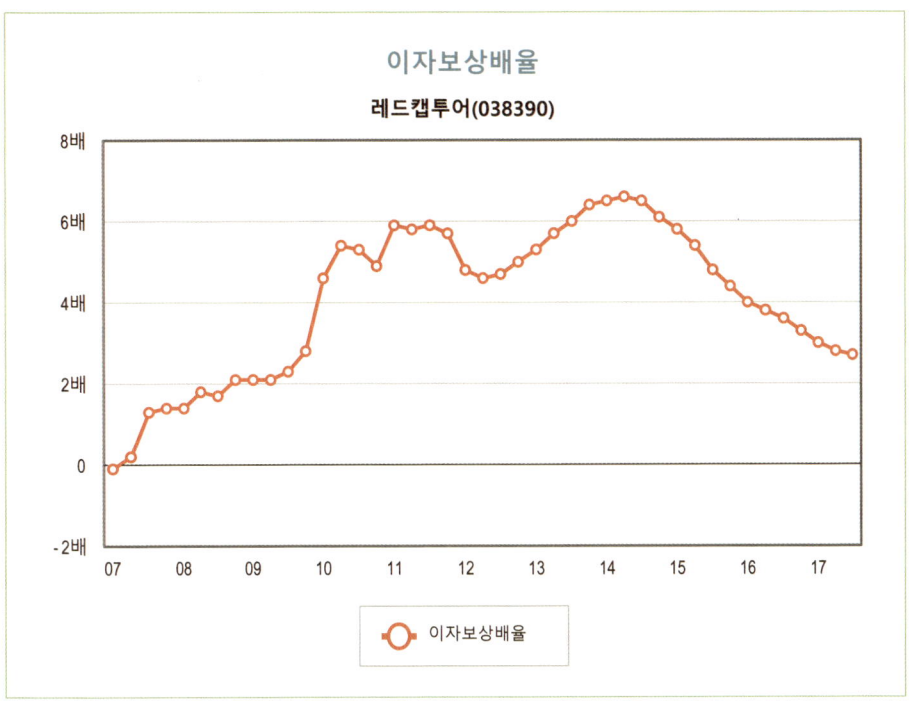

동차다. 자동차를 많이 사고, 이를 필요한 사람들에게 빌려줘 수익을 내는 구조다.

렌터카로 쓰인 자동차는 연식이 몇 년 지나면 중고차 시장에 판매한다. 그리고 판매대금으로 다시 새로운 자동차를 구입해 렌터카 전체 연식이 오래되지 않도록 관리한다.

렌터카 사업을 확장하려면 차입금을 활용해 더 많은 차를 구매하는 게 효과적이다. 구매한 자동차는 담보로도 활용될 수 있어 차입금 조달에도 유리하다. 예금을 받고 대출을 통해 수익을 내는 은행과 비슷한 형태의 사업모델인 셈이다.

다만 레드캡투어는 사업모델에서 비롯된 특수한 경우이고, 대부분은 앞선 차트의 판단대로 '위험'하다는 신호를 보낸다. 사례로 들었던 C기업은 이미 부채비율과 유동비율 차트에서 위험이 감지됐고, 다음과 같이 다른 안전성 관련 차트를 봐도 결론은 같다.

C기업의 차입금은 2016년 하반기부터 크게 늘었고, 비중도 47.5%에 달한다. 이 회사의 차입금 비중은 2013년 9월 74.6%까지 높아진 바 있다.

그림 3-21

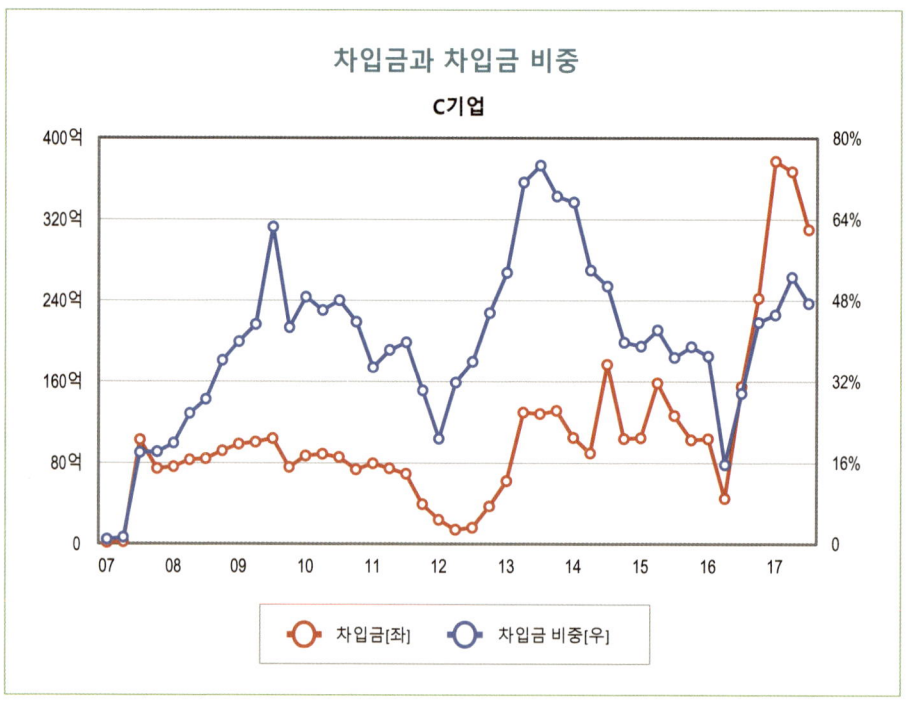

이자보상배율을 보면 마이너스(-)가 대부분이다. 최근 10년 동안 이자비용 충당은 고사하고 영업흑자를 낸 적도 드물었다는 얘기다. 재무적으로 위험한 기업임이 V차트를 통해 여러 측면에서 명백하다고 할 수 있다.

그림 3-22

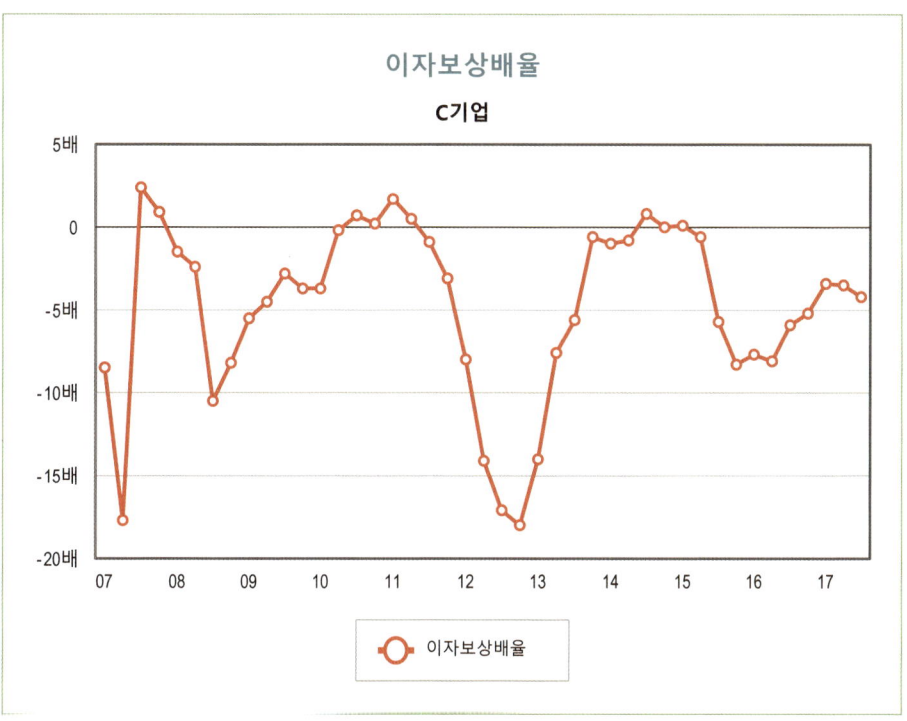

핵심
정리

❶ 차입금은 이자비용의 선행지표다. 차입금 추세를 통해 향후 이자비용 추이를 확인하자.

❷ 이자보상배율이 1 근처이거나, 1 이하인 경우는 영업 악화시 위험한 상황을 맞이할 수도 있다.

4장

어떤 자산으로 쌓이는가

▶ 이 장의 주요 V차트 관련 용어

유동자산, 비유동자산(고정자산), 유동부채, 비유동부채(고정부채), 자기자본, 단기자본, 장기자본, 이익잉여금, 당좌자산, 투자자산, 유형자산, 배당금, 배당성향, 시가배당률

▶ 이 장의 주요 V차트

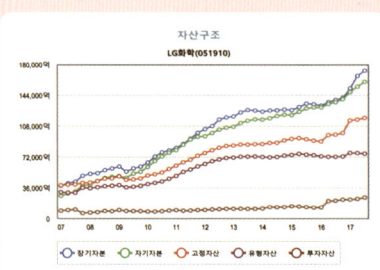

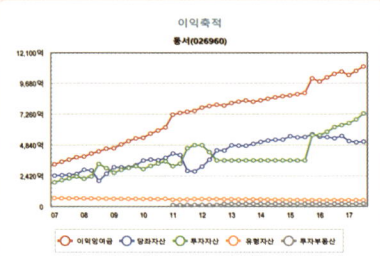

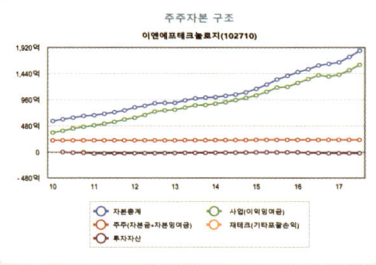

1. 자산 관련 차트의 체크 포인트

　이번 장은 기업의 자산구조를 통해 우량기업과 부실기업을 구분하고, 이익을 내면 주로 어느 자산으로 쌓이는지, 자본은 어떻게 축적돼 왔는지 등을 알아본다. 자산구조가 우량한 기업은 자금 활용에 여유가 있는 반면, 부실한 기업은 지속적으로 자금 압박을 받거나 관련 업무가 발생할 수 있다. 또한 자산구조를 통해 기업이 사업 초기, 성장기, 성숙기 중 어떤 상태에 해당하는지도 가늠할 수 있다.

　기업의 이익은 특정 자산 중 하나로 모습을 바꾼다. 어떤 기업은 이익을 낼수록 현금이 계속 늘기도 하고, 어떤 기업은 공장과 기계 등이 증가한다. 또 다른 기업은 주식이나 채권, 주가연계증권(ELS) 등 투자활동에 집중하기도 한다. 이와 관련된 V차트를 보면 해당 기업이 벌어들인 이익을 어디에 주로 투입했는지 알 수 있다.

　마지막으로, 기업의 배당 정책과 배당 매력을 판단할 수 있는 V차트도 이번 장에 설명한다.

맨 처음 나오는 차트는 자산구조 차트다. 이 차트를 이해하려면, 먼저 자산의 종류와 구조, 그리고 자본과 부채에 대해 알아둘 필요가 있다.

자산은 기업이 돈을 사용한 내역이다. 공장도 짓고, 물건을 만들고, 남은 돈은 은행에 예금하는 등의 활동을 통해 자산이 구성된다. 재무상태표 좌측(차변)에 기록된다.

자산은 현금화 기간에 따라 크게 유동자산과 비유동자산으로 구분한다. 유동자산은 1년 안에 현금화될 수 있는 자산, 비유동자산은 같은 기간 현금화가 어려운 자산이다. 1년 이내 현금화 가능성이 두 자산을 구분짓는다.

유동자산엔 당좌자산과 재고자산이 있다. 당좌자산은 주로 현금과 매출채권, 만기가 1년 미만인 은행예금 등이다. 재고자산은 기업이 판매를 위해 갖고 있는 자산으로, 원재료부터 완성품(제품)까지 모두 재고자산에 해당한다.

비유동자산은 투자자산, 유형자산, 무형자산, 투자부동산 등이다. 공장과 기계장치, 토지 등 주로 기업 인프라에 해당하는 자산이다. 장기간 투자를 목적으로 하는 자회사 주식, 투자를 목적으로 한 토지와 건물 등도 여기 해당한다.

이번엔 재무상태표 우측(대변)을 보자. 우측엔 자본과 부채를 기록한다. 자산을 구성하기 위해 어떻게 돈을 조달했는지를 보여준다. 주주 입장에서 자본은 '내 돈', 부채는 '남의 돈'이다.

자본과 부채를 조달 방법이 아닌 사용기간을 기준으로 나누면 분류를 약간 달리할 수 있다. 1년 이상 사용할 수 있는 장기자본, 1년 미만 사용 가능한 단기자본으로 나눠보자. 우선 '내 돈'에 해당하는 자기자본은 당연히 장기자본에 들어간다. 내 돈을 사용하는 데 따로 정해진 기간 같은 건 없기 때문이다.

구분되는 건 부채다. 부채는 '남의 돈'으로 언젠가는 상환해야 한다. 그런데 상환기간에 따라 1년 이내 상환이면 유동부채, 1년 이상 지나서 상환해도 되면 비유동부채로 구분한다. 그리고 비유동부채는 비록 '남의 돈'이지만, 만기가 오래 남아 1년 이상 기업이 활용할 수 있으므로 장기자본으로 분류한다.

정리하면, 사용기간으로 분류했을 때 장기자본은 자기자본과 비유동부채가, 단기자본은 유동부채가 각각 속한다.

그림 4-1 재무상태표 구성

장기자본 = 비유동부채(구. 고정부채) + 자기자본

기업 입장에서 비유동자산에 돈을 투입해야 할 때, 장기자본으로 하는 게 안정적이다. 비유동자산은 1년 이내 현금화가 어렵기 때문에 사용기간이 긴 장기자본이 필요하기 때문이다.

만약 사용기간이 짧은 단기자본(유동부채)으로 비유동자산을 산다면, 해당 부채를 갚아야할 시기에 새로운 빚을 얻거나 토지와 공장 등 비유동자산을 팔아야한다. 비유동자산은 짧은 기간에 현금화가 어렵다(애초에 이런 자산들이 비유동자산으로 분류된다). 그래서 대부분 기업은 새로 빚을 얻는 방법을 택한다. 이런 기업들은 본업 외 자금조달에도 신경을 써야한단 얘기다. 그만큼 자산구조가 불안정하다고 볼 수 있다.

그래서 이 차트를 볼 때 떠올려야할 단어는 '장 – 자 – 고' 다. 장기자본 ≧ 자기자본 〉고정자산(비유동자산) 순서면 자산구조가 안정적이란 뜻이다. 즉, 장기자본이 자기자본보다 많거나 같고, 자기자본이 고정자산보다 많으면 좋다.

그런데 생각해보면, 장기자본과 자기자본의 순서는 변하지 않는다. '장기자본 = 자기자본 + 비유동부채' 이기 때문이다. 비유동부채가 최소한 '0'보다 크거나 같기 때문에, 장기자본은 항상 자기자본보다 많거나 같다.

그래서 기업 유형은 다음 3가지 중 하나가 된다. 고정자산이 얼마나 많으냐에 따라 순서가 결정되는 셈이다.

1) 장 – 자 – 고
2) 장 – 고 – 자
3) 고 – 장 – 자

첫 번째 유형은 앞서 설명한 대로 '장 – 자 – 고' 순서다. 자기자본만으로 고정자산(비유동자산) 투자를 모두 감당할 수 있어 안정적이다. 만약 이런 유형에서 '장'과 '자'의 차이가 거의 없다면 더욱 좋다. 둘 사이 차이인 비유동부채를 거의 쓰지 않는다는 의미이기 때문이다.

두 번째 유형도 큰 문제는 없다. 고정자산이 자기자본보다 많긴 하지만, 장기자본보단 적기 때문이다. 장기간 사용 가능한 자본 내에서 고정자산이 지출된 만큼, 기업이 자금조달 압박이 크지 않은 상태에서 사업을 진행할 수 있다.

투자자가 유의할 유형은 세 번째다. 고정자산 투자가 장기자본보다 많은 경우다. 이 경우 모자라는 자금은 단기자본, 즉 1년 이내 갚아야하는 부채를 조달해 충당한다. 이 부채의 만기가 돌아오면 다시 빚을 내야한다. 이런 상태가 장기간 계속되면 끊임없이 빚을 내야하는 문제가 생긴다. 만약 돈을 빌려주는 쪽에서 더 이상 빌려주지 않거나 높은 금리의 이자를 요구하면 자금조달 부담이 더욱 커진다.

〈그림 4-2〉 V차트는 맥심 커피로 유명한 동서식품의 모회사, 동서의 자산구조 차트다. 우선 최근 분기인 2017년 9월 순서를 보면 장기자본(파란색) – 자기자본(녹색) – 고정자산(주황색) 순이다. 장기자본은 1조 2,886억 원, 자기자본은 1조 2,144억 원, 그리고 고정자산은 7,985억 원이다. 차트를 통해 동서는 최근 10년 내내 '장 – 자 – 고' 순서를 유지했음을 알 수 있다. 그만큼 자산구조가 안정적이란 의미다. 여기에 장기자본과 자기자본의 차이도 거의 없다. 동서는 비유동부채를 쓸 것도 없이, 자기자본(내 돈)만으로도 충분히 사업에 필요한 장기투자를 감당할 수 있다고 할 수 있다.

그림 4-2

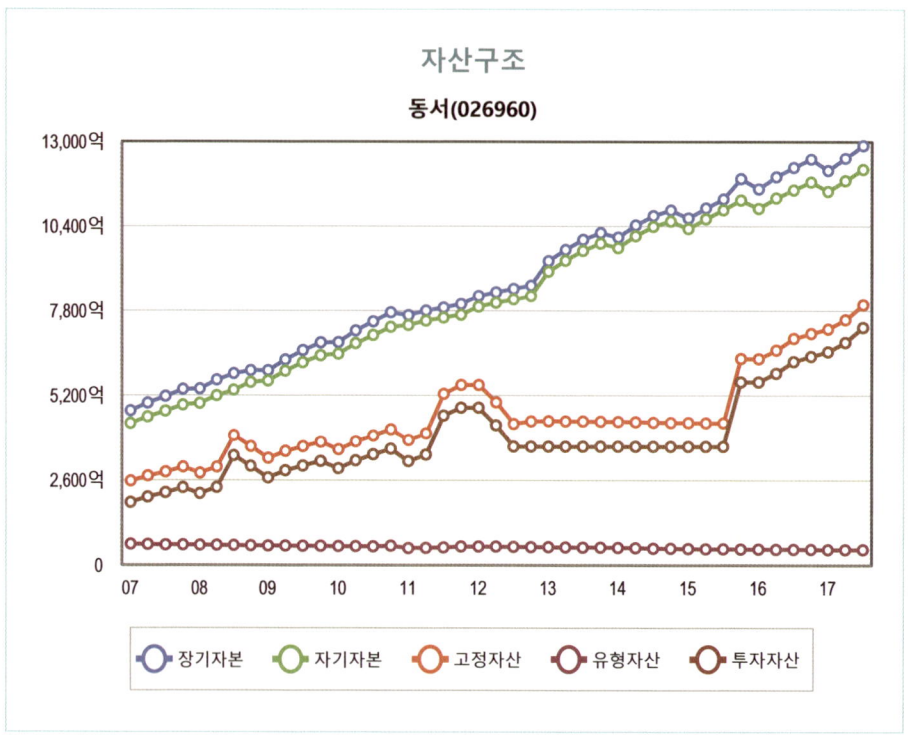

고정자산(비유동자산)은 투자자산과 유형자산, 그리고 무형자산의 합이다. 동서의 고정자산은 대부분 투자자산으로, 2017년 9월 말 기준 91% 비중이다. 동서가 보유한 동서식품 지분 50%가 투자자산으로 분류돼 있다. (이해하기 쉽도록 비유동자산에서 기타비유동자산은 없다고 가정한다.)

이번엔 대한항공의 같은 차트를 보자. 2017년 9월 기준 고정자산 − 장기자본 − 자기자본 순서다. 동서와 달리 대한항공은 최근 10년 동안 '고 − 장 − 자' 순서가 지속됐다.

그림 4-3

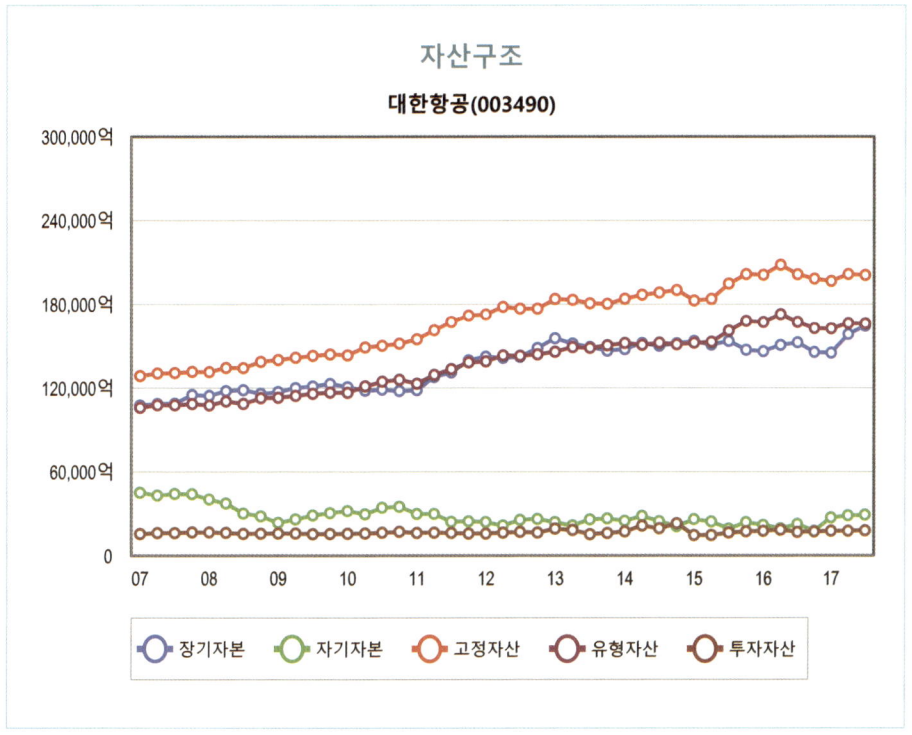

금액을 보면 고정자산 20조 1,055억 원, 장기자본 16조 4,471억 원, 자기자본 2조 9,171억 원이다. 이 회사는 고정자산 지출을 위해 단기자본 3조 6,584억 원(20조 1,055억 원 - 16조 4,471억 원, 유동부채)을 조달했다. 또한 비유동부채를 무려 13조 5,300억 원 빌렸다(16조 4,471억 원 - 2조 9,171억 원). 자기자본이 부족해 장기간 활용할 수 있는 부채를 많이 빌렸지만, 그걸로도 모자라 유동부채로 충당했다. 그렇게 10년간 같은 구조가 지속됐다.(지금 언급한 대한항공의 단기자본(유동부채)은 고정자산 지출에만 쓰인 금액이다. 단기자본 총액은 더 많다. 단기자본 일부가 고정자산 지출에까지 투입된 경우다.)

대한항공은 어떤 고정자산에 투자했을까. 자산구조 차트를 다시 보면 유형자산이 16조 6,220억 원으로 전체 고정자산의 82.6%다. 그리고 당연히 유형자산 대부분은 바로 비행기다.

비행기는 대한항공이 현재 사업(운항노선, 운항편수 등)을 유지하려면 반드시 필요한 자산이다. 또 낡으면 바로 교체해야 하는 자산이기도 하다. 낡은 비행기를 제때 교체하지 않으면 자칫 대형사고로 이어질 수 있기 때문이다. 다시 말해, 대한항공은 현상 유지를 위해 대규모 유형자산 투자가 계속 필요한 사업을 한다. 대한항공의 자산구조가 '고 – 장 – 자' 순서를 좀처럼 벗어나지 못하는 중요한 이유다.

워런 버핏도 항공 사업에 투자했다가 여러 차례 손실을 거둔 적 있다. 버핏은 당시 항공업의 사업모델을 파악하고, 항공주를 '투자자들에겐 죽음의 덫'이라 표현하기도 했다. 주주의 돈을 불리기 어려운 사업 중 하나가 항공업이었음을 버핏은 실감한 것이다.(버핏이 2017년 들어 항공주 투자를 늘리면서 그의 투자 스타일 변화에 대해 많은 관심이 일었다. 버핏은 미국 항공업계가 재편돼 가격 인상이 가능해지는 등 소비자 독점 기업으로의 탈바꿈 가능성을 투자 근거 중 하나로 꼽았다.)

2. 산업의 사이클과 기업의 자산 구조

자산구조는 기업의 산업 주기에 따라서도 다르다. 사업초기의 성장하는 기업과 안정 단계에 진입한 기업, 그리고 성숙산업에 속한 기업들의 자산구조에 차이가 있다.

우선 성장하는 기업은 '고 - 장 - 자' 순서를 보일 수 있다. 성장을 위해 공장과 설비를 늘릴 때 장기자본(자기자본 + 비유동부채)에 단기자본(유동부채)까지 투입할 수 있기 때문이다. 공장과 설비 투자는 대규모 자금이 투입되며, 적기에 이뤄져야 이후 사업성과를 기대할 수 있다. 이럴 때 경영진은 단기자금을 빌려서라도 투자를 집행한다.

〈그림 4-4〉의 현대제철은 2010년 4월 첫 고로를 가동한 이후 두 번째(2011년 1월), 세 번째(2014년 1월) 고로를 연이어 가동했다.(고로: 철광석을 녹여 철을 뽑는 용광로. 높이가 100m에 이를 정도이며, 조 단위의 대규모 투자금이 필요하다. 현대제철이 투자를 하기 전 국내 고로를 가진 기업은 POSCO가 유일했다.) 이를 위해선 해마다 수 조

원의 자금이 필요하다. 현대제철은 대부분(98%) 고정자산 투자를 장기자본으로 집행했지만, 전체 고정자산의 2% 정도는 단기자본(유동부채)를 투입했다. 장기자본과 고정자산, 자기자본이 함께 늘어나는 점도 성장기 기업의 특징이다.

현대제철은 2017년 9월 말 장기자본이 25조 6,824억 원, 고정자산이 24조 9,262억 원으로 장기자본이 고정자산을 넘어섰다. 현대제철의 고정자산은 2015년 12월 말 25조 183억 원을 기록한 이후 약 2년 가까이 유지된 반면 자기자본이 1조 2,659억 원 늘면서 장기자본이 증가했다. 2010~2014년까지 진행했던 고로 투자에서 순이익이 발생해 자기자본이 쌓이고 있다.

그림 4-4

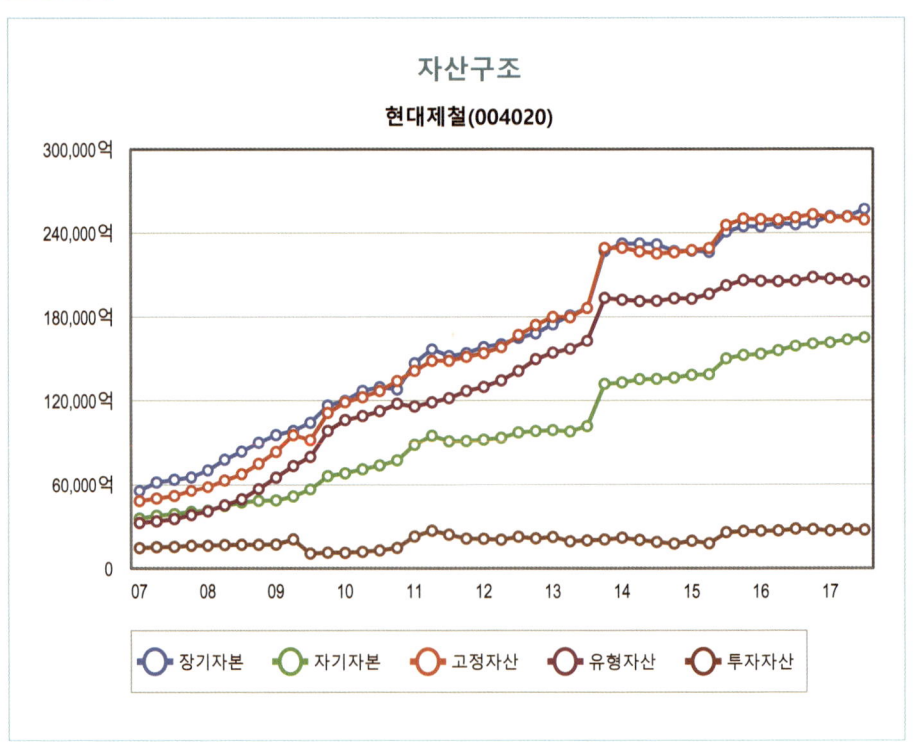

〈그림 4-5〉의 LG화학도 과거에는 현대제철처럼 자산구조가 '고 - 장 - 자' 순서였다. 2007년 3월 기준 고정자산 3조 9,145억 원, 장기자본 3조 8,923억 원, 자기자본 2조 6,706억 원 순이다. 이후엔 고정자산 증가속도보다 자기자본의 증가속도가 더 빠르다. LG화학의 자산구조가 '장 - 자 - 고' 순서로 바뀐 이유다.

자기자본이 고정자산보다 더 빨리 늘어난다는 건 그만큼 앞서 집행한 고정자산 투자가 성공적으로 매출과 이익을 늘렸다고도 유추할 수 있다.

LG화학은 2010~2013년 사이에도 유형자산 투자를 진행한다. 이 시기는 '장 - 자 - 고' 순서가 더욱 확고해졌다. 덕분에 자기자본 내에서 충분히 투자를 감당할 수 있었다. 결과적으로 자기자본과 고정자산 차이가 점차 벌어지면 회사가 안정기에 접어들었다고 해석할 수 있다.

그림 4-5

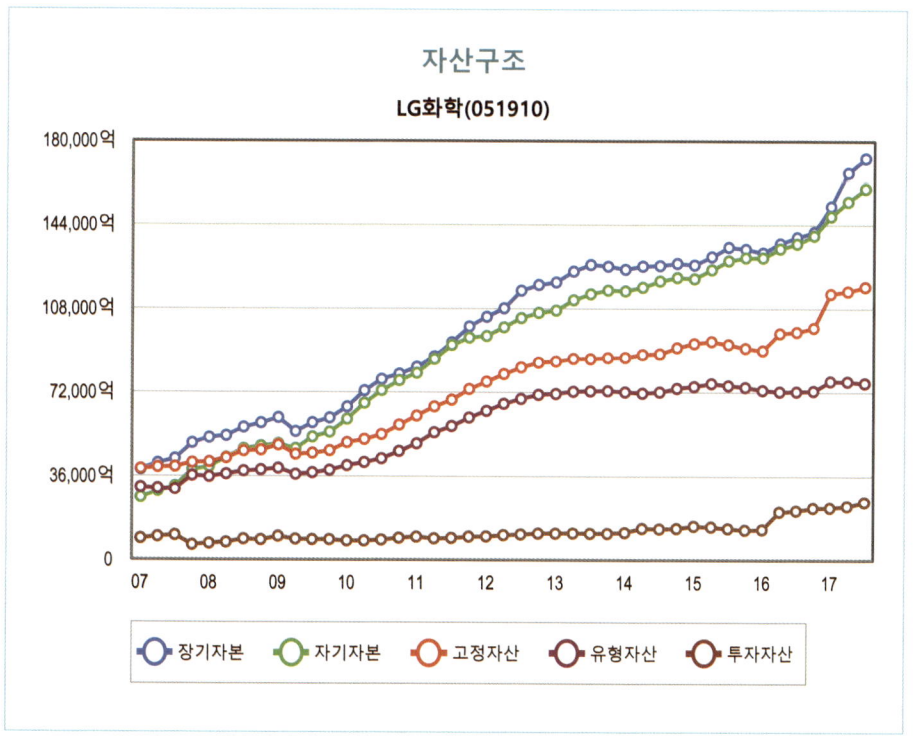

빙그레는 앞선 두 기업과 달리 고정자산이 매우 완만하게 증가한다(〈그림 4-6〉). 반면 자기자본은 더 빠르게 늘면서, 이 영향으로 장기자본도 함께 증가한다. 장기자본과 자기자본 차이(비유동부채)는 거의 없다.

과거 투자한 고정자산을 활용해 계속 이익을 쌓는 유형이다. 대규모 증설을 하지 않아도 사업을 유지하고 이익을 내면 이런 모습의 차트가 그려진다. 성장률이 낮은 산업에서 안정된 점유율을 가진 기업이 이에 해당한다.

그림 4-6

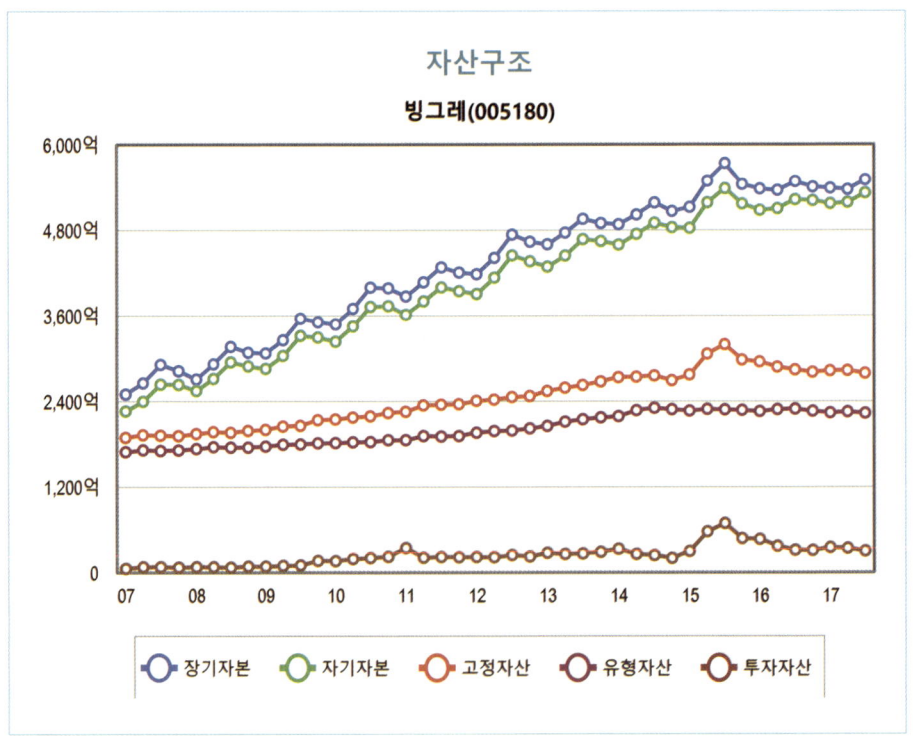

이제부터 살펴볼 이익축적 차트는 기업의 이익이 어떤 자산으로 쌓이는지 확인한다. 이익잉여금은 순이익이 누적된 자본항목이다. 따라서 순이익이 발생하면 이익잉여금이 늘고, 이익잉여금 증가는 자본과 자산 증가로 이어진다.

이익잉여금과 함께 당좌자산, 투자자산, 유형자산, 투자부동산 중 어떤 자산이 방향을 같이 움직이는지 차트에서 확인하자.

먼저 〈그림 4-7〉의 동서를 보면, 이익잉여금이 우상향하며 최근 10년 동안 줄어든 적이 없다. 매분기 흑자를 내며 시간이 갈수록 이익잉여금을 쌓았다. 2007년 3월 말 3,320억 원이던 이익잉여금은 2017년 9월 말 1조 970억 원으로 7,650억 원(230% 증가) 늘었다. 연평균 증가율은 12.1%다.

그림 4-7

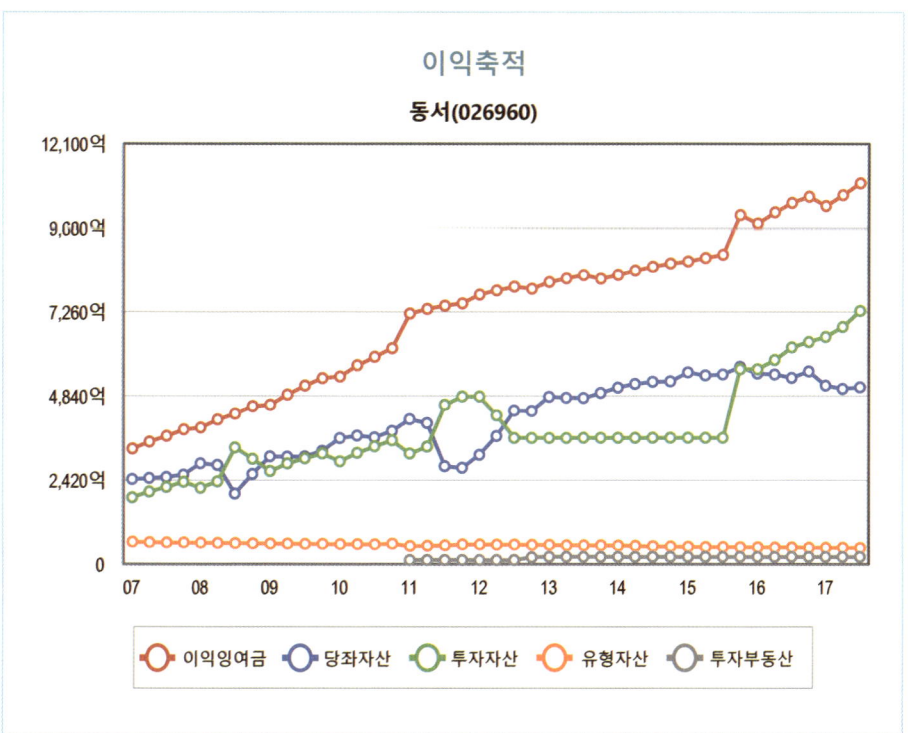

4장 어떤 자산으로 쌓이는가 | 165

같은 기간 함께 늘어난 자산은 투자자산과 당좌자산이다. 투자자산은 1,919억 원에서 7,292억 원으로, 당좌자산은 2,446억 원에서 5,100억 원으로 각각 증가했다. 유형자산과 투자부동산은 거의 늘지 않았다.

이를 토대로 볼 때 동서는 이익을 투자자산과 현금(당좌자산)으로 쌓는 회사다. 동서의 투자자산은 앞에서 언급한 동서식품 보유주식이다. 동서식품이 이익을 내면서 동서가 보유한 지분가치도 늘었고, 동서식품에서 받은 배당이 쌓여 동서의 당좌자산을 형성했다.

반면 대한항공은 이익잉여금이 우상향하는 모습이 아니다(〈그림 4-8〉). 2007년 3월 말 이익잉여금은 1조 1,743억 원, 2017년 9월 말은 2,163억 원으로 10년 동안 오히려 이익잉여금이 줄었다. 그동안 들쑥날쑥 크게 증가했을 때도 있고, 줄어든 기간도 있다. 순이익 적자와 흑자를 반복했기 때문에 이런 이익잉여금 차트가 나타난다.

그런데 꾸준히 늘어난 자산도 있다. 바로 유형자산이다. 같은 기간 10조 6,061억 원에서 16조 6,220억 원으로 56.7% 늘었다. 설령 적자를 보더라도 사업 확대 또는 유지를 위해 유형자산인 비행기에 투자해야 하는 대한항공의 사업적 고민이 그대로 드러난다.

이익이 쌓이지 않는데, 유형자산이 늘고 있는 상황이라서 당좌자산이나 투자자산, 투자부동산 또한 거의 변화가 없다.

그림 4-8

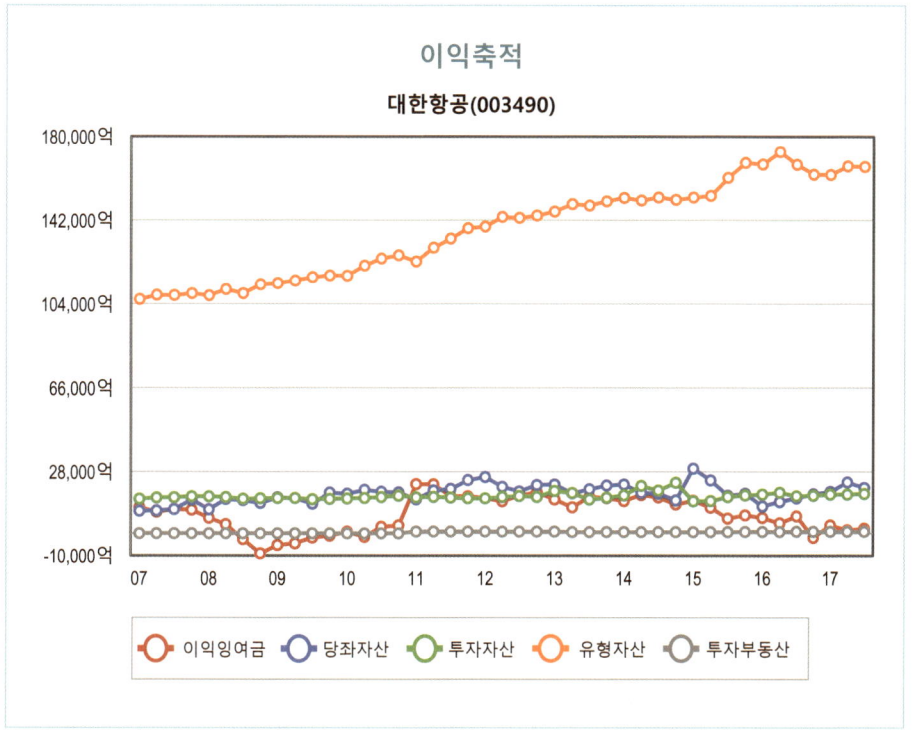

다음 설명할 차트는 주주자본 구조를 보여준다. 회사가 주주의 몫인 자본을 어떤 방법으로 늘려왔는지 보여주는 V차트에 해당한다.

회사가 자본을 늘리는 방법은 크게 3가지다. 첫 번째는 주주에게 직접 투자를 받아 자본을 늘릴 수 있다. 이를 '유상증자'라고 한다.

둘째, 재테크를 잘 해도 자본이 증가한다. 일반 가정에서 주식투자를 잘하면 월급 외 소득이 늘어나는 것과 같다. 자본의 '기타포괄이익누계액' 항목이 여기 해당한다.

마지막은 본업, 즉 사업을 통해 자본을 늘리는 방법이다. 사업에서 흑자를 내면 (순이익을 남기면) 자본의 '이익잉여금'에 누적돼 기록된다. 흑자를 오랜 기간 꾸준히 낸 기업은 이익잉여금이 계속 쌓이고, 자본도 함께 늘어난다(단, 순이익을 모두 배당하는 경우는 제외).

그럼 셋 중 어느 방법이 주주에게 가장 좋을까. 두말할 것도 없이 세 번째. 처음 사업을 시작할 때만 주주에게 투자를 받고, 이후 꾸준히 사업을 잘해서 처음 투자받은 돈(자본)을 계속 불리는 회사가 좋은 회사다. 회사와 주주의 관계를 사업하는 자식과 부모님에 비유할 때, 자식이 처음 사업자금만 부모님에게 투자받고 그 후는 사업이 번창해 부모님께 효도하는 것과 같다. (반대로 사업자금을 대줬는데, 손실이 계속돼 자꾸 돈을 더 달라고 찾아오거나 본업 아닌 엉뚱한 재테크에만 신경 쓴다면, 어느 부모가 좋아할까?)

〈그림 4-9〉는 반도체/LCD 제조 공정용 화학약품을 만드는 이엔에프테크놀로지의 주주자본 구조 차트다. 2010년 3월 말 주주(자본금+자본잉여금) 항목에 213억 원이 기록된 이후 2017년 9월 말까지 그대로다. 재테크(기타포괄손익), 기타자본도 변화가 없다.

그런데도 자본총계(자기자본)는 계속 늘고 있는데, 모두 사업(이익잉여금)을 통해서다. 2010년 3월 말 356억 원이던 이엔에프테크놀로지의 이익잉여금은 2017년 9월 말 1,600억 원이 된다. 약 7년 반 만에 1,244억 원만큼 주주에게 수익을 내준 셈이다. 여기에 그동안 지급한 배당까지 더하면, 실제 주주의 수익은 더 많다.(배당은 이익잉여금에서 지급된다. 따라서 배당이 이뤄지면 그만큼 이익잉여금은 감소한다.)

이엔에프테크놀로지의 최대주주는 한국알콜이다. 특수관계인 포함 지분 33.57%를 보유했다. 한국알콜은 국내 1위 공업용 에탄올 제조사다. 1984년 설립

그림 4-9

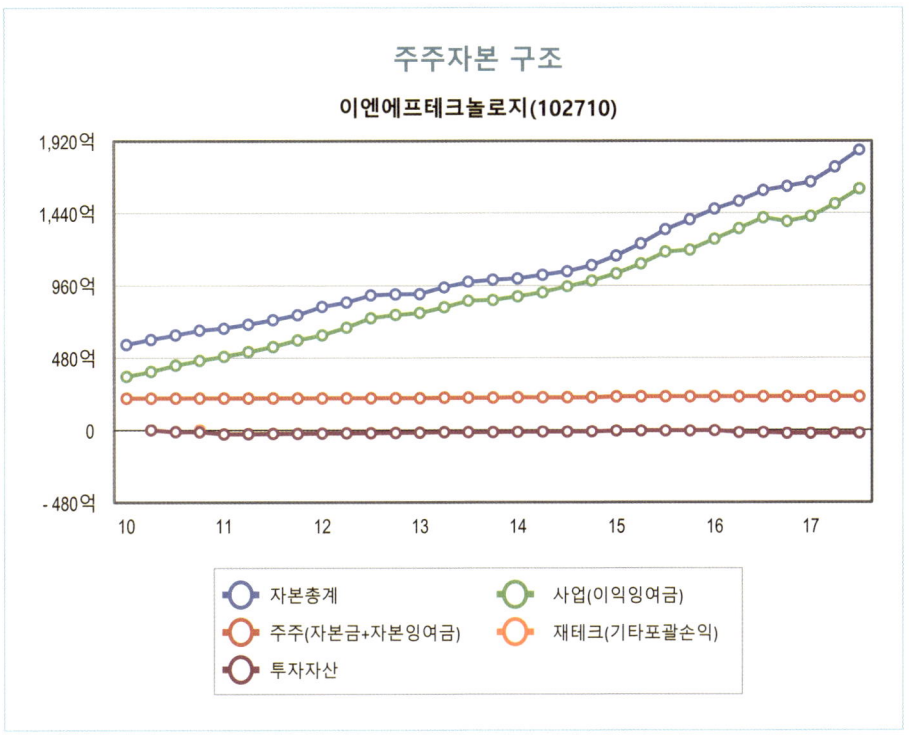

이후 본업도 매년 흑자를 내면서 안정된 사업을 하고, 이엔에프테크놀로지 같은 효자 자회사도 됐다.

반면 다음에 설명할 E기업의 주주자본 구조 차트는 다르다(〈그림 4-10〉). 우선 이 회사의 이익잉여금은 마이너스(-)를 기록 중이며, 최근 10년 동안 플러스(+)였던 적이 거의 없다. 별도의 재테크(기타포괄손익) 실적도 없다. 사업을 하면서 손실만 쌓였단 얘기다.

그럼 이 회사가 운영되는데 필요한 자본은 누가 책임졌을까. 바로 주주의 돈을 받아서 사업을 유지했다. 이 회사의 주주 항목 그래프는 증가와 감소를 반복하며, 자본총계 액수와 거의 비슷하다. 주주에게 돈을 받고(증가), 사업 손실로 적자가 누적되면(이익잉여금 감소) 주주 돈으로 이를 충당하는 일이 반복됐다. 몇 년에 한번 찾아와 사업자금을 달라고 하는 자식과 비슷하다.

그림 4-10

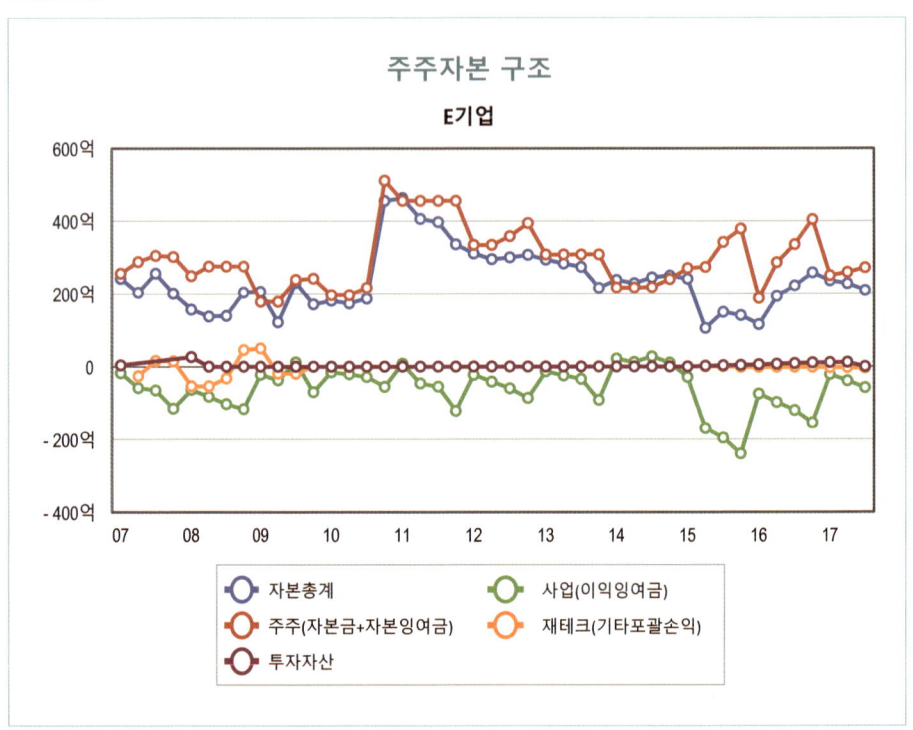

이 회사는 의류업체로 출발해 최근 신재생에너지 사업을 확대 중이다. 주주 돈을 늘려준 경험이 거의 없는데도, 2017년 10월부터 12월까지 약 두 달 만에 주가가 900원 초반에서 2,950원까지 3배 이상 급등했다. 투자가 아닌 투기의 영역에서 주가가 움직였다고 볼 수 있다.

이번 장에서 마지막으로 살펴볼 차트는 배당과 관련되어 있다. 배당은 기업이 낸 이익에서 일정 부분을 주주에게 직접 현금 또는 주식으로 돌려주는 행위다. 그래서 주식에 투자하면 주가 변동에 따른 시세차익 외에도 배당수익을 기대할 수 있다.

기업의 배당정책은 크게 다음 3가지로 나눈다.

1) 배당금 일정
2) 배당성향 일정
3) 무배당

먼저 이익 규모와 관계없이 매년 똑같은 금액을 배당하는 회사가 있다. 아무리 안정된 회사라도 사업 환경이나 실적이 매년 다른데, 배당금을 그대로 유지한다는 건 회사 정책이 그만큼 확고하다는 의미다.

국내 상장사 중에 '배당금 일정' 정책을 가장 잘 보여준 사례는 백광소재다. 백광소재는 철강을 생산할 때 불순물을 제거하는 생석회를 만들어 POSCO 등 철강사에 공급하는 게 주요 사업이다.

이 회사는 2000년부터 2016년까지 무려 17년 연속 주당 100원의 배당금을 유지했다. 〈그림 4-11〉의 V차트를 통해 최근 10년 간의 배당금을 확인할 수 있다.(백광소재는 2015년 액면분할을 실시해 주식 수가 10배가 됐다. 그래서 실제 사업보고서에

그림 4-11

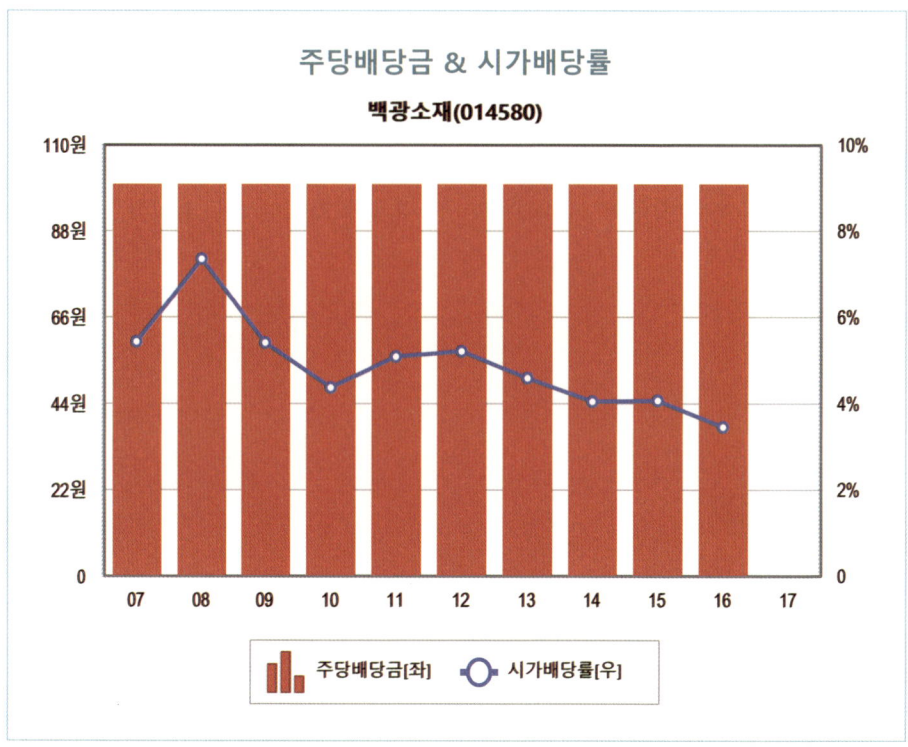

2014년 이전 배당금은 주당 1,000원으로, 2015년 이후는 100원으로 나온다. 주식 수 변화에 따른 것으로, 실제 주주가 받는 배당총액은 같다.)

배당금과 함께 보여주는 시가배당률은 배당수익률이라고도 부르는데, 배당금과 주식가격을 비교해 구한다. 백광소재는 3~7%의 시가배당률을 보여주고 있다. 사업이 잘 될 때나 안 될 때나 매년 똑같은 배당금을 유지하다보니, 〈그림 4-12〉에서 보듯이 배당성향은 변동이 심하다. 최근 10년만 봐도 최고 158%(2007년)부터 25%(2011년)까지를 기록했다.

그림 4-12

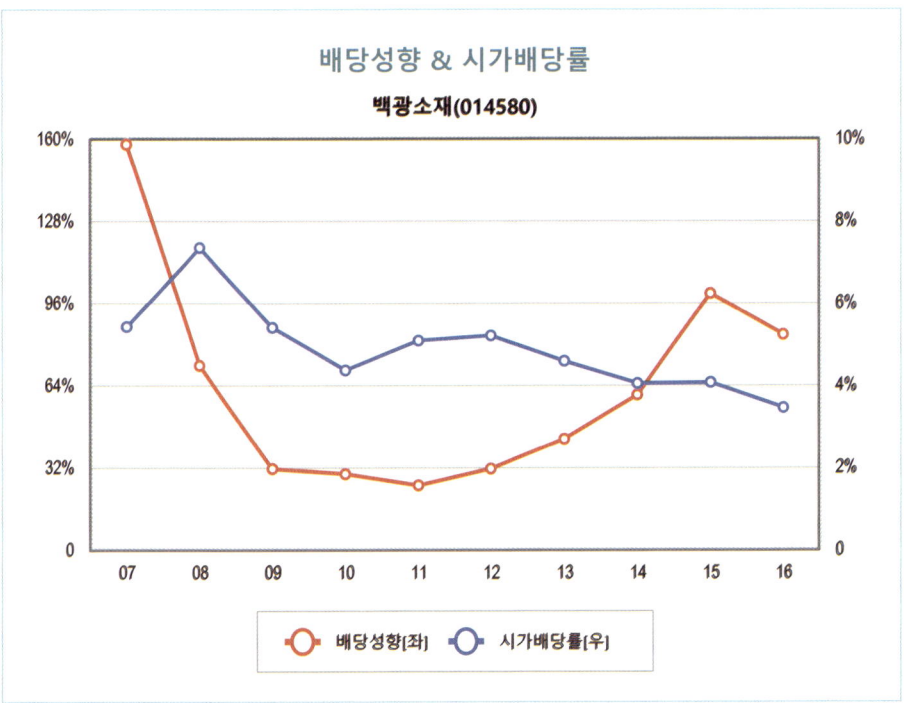

배당성향은 그해 배당총액을 연간 순이익으로 나눈 지표다. 즉, 회사가 순이익 가운데 얼마를 배당했는지 비중을 보여준다. 배당성향이 100%를 넘는다는 건, 그해 순이익에 지금까지 벌어둔 이익잉여금까지 합쳐 배당했다는 의미다.

두 차트에서 눈여겨 볼 점은 시가배당률이라서 다시한번 투자자에게 중요한 포인트를 자세하게 설명하고자 한다. 시가배당률은 주당 배당금을 주가로 나눠 계산한다. 시가배당률이 10%면, 주당 배당금이 100원, 주가는 1,000원 하는 식이다.

매년 같은 금액을 배당했는데, 이 회사의 시가배당률은 2008년 7.4%로 최고를 기록한 뒤, 2016년 3.5%까지 하락한다. 왜 이렇게 시가배당률이 하락했을까?

답은 주가상승이다. 시가배당률 공식을 다시 생각해보자. 백광소재는 배당금이 매년 주당 100원으로 일정하다. 계산해보면, 7.4%를 기록한 2008년 주가는 약 1,351원이다.

7.4% = 100원 ÷ (   )

(   ) = 100원 ÷ 7.4% = 1,351원

같은 방식으로 계산하면, 2016년 주가는 2,857원이다.

3.5% = 100원 ÷ (   )

(   ) = 100원 ÷ 3.5% = 2,857원

8년 만에 주가가 1,351원에서 2,857원으로 111% 오른 셈이다. 흔히 고배당주는 은행 이자보다 약간 나은 배당금을 받는 것 외엔 다른 기대를 할 게 없다는 인식이 있다. 안정적이긴 하지만 성장 없는 회사, 주가 등락이 별로 없는 지루한 회사라는 것은 고배당주에 대한 일종의 선입견이다.

그러나 높은 배당을 안정적으로 지급할 정도의 사업 모델과 현금 창출력을 갖춘 고배당주를 장기 보유하면 높은 배당과 함께 이처럼 주가 상승에 따른 시세 차익까지 얻는 경우가 많다. 백광소재도 좋은 사례다.

배당정책의 두 번째 기준은 배당성향이 거의 일정한 경우다. 연간 순이익의 일정 비율을 배당으로 지급하며, 이를 장기간 유지하는 기업이 여기 해당한다. 그래서 이들 유형은 순이익이 늘면 배당도 늘고, 반대로 순이익이 줄면 배당도 준다.

〈그림 4-13〉은 윤활유를 만드는 회사 한국쉘석유의 배당성향과 시가배당률 차트다.

2007년에서 2016년까지 10년 동안 2008년의 64%를 제외하면, 매년 배당성향이 80~90% 사이를 기록했다. 이 회사는 연간 순이익이 100원이면, 80~90원 정도는 주주에게 직접 현금으로 돌려준다. 사업으로 남긴 이익 대부분을 배당한다는 의미다. 배당성향이 낮았던 2008년은 세계 금융위기가 한창이던 특수한 시기다.

한국쉘석유의 배당금 차트를 보자.(〈그림 4-14〉) 2007년 9,500원, 2008년 6,000

그림 4-13

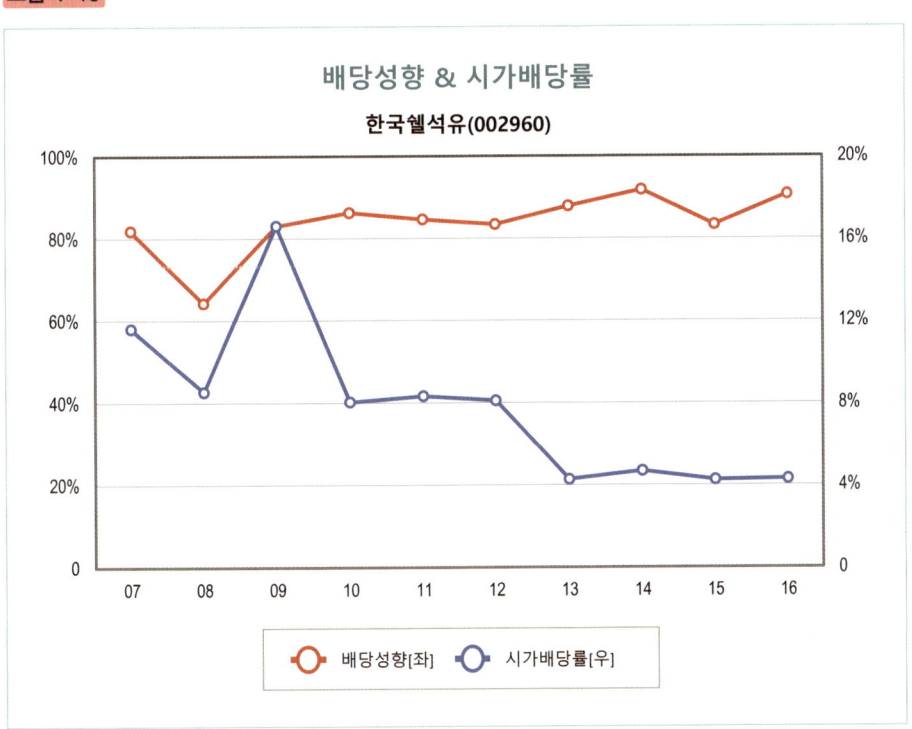

원을 기록하다 2009년 2만 원으로 크게 오른다. 이후 연도별로 증감은 있지만 대체로 평균 1만 9,000원 내외를 기록했다. 앞서 살핀 배당성향을 고려할 때, 한국쉘석유의 순이익 또한 2009년 이후 비슷한 수준을 유지했음을 역산할 수 있다.

그림 4-14

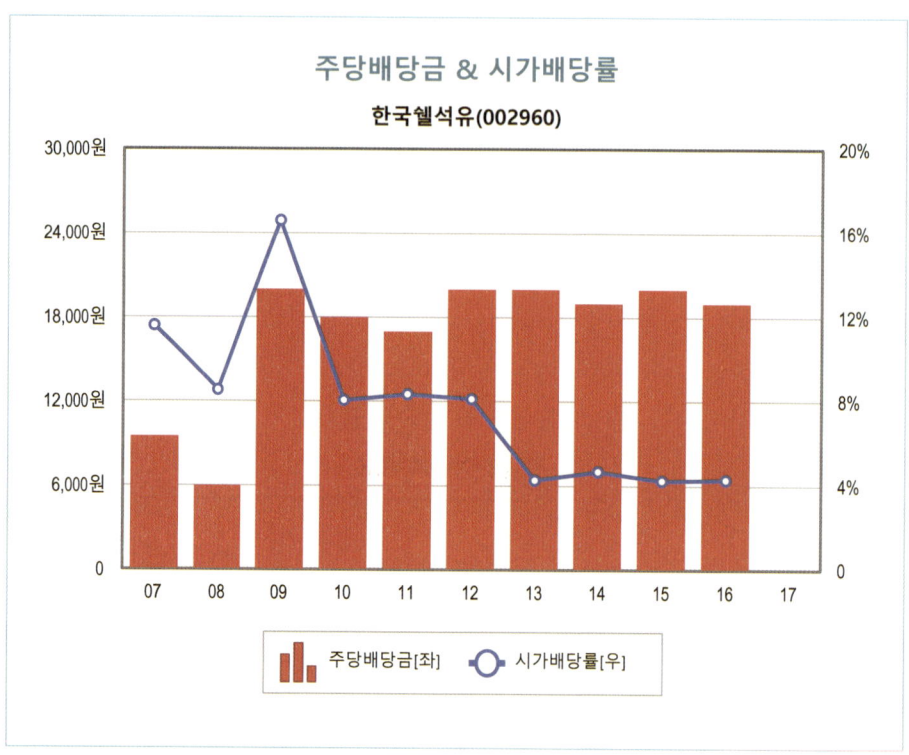

한국쉘석유의 최대주주는 메이저 석유회사인 로얄더취쉘이다. 로얄더취쉘은 세계를 무대로 원유탐사 및 채굴, 석유생산, 가스, 석탄 등의 에너지 생산과 판매 사업을 한다. 2016년 말 기준 자산 497조 원, 매출 282조 원, 영업이익 5조 1,579억 원에 이르는 대기업이다.

한국쉘석유가 판매하는 윤활유는 성장률이 1~2% 내외로 낮지만, 꾸준히 소비가 일어나는 제품이다. 자동차 주행을 위한 엔진오일, 산업용 기계 작동 등에 쓰인다.

최대주주가 대규모 자금이 필요한 에너지 사업을 하는 점, 성장은 거의 없지만 꾸준히 소비되는 제품을 판매하는 점 등이 한국쉘석유가 순이익 대부분을 배당하는 배경이다. 한국쉘석유가 이익을 내면 배당을 통해 최대주주를 포함한 주주에게 현금을 공급하는 구조다.

순이익이 늘면서 배당성향이 일정한 회사는 배당금 또한 성장한다. 당장 받는 배당금보다 앞으로 받게될 배당금이 더 많을 수 있단 얘기다.

리노공업이 이런 유형이다. 〈그림 4-15〉에서 보듯이 리노공업의 주당배당금은 2009년 263원부터 2016년 900원까지 7년 연속 늘고 있다. 그리고 이 기간 배당성향은 30~40%를 유지했다.

일정한 배당성향을 유지하면서 순이익을 늘리는 회사는 결국 투자자에게 순이익과 배당 증가를 동시에 안겨준다. 그래서 이런 회사를 적절한 가격에 매수해 장기투자하면 높은 연평균 복리수익률을 기대할 수 있다.

마지막으로, 배당이 없는 것도 회사의 정책 중 하나다. 배당을 하지 않고 모두 회사 내 유보해 장차 사업 밑천으로 활용하는 기업이다. 주로 실적 성장을 통해 자본을 빠르게 늘리는 회사에서 볼 수 있다.

워런 버핏이 이끄는 버크셔 해서웨이도 '무배당' 정책으로 유명하다. 버크셔 해서웨이가 1964년부터 2016년까지 52년 동안 기록한 연평균 주당순자산 성장률은 19%에 이른다. 만약 버크셔 해서웨이가 배당을 했다면, 주주들은 수령한 배당금으로 연평균 19% 이상의 수익률을 내야 이익이다(배당을 받지 않고 그냥 버크셔 해서

그림 4-15

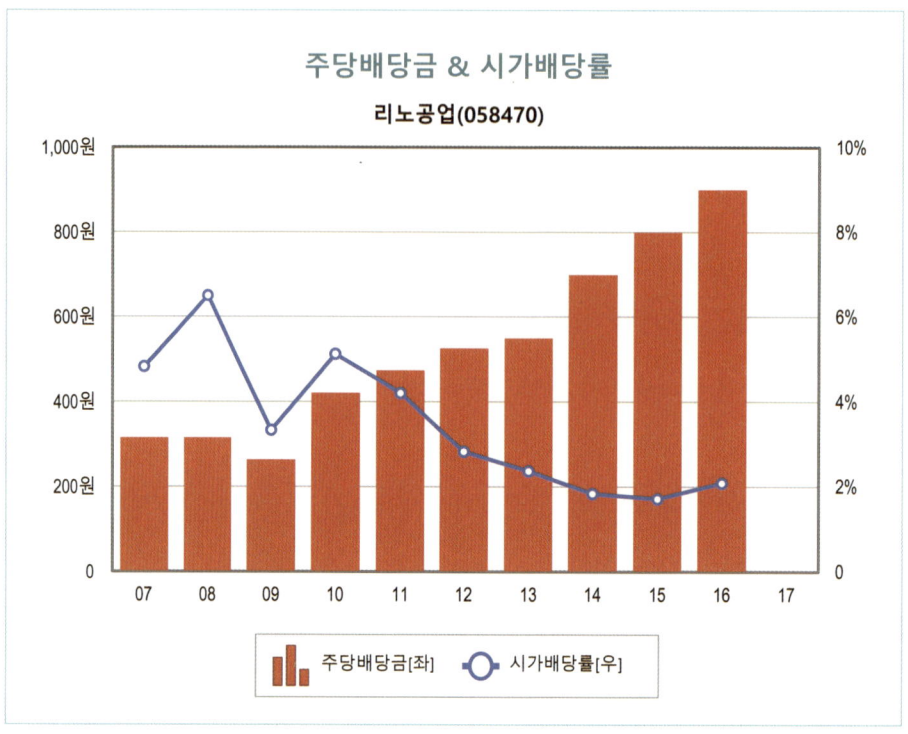

웨이에 두었다면, 다음 해 19%가 늘어 있을 것이기 때문이다). 버핏은 이를 근거로 주주에게 배당금을 지불하는 것보다 이익을 사내에 남겨 다른 기업에 투자(재투자)하는 게 더 낫다고 밝혔다.(버크셔 해서웨이는 이 기간 동안 주당순자산을 무려 88만 4,319% 늘렸다. 2016년 기준 회사의 순자산은 2,830억 달러(약 305조 6,400억 원)에 달한다. 사업규모가 커지면서 주당순자산 성장률도 내려가고 있다. 이에 버핏은 2015년 "향후 10~20년 이내 버크셔 해서웨이의 실적과 자본이 재투자를 허용하지 않는 수준에 도달할 것으로 보인다"며 배당과 자사주 매입 가능성을 언급하기도 했다.)

보너스

V차트를 활용한 투자전략 ① :
'이별'하면 매매 타이밍 – 주가 & 순이익지수 차트

일반적으로 주가는 기업의 이익을 따라 움직인다. 이익이 늘면 주가도 오르고, 이익이 줄면 주가도 하락한다. 또한 이익 증가율이 높으면 주가는 더욱 강세를 나타낸다. 반대로 이익 증가율이 낮아지거나 시장의 기대치 보다 낮게 나오면 주가는 급락하기도 한다. 이처럼 기업의 이익은 주가 움직임을 결정하는 중요한 요인이다.

아래는 현대차와 기아차에 자동차부품과 A/S를 제공하는 현대모비스의 주가와 순이익지수의 관계를 나타낸 차트다. 2006~2008년까지 순이익 성장이 정체된 것을 제외하면 순이익이 꾸준히 증가했다. 특히 2008년 말 부터는 이익이 급증했지만, 주가는 금융위기 충격으로 인해 크게 하락한다. 이처럼 순이익과 주가가 반대로 움직이는 '이별'을 하게 되면, 투자자에게는 좋은 매매타이밍이 된다.

현대모비스의 경우는 이익은 꾸준히 늘고 주가가 급락했기 때문에 좋은 매수 타이밍이 된다. 이후 주가 움직임을 보면 이익 증가에 맞춰 주가도 다시 상승해 '재결합'을 하게 된다. 즉 이익과 주가는 때때로 이별을 하지만 결국은 다시 만난다.

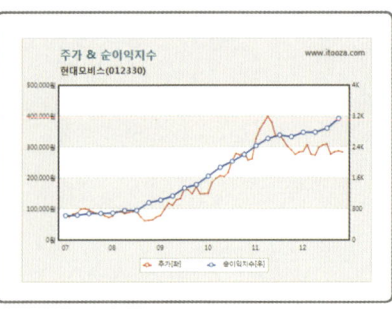

반대로 같은 이별이라 하더라도 이익은 줄고 있는데 주가만 오르는 경우도 있다. 만약 이런

기업을 보유하고 있었다면 매도타이밍으로 적극 활용해야 한다. 이익이 줄고 있는 기업에 투자하지 않는 것이 첫 번째 방책이나 만약 결정을 못해 보유 중이었다면 반대의 이별상황이 보유하고 있는 주식과 정말로 이별해야 할 때다.

아래는 코스닥 모 게임업체의 주가와 순이익지수 관계 차트다. 2006~2008년까지 주당순이익이 마이너스를 기록하는 등 적자를 면치 못하고 있다. 반면 2007년 주가는 7,000원에서 1만 7,000원까지 두 배가 넘게 상승한다. 투자자를 유혹할 만한 수익률이다.

이 회사 주가는 2014년~2015년에도 거의 4배 급등을 경험한다. 단 이때 역시 순이익지수는 적자를 면치 못했다. 약 8년 만에 비슷한 상황이 또 펼쳐졌다.

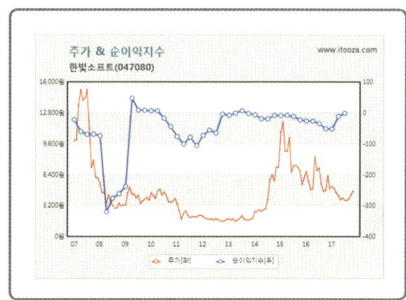

그러나 이익과 주가는 결국 만난다. 2007년 급등 이후 주가가 고점을 기록했던 1만 7,000원에서 꾸준히 하락해 2010년 12월 3,000원대 후반에서 거래됐다. 2015년의 급등 또한 약 2년에 걸쳐 급락, 2017년 이전 자리로 돌아왔다.

이익이 줄거나 적자를 기록하고 있는데, 주가만 오르는 상황이 된다면 보유하고 있는 주식과 이별해야 할 때다. 물론 이익이 나지 않는 기업들은 처음부터 보유하지 않는 것이 현명한 투자자가 해야 할 일이다.

※이 글은 아이투자에 게재된 글을 편집한 것입니다.

5장

얼마나 빨리 돈을 벌고 있는가

▶ 이 장의 주요 V차트 관련 용어

자기자본이익률(ROE), 주가순자산배수(PBR), 듀퐁분석, 순이익률, 총자산회전율, 재무레버리지, 운전자본, 회전일수, 매출채권, 회전일수, 재고자산 회전일수, 매입채무 회전일수, 현금회전일수, 총자산이익률(ROA), 투하자본이익률(ROIC)

▶ 이 장의 주요 V차트

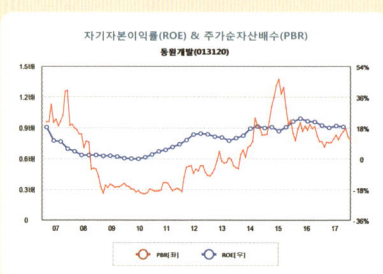
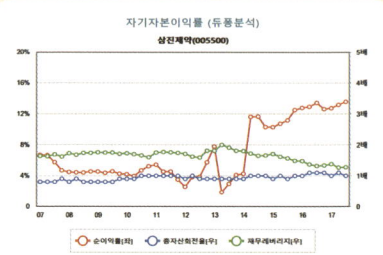
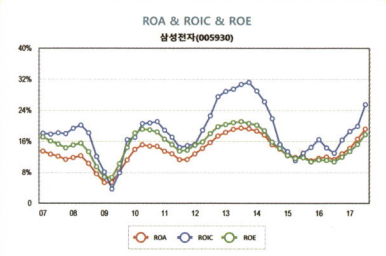
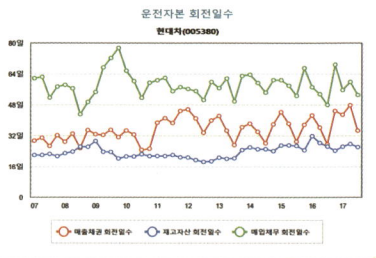
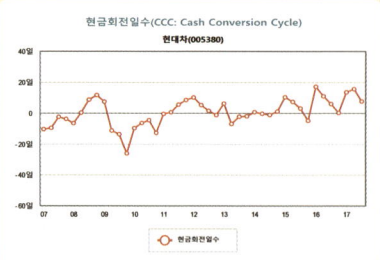

1. ROE와 PBR 차트의 체크 포인트

　이번 장에 나오는 V차트는 기업의 사업모델, 영업 효율성과 안전성을 주로 확인한다. 기업이 주주의 돈인 자본을 늘리는 '속도'를 나타내는 ROE(자기자본이익률)와 PBR(주가순자산배수)의 관계를 살피고, ROE 듀퐁분석을 통해 사업모델을 가늠한다.

　운전자본 회전일수도 이번 장에서 체크할 요소다. 개인의 거래와 달리 기업의 거래는 외상매출과 외상매입이 빈번하다. 여기에 판매를 목적으로 미리 사두는 재고자산의 관리 또한 투자자가 눈여겨 봐야할 부분이다. 운전자본의 회전이 원활하지 않으면 기업에 현금이 제대로 돌지 않는다는 뜻이며, 심하면 흑자부도에 이르기도 한다.

　이제 ROE부터 자세히 알아보자. 투자를 좀 안다는 사람들에게 투자할 때 가장 중요한 지표를 하나만 꼽으라고 물으면 'ROE'란 대답이 가장 많을 것이다. 그만큼 ROE는 여러 번 강조해도 모자람이 없을 정도로 중요하다.

ROE는 기업이 주주의 돈을 불리는 속도다. 주주가 똑같은 돈을 맡겼을 때, ROE가 높은 기업은 돈을 빨리 불리는 반면, ROE가 낮은 기업은 그 속도가 느리다. 만약 ROE가 마이너스(-)인 기업이라면 시간이 갈수록 맡긴 돈이 줄어들 것이다. 따라서 ROE가 높거나 ROE를 높일 수 있는 기업을 찾는 것이 투자자의 첫 번째 과제다.

그런데 ROE는 해당 기업의 가격을 알 수 있는 요소는 없다. 그래서 투자판단을 할 때 ROE와 연관시켜 보는 지표가 PBR이다. 두 지표의 계산식을 보면 이유가 보인다.

ROE = 순이익 ÷ 자본총계
PBR = 시가총액 ÷ 자본총계

두 지표 모두 분모가 자본총계로 같다. 여러 번 언급했듯, 자본총계는 주주의 몫이다. ROE와 PBR은 모두 주주의 몫에 대한 각각의 의미를 담고 있다.

ROE가 특정 기업이 가진 자본총계로 얼마나 순이익을 낼 수 있는지를 측정한다면, PBR은 그런 기업을 얼마면 살 수 있는지를 보여준다. 비유를 하자면 ROE는 자본총계의 실력, PBR은 몸값에 해당하는 셈이다.

ROE와 PBR은 일반적으로 비례 관계를 갖는다. ROE가 오르면 PBR도 함께 상승하고, 반대의 경우엔 함께 내린다. 실력이 좋은 프로야구 선수의 몸값이 오르는 것과 같은 맥락이다.

그런데 야구선수도 그렇듯 실력에 비해 몸값이 싼 기업이 있다. ROE가 개선되어도 PBR이 상승하지 않는 경우인데, 이때가 좋은 기업을 싸게 살 수 있는 좋은 기회다.

반대로 별로 실력은 없는데 비싼 몸값을 받는 기업도 있다. 앞으로 보여줄 실력에 대한 과도한 기대나 기타 비합리적인 이유가 높은 가격의 평계가 되곤 한다. 유능한 야구단장이라면 결코 이런 선수들과 계약하지 않거나 다른 팀으로 내보내듯이, 투자자도 이런 유형의 기업에 투자하지 않거나 매도하는 게 현명하다.

ROE와 PBR은 각각의 높고 낮음에 따라 4가지 유형으로 분류할 수 있다(〈그림 5-1〉). 각각에 해당하는 사례기업의 ROE & PBR 차트를 살펴보자.

그림 5-1 ROE, PBR에 따른 기업 유형분류와 사례

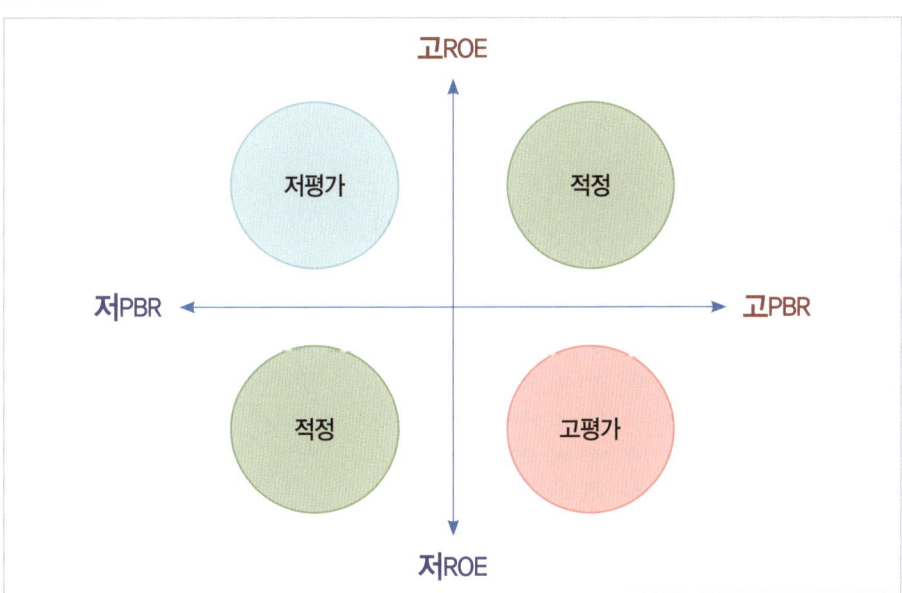

먼저 저ROE, 저PBR 유형인 한국석유다. 한국석유는 도로 위를 포장하는 아스팔트와 플라스틱(합성수지)을 만든다. 직접 만드는 제품보다는 완제품을 사와서 판

매하는 상품 매출 비중이 81%(2017.9월 기준)로 대부분이다.

한국석유는 2010년 이전까지는 ROE가 10%를 넘었다. 그 이후 점차 하락해 대부분 한 자릿수 ROE에 머문다. 한때 6.19배에 달했던 PBR도 함께 하락했다. 2011년 초에는 자산재평가를 통해 자본이 증가한 덕분에 PBR이 0.34배까지 내렸다. 이후에도 줄곧 0.2~0.4배 사이의 PBR을 기록 중이다.(자산재평가: 토지나 건물을 현재 공정가치에 맞게 다시 평가해 장부에 기록한다. 오랫동안 보유한 토지와 건물의 경우 종전 장부가치보다 높게 평가될 때가 많다. 이때 발생한 차익을 재평가 잉여금으로 기록해 자본총계가 늘어난다. IFRS 회계는 자산재평가 모형을 기본 원칙으로 채택한다. 그래서 IFRS가 도입된 2011년부터 자산재평가를 실시하는 기업이 늘었다.)

그림 5-2

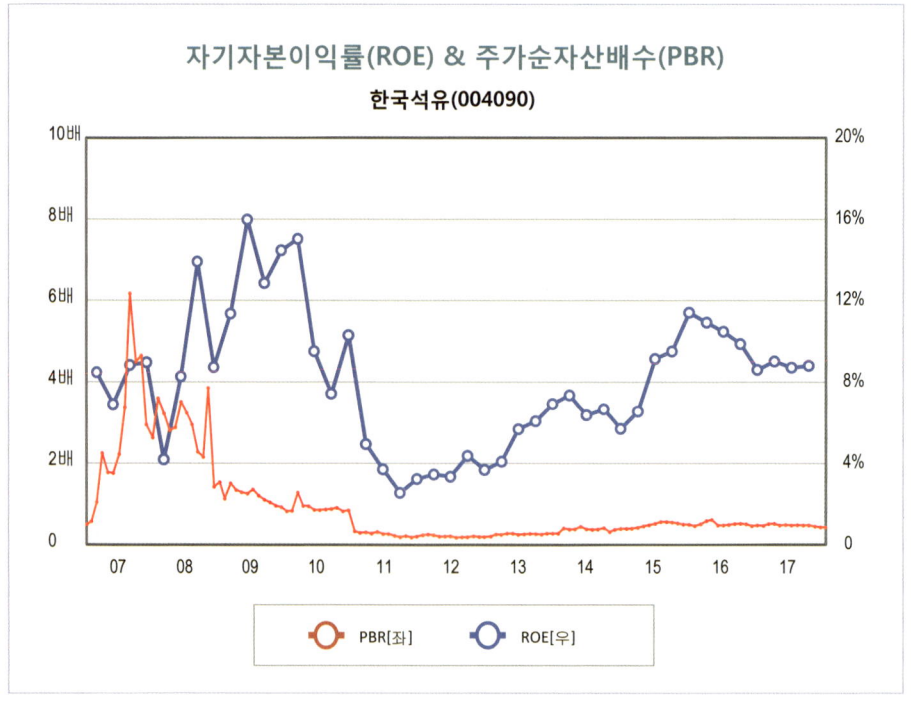

ROE와 PBR이 모두 낮고, PER까지도 낮다면 '절대 저평가' 기업으로 볼 수 있다. 낮은 성장을 반영해 이익과 자본 대비 주가가 현저히 저렴하다. 이들 기업의 ROE가 내려간 이유로 사업 자체의 성장 둔화도 있지만, 오랜 기간 쌓은 자본이 영업활동에 제대로 활용되지 못하는 경우도 있다. 그래서 현금이나 부동산, 채권 등 자산을 많이 가진 기업도 '저ROE - 저PBR' 유형에 속할 때가 많다.

따라서 이런 유형에 투자할 때는 해당 기업이 가진 자산가치에 주목하거나, 주가가 아주 쌀 때가 적기다. 이익 성장에 제한이 있는 만큼, 충분히 싸게 사야만 기대수익률을 높일 수 있다.

다음은 '고ROE - 저PBR' 유형인 동원개발의 사례다.(〈그림 5-3〉) 동원개발은 동원 로얄듀크 브랜드를 보유한 부산, 경남 중심의 중견 건설회사다. 2007년부터 2011년까지는 ROE가 한 자리를 기록하며 PBR 역시 0.3배를 받는 '저ROE - 저PBR' 유형에 해당했지만, 이후 ROE가 빠르게 상승한다. 수익성이 높은 자체 공사(아파트 분양) 매출 비중이 늘면서 동원개발의 ROE도 비약적으로 개선됐다.

실제로 2012년~2017년 9월까지 5년 9개월 동안 동원개발은 평균 16.8%의 ROE를 기록한다. 이 기간 한 번도 ROE가 10% 미만으로 내려간 적이 없을 정도로 꾸준했다. 덕분에 순이익도 178억 원(2011년)에서 1,078억 원(2017년 9월)으로 약 6배 늘었다.

높은 ROE를 유지했음에도 동원개발의 PBR은 0.7~1배 사이다. 2015년 6월 한때 1.3배까지 올라간 적도 있었지만, 이내 다시 하락했다. 매년 자본을 16% 늘리는 실력을 가진 회사가 시장에선 오히려 자본가치보다도 할인받는 셈이니 이 회사는 고ROE - 저PBR에 해당하는 유형이다.

그림 5-3

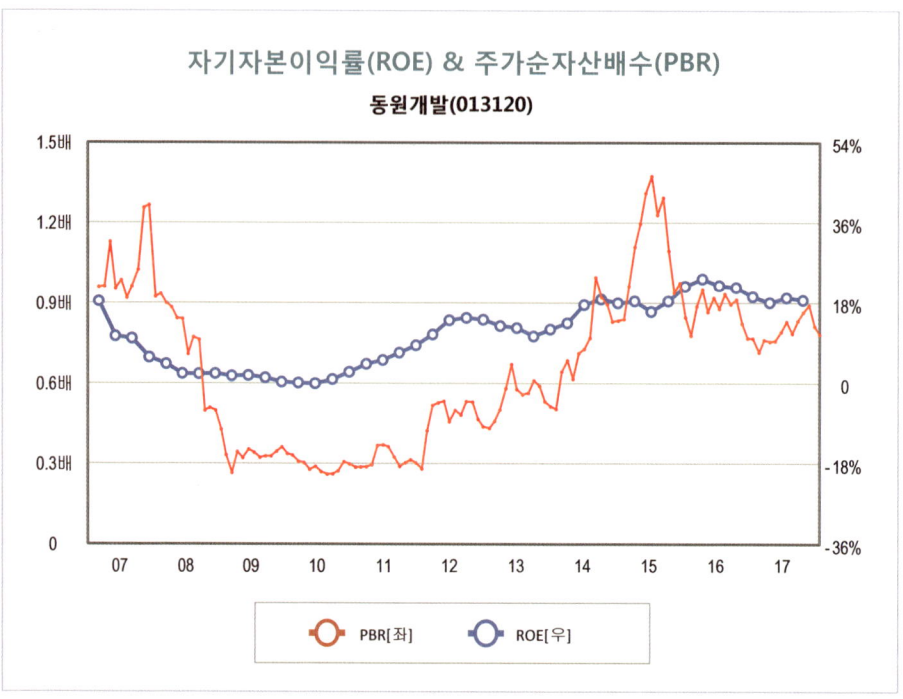

시장 참여자들은 동원개발의 돈 버는 실력에 대해 여전히 의구심을 품는다. 그리고 현명한 투자자는 이런 기업들을 분석해 시장의 의구심이 과도하다고 판단될 때 투자 기회를 찾는다.

'고ROE - 고PBR' 유형에 해당하는 사례는 '멜론 차트'와 가수 아이유로 유명한 로엔이다. 로엔이 2010년 이후 보여주는 ROE는 앞서 살펴본 두 기업보다 확연히 높다. 잠시 부진할 때도 있지만, 2017년 9월까지 거의 7년 동안 20~25% ROE를 유지했다(〈그림 5-4〉).

'월가의 영웅'으로 불린 전설적인 펀드매니저 피터 린치는 유지가능한 성장률을 25%로 제시한 바 있다. 그 이상의 성장률은 경쟁사 등장, 시장 성장률 둔화 등의 이유로 유지하기 어렵다고 봤다. 로엔은 피터 린치가 제시한 성장률 상한선을 수년 째 달성 중이다.

높은 ROE에 걸맞게 로엔의 PBR도 무척 높다. 2010년~2014년 초까지 3~4배의 PBR을 기록하다가 2015년 8월 10배로 고점에 닿는다. 이후 하락과 반등을 거쳐 2017년 12월 8.7배를 기록 중이다.

그림 5-4

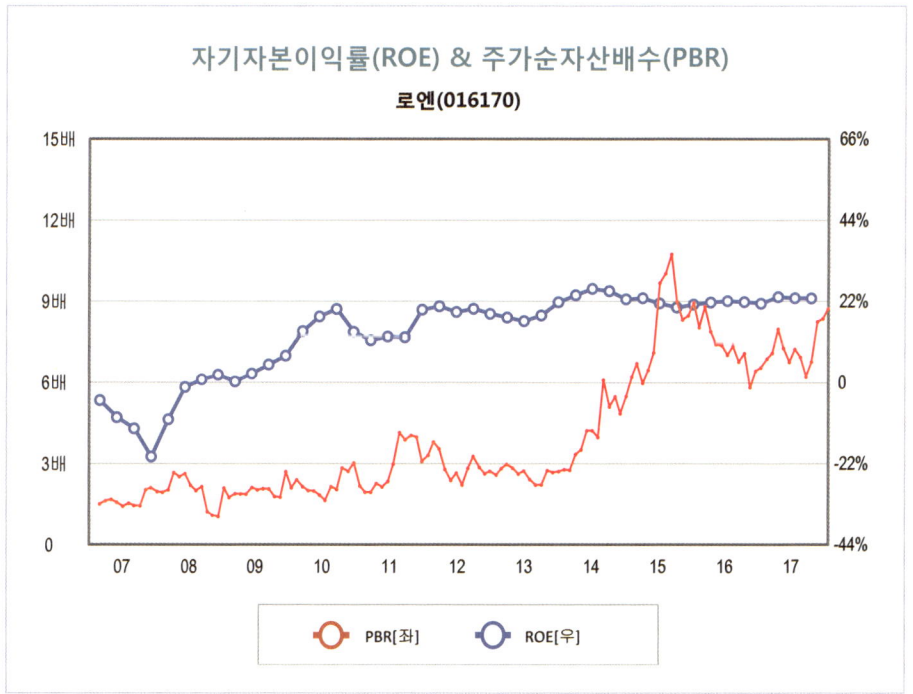

로엔의 주요 사업은 음원 사업이다. 가입자들은 PC나 모바일기기를 통해 음악을 듣는 대가로 로엔에 이용료를 낸다. 음원 서비스를 위한 인프라를 갖추고 음원을 구입하고 나면, 이용자가 수 백만 명으로 늘어도 로엔이 지불하는 비용은 저작권료, 카드수수료 같은 지급수수료 외엔 거의 없다. 일반 제조업이 지출하는 설비 투자, 재고관리 비용 등이 발생하지 않는다는 의미다. 로엔의 사업이 주식시장에서 높은 평가를 받는 배경 중 하나다.

다만 로엔처럼 '고ROE - 고PBR' 유형은 실력에 걸맞는 높은 평가를 받는 만큼, ROE가 훼손될 때 PBR 하락(주가 하락)이 클 수 있다. 과거 매년 15승 이상을 달성해온 고액 연봉의 투수라도 기록을 내지 못하면 연봉 삭감 폭이 큰 것과 마찬가지다.

그래서 투자자는 로엔처럼 몸값이 비싼 회사를 면밀히 체크할 필요가 있다. 사업이 지금의 ROE를 유지할 수 있는지, 훼손될 가능성은 없는지 등이다. '고ROE - 저PBR' 기업에 투자할 때보다 훨씬 '부지런함'이 요구되는 셈이다.

마지막 사례는 '저ROE - 고PBR' 유형이다. 주주의 돈을 불리는 속도가 느리거나, 심지어 손실을 내는 데도 높은 PBR을 받는 기업이 이런 유형에 해당된다.

영진약품은 KT&G가 지분 52.4%를 보유한 중견 제약사다. 2017년 1월 KT&G 생명과학과의 합병을 통해 KT&G 계열사로 편입됐다. 노인성 천식으로 불리는 COPD 치료제를 천연물 신약으로 개발 중이다. 노인성 천식은 국내 시장만 2,000~3,000억 원, 세계 시장은 20조 원 규모로 추정된다. COPD 치료제는 2018년 1월 현재 해외 글로벌 임상 2상을 진행 중이다. 대기업 계열사 편입, 신약 개발에 대한 기대감 등으로 주식시장에서 높은 평가를 받았다.

영진약품의 PBR은 2015년부터 오르기 시작했다. 2016년 2월 4.25배에서 3개월 뒤인 5월에는 무려 20.73배까지 급등했다. 이후 조정을 거쳤으나 2017년 12월 현재 13.43배다(PER이 아닌 PBR 수치임을 유의하자).

반면 영진약품의 ROE는 저ROE 회사로 꼽힌 한국석유보다도 낮다. 그나마 2012년 9월부터는 매분기 연환산 ROE가 플러스(+)를 기록 중이나, 그 전까진 마이너스(-)를 낸 적도 꽤 많다. 흑자 기간인 2012년 9월~2017년 9월까지 5년간 평균 ROE는 4.7%를 기록했다.

그림 5-5

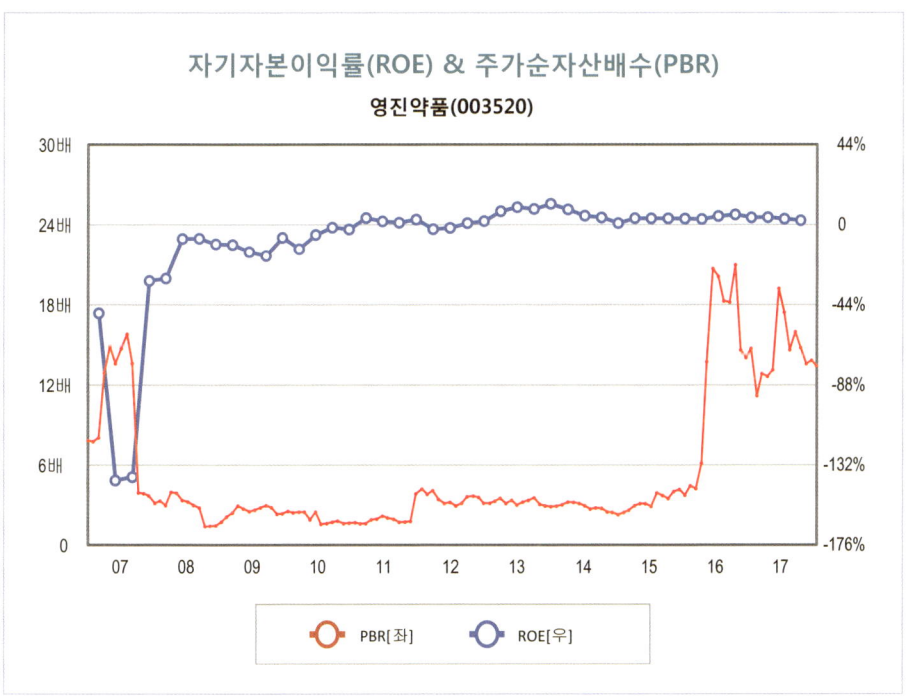

영진약품은 2014~2016년 3년 동안 매출액의 평균 6.6%를 연구개발비로 지출했다. 2017년 3분기 누적 기준 매출액 대비 연구개발비는 7.9%로 더 올라간다. ROE가 낮은 원인 중 하나다.

다만 영진약품이 받고 있는 기대(몸값)는 지출한 연구개발비가 모두 미래 결실로 돌아올 것을 이미 가정하고 있다. 낮은 ROE에도 높은 PBR을 받는 기업은 대부분 이런 스토리가 배경에 있다.

투자자는 기업이 가진 스토리를 숫자로 바꿀 줄 알아야한다. 신약 개발이 성공할 가능성은 어느 정도인지, 성공한다면 몇 명에게 보급돼 어느 정도 매출을 내고, 이때 이익은 얼마나 될지 등이 바꿔야할 숫자다.

어디까지나 추정이므로 100% 정확하진 않지만, 해당 사업에 대해 잘 알수록 추정의 신뢰도도 올라간다. 추정 후에도 기업이 받는 기대에 동의할 수 있다면 이런 유형에도 투자할 수 있다.

반면 급등하는 주가와 스토리 외 기업에 대해 아는 게 없다면 이런 투자는 자칫 큰 손실을 안긴다. 더구나 처음 주식에 투자하는 초보 투자자는 '저ROE - 고PBR' 유형은 가급적 피하는 게 좋다.

ROE는 이처럼 아무리 강조해도 모자라지 않는 중요한 지표다. 투자자가 할 일을 압축한다면, 평균 이상의 ROE를 유지하는 기업이나 ROE를 높일 수 있는 기업을 찾아 가급적 싸게 사는 것이다.

그런데 ROE를 높이려면 어떻게 해야 할까. 공식을 다시 보며 하나씩 풀어보자.

ROE = 순이익 ÷ 자본총계

분자인 순이익을 늘리거나, 분모인 자본을 줄이면 ROE가 높아진다. 일반적으로 기업들은 순이익을 늘리기 위해 애쓴다. 신제품을 출시하거나 새로운 시장 개척(수출 등), 원가를 줄이거나 제품 가격을 올리는 일 모두 순이익을 늘리기 위한 노력의 일환이다.

그러나 사업을 통한 순이익 성장은 규모가 커질수록 속도가 감소한다. 대규모 자본을 예전과 같은 수익성으로 투자할 수 있는 기회가 줄기 때문이다.

이럴 때 기업이 ROE를 유지하거나 높이기 위해 선택할 수 있는 방법이 자본을 줄이는 일이다. 배당을 통해 주주에게 직접 현금 수익을 돌려주거나, 자사주를 매입해 간접적으로 주주가치를 높일 수 있다.

워런 버핏은 지난 2012년 40년 만에 본인이 경영하는 버크셔 해서웨이 자사주를 12억 달러어치 매입했다. 버핏은 버크셔 해서웨이 주식이 기업의 내재가치보다 훨씬 낮은 가격에 거래될 때 자사주를 매입하겠다고 주주 편지에서 밝힌 바 있으며, 이를 실행에 옮겼다. 그는 시장에 버크셔 해서웨이가 저평가돼 있다는 메시지를 분명히 전달하는 동시에 ROE를 높여 회사 기업가치를 늘리는 결정을 했다. 당시 주당 13만 달러(약 1억 3,000만 원)이던 버크셔 해서웨이 주가는 2017년 12월 세계 상장사 중 최초로 주당 30만 달러(약 3억 원)를 넘었다.

우리나라도 삼성전자가 배당과 자사주 매입소각을 확대했다. 삼성전자는 2016년과 2017년에 걸쳐 전체 발행주식 수의 11%가 넘는 1,753만주를 매입해 소각했다. 배당도 늘려 2016년 연간 현금 배당금 총액 3조 9,918억 9,200만 원으로 전년 대비 30% 늘린 데 이어 2017년은 1분기와 2분기 모두 분기 중간배당을 실시했다. 여기에 2017년 10월에는 2018년부터 2020년까지 배당을 더욱 확대하고 잉여현금 흐름의 50%를 추가 배당이나 자사주 매입소각에 사용하겠다고 밝혔다.

ROE 공식을 '분해'하면 기업에 대해 더욱 의미있는 정보를 얻을 수 있다. 미국의 화학회사인 듀퐁이 처음 시도해 '듀퐁분석'으로 이름 붙여진 공식이다.

ROE = 순이익 ÷ 자본총계
   = 순이익률 (순이익 ÷ 매출액) × 자기자본 회전율 (매출액 ÷ 자본총계)
   = 순이익률 (순이익 ÷ 매출액) × 총자산회전율 (매출액 ÷ 총자산) ×
     재무레버리지 (총자산 ÷ 자본총계)

이 공식은 ROE를 구성하는 요소를 더욱 분명히 드러낸다. 3번째 공식을 보자. ROE는 순이익률과 총자산회전율, 그리고 재무레버리지를 곱한 결과다. 따라서 이들 3가지 요소가 증가하면 ROE도 상승한다.

풀어 설명하면, 기업의 ROE는 매출을 통해 많이 남기거나(순이익률↑), 많이 팔거나(총자산회전율↑), 부채를 많이 활용하면(재무레버리지↑) 높다.

많이 남기거나 많이 팔았을 때 ROE가 높다는 건 이해가 쉽다. 그런데 부채를 많이 활용하면 ROE가 높다는 것은 어떤 의미일까. 부채가 많으면 기업의 안전성은 떨어지는데, 반대로 ROE는 올라가니 좋다는 얘긴지 나쁘다는 얘긴지 언뜻 판단이 서지 않을 것 같다.

아래 두 기업 사례를 통해 좀 더 살펴보자. 둘 다 똑같이 ROE가 15%인 A, B 두 기업의 듀퐁분석이다.

A기업 ROE: 순이익률(10%) × 총자산회전율(1.5배) × 재무레버리지(1배) = 15%
B기업 ROE: 순이익률(2%) × 총자산회전율(1.5배) × 재무레버리지(5배) = 15%

둘 다 총자산회전율은 1.5배로 같다. 차이가 나는 부분은 순이익률과 재무레버리지다. A기업의 순이익률은 10%며, 재무레버리지는 1배다. 재무레버리지가 1배란 뜻은 '총자산 = 자본총계'란 얘기로, 부채를 전혀 쓰지 않고 '내 돈'으로만 사업을 한다는 뜻이다. A기업은 자체 사업의 높은 마진(순이익률)을 통해 부채를 쓰지 않고도 높은 ROE를 낸다.

B기업은 순이익률이 2%로 A기업의 1/5에 불과하다. 기본적으로 사업의 수익성이 A기업보다 낮다. 그럼에도 ROE 15%를 내는 건 부채를 적극 활용한 덕분이다. B기업의 재무레버리지는 5배, 즉 자본이 100원이면 총자산은 500원이란 얘기다. 총자산 500원에서 자본 100원을 뺀 400원이 부채다(부채비율 400%를 뜻한다).

만약 각각의 기업의 업황이 악화돼 순이익률이 1%p씩 하락하면 ROE는 어떻게 될까. 다른 조건은 같다고 가정하면 다음과 같다.

A기업 ROE: 순이익률(9%) × 총자산회전율(1.5배) × 재무레버리지(1배) = 13.5%
B기업 ROE: 순이익률(1%) × 총자산회전율(1.5배) × 재무레버리지(5배) = 7.5%

우선 두 기업 모두 ROE가 하락한다. 순이익률 하락이 ROE를 떨어뜨린 것이다. 중요한 차이는 하락 폭이다. A기업의 ROE는 13.5%로 1.5%p 하락한다. 반면 B기업의 ROE는 7.5%로 절반이 된다.

왜 같은 순이익률 1%p 하락인데 다른 결과를 보일까. 이유는 순이익률 절대 수치의 차이, 그리고 부채 활용도가 달랐기 때문이다. 듀퐁공식에 나타났듯 B기업의 ROE는 순이익률 증감 폭×7.5배 만큼 변동한다. 순이익률이 낮고, 부채까지 많이 썼기 때문에 순이익률이 조금만 내려도 ROE가 받는 타격이 크다. 업황이 악화되면 순이익률이 낮거나 빚이 많은(부채가 많은) 기업부터 ROE가 빠르게 하락하고, 심지어 적자로 전환하는 데에는 이런 배경이 있다.

반면 A기업 ROE는 순이익률 증감 폭×1.5배 만큼만 변한다. 부채를 쓰지 않은 덕분에 순이익률 증감이 ROE에 미치는 영향이 덜하다. 여기에 순이익률 절대 수치가 10%로 높아 순이익률 1%p 하락이 ROE 급락으로 이어지지 않는다. 마진이 높은 사업을 하고 재무적으로 안전한 기업이 불황을 잘 견디는 이유다.

반대로 이런 상황에서 다시 업황이 호전돼 순이익률이 1%p 상승하면 어떨까. A기업의 ROE는 13.5%에서 15%가 되고, B기업 ROE는 7.5%에서 15%로 2배 오른다. 경기가 호전될 때 부채를 적극 활용하고, 순이익률이 낮은 기업의 ROE가 순이익률이 높고 재무적으로 안전한 기업보다 더 빠르게 상승한다. 덕분에 주가상승률도 높다.

정리하면 같은 ROE라도 순이익률이 낮고 재무레버리지가 높게 구성돼 있다면, 업황 변화에 따라 등락이 크다. 이런 기업은 주가 등락 또한 큰 편이며, 일부 재무레버리지가 지나치게 높은 기업은 한번 불황이 올 때 아예 회생하지 못할 수도 있다. 오를 때나 내릴 때나 화끈한 주가변동을 기대하는 투자자가 아니라면 재무레버리지가 낮으면서 ROE가 높은 기업을 투자대상으로 고려하는 게 좋다.

〈그림 5-6〉은 '게보린'으로 유명한 삼진제약의 'ROE와 PBR' 차트다. 삼진제약의 ROE는 2014년 6월을 기점으로 16~19%의 높은 수준을 유지 중이다. 2014년 6월 이전에는 10%를 거의 넘지 못한 기업이었는데 확연한 변화를 보여준다. ROE 상승과 함께 1배에 머물던 PBR도 2.5~3배까지 올라갔다.

그림 5-6

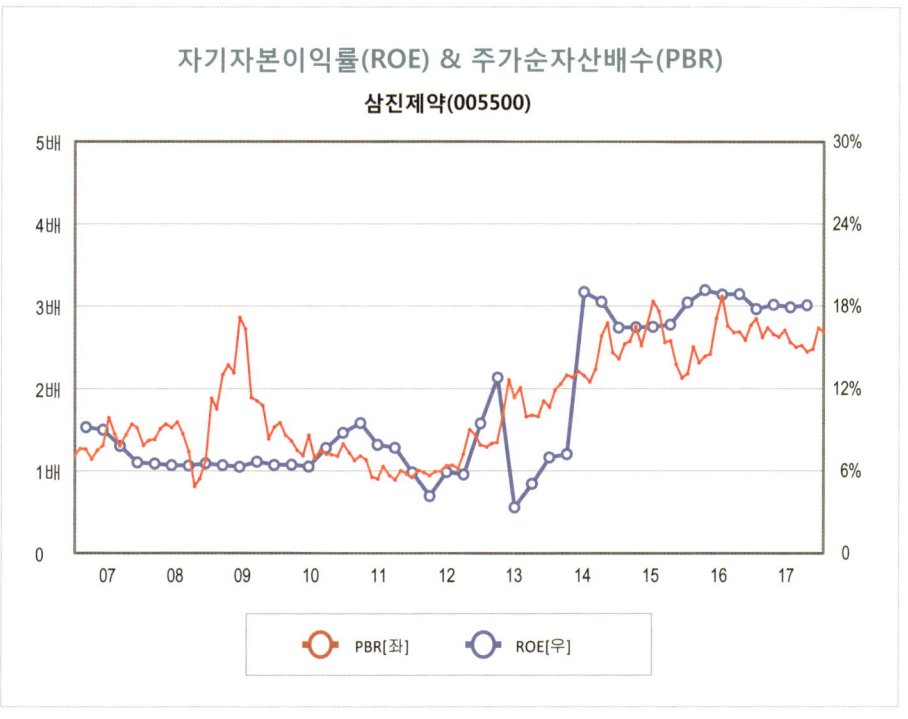

이제 〈그림 5-7〉의 ROE 듀퐁분석을 보면 삼신제약의 순이익률 상승이 ROE 상승을 이끈 요인임을 알 수 있다. 여기에 재무레버리지 감소도 특기할 점이다. 2013년 6월 재무레버리지가 2배였으나 2017년 9월은 1.28배다. 부채를 줄이면서도 순이익률 상승 덕분에 ROE가 올라간 경우로, 투자자에게 매우 바람직한 상황이다.

2017년 9월 기준 삼진제약의 ROE를 듀퐁분석으로 풀면 다음과 같다.

ROE(18.1%) = 순이익률(13.5%) × 총자산회전율(1.04배) × 재무레버리지(1.28배)

그림 5-7

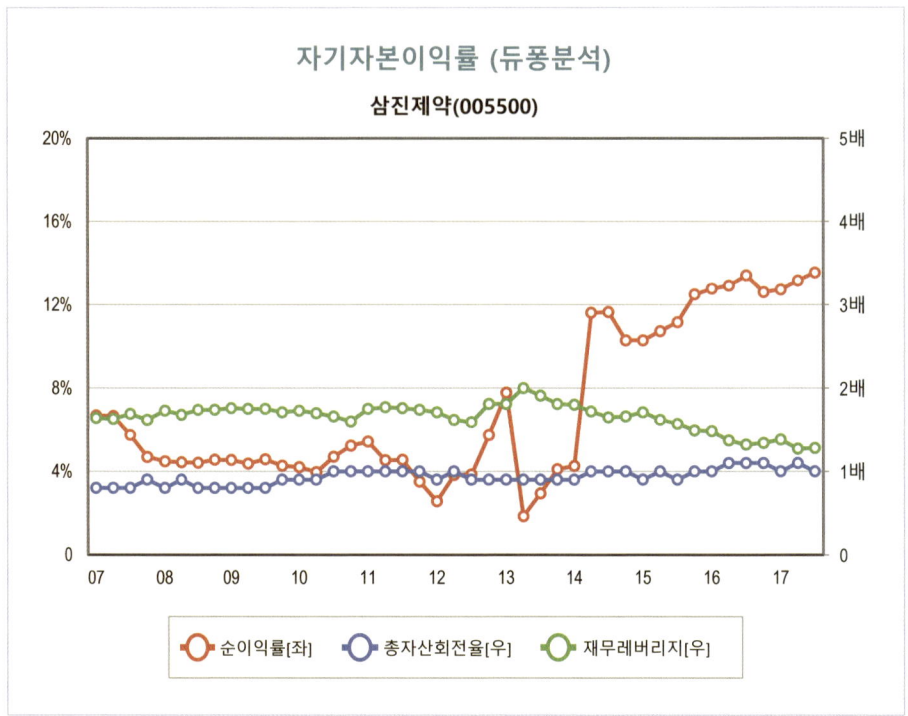

TIP

부채비율은 낮추고, ROE는 높인 기업

일반 제조업이나 서비스업이라면, 삼진제약처럼 부채비율을 낮추면서 ROE를 높인 케이스가 투자자에겐 가장 바람직하다. 참고로 2017년 9월 기준 최근 1년 동안 이런 변화를 뚜렷하게 보인 기업은 다음과 같다.

롯데케미칼, 후성, 동진쎄미켐, 주성엔지니어링, 바텍, 삼화콘덴서, 와이솔, 대한약품, 서한, 엠에스씨, KB오토시스

2. 듀퐁분석에 따른 사업모델 비교

듀퐁분석은 ROE 구성 요소를 통해 ROE 등락의 원인을 알려줄 뿐만 아니라 기업의 사업모델도 구분해준다. 어떤 기업의 ROE 구성을 보면, 이 회사가 3가지 요소 중 어디에 집중해 ROE를 높여 내는지 알 수 있다.

첫째, 한 번 팔 때 이익을 많이 남기는 모델이다. 이런 모델은 순이익률이 높고, 총자산회전율은 낮다. '명품', '프리미엄' 등을 키워드로 하는 산업이 모두 이런 모델에 속한다. 국내 산업 중엔 백화점이 대표적이다.

둘째, '박리다매' 즉, 적게 남기고 많이 파는 모델이다. 앞의 모델과 대비돼 순이익률이 낮고 총자산회전율은 높다. '할인' '특가' '대량구매'가 키워드로, 대형마트 할인점을 대표 사례로 꼽을 수 있다.

우선 2015년 6월 기준 현대백화점과 이마트를 비교사례로 분석해보자. 당시 두 회사의 ROE는 각각 7.5%, 7.3%로 비슷했는데, 듀퐁분석에서 두 기업이 영위하는 사업모델의 특성이 잘 드러난다.

현대백화점 듀퐁분석

ROE(7.5%) = 순이익률(22.1%) × 총자산회전율(0.27배) × 재무레버리지(1.27배)

이마트 듀퐁분석

ROE(7.3%) = 순이익률(4.6%) × 총자산회전율(0.85배) × 재무레버리지(1.87배)

현대백화점의 순이익률은 이마트보다 거의 5배 높다. 반면 총자산회전율은 1/3 수준이다. 재무레버리지도 2/3에 불과하다.

현대백화점의 듀퐁분석 차트(〈그림 5-8〉)를 보면 2011년 9월 41%를 정점으로 순이익률이 계속 하락 중이다. 순이익률은 내려가는 반면 총자산회전율과 재무레버리지는 거의 그대로다. 현대백화점 입장에선 예전보다 적게 남기고 파는데도 회전율이 높아지지 않는다는 의미다. 내수 경기 부진, 해외 직구 열풍, 온라인 쇼핑 활성화 등이 현대백화점 순이익률을 낮추는 배경으로 작용하고 있다.

현대백화점이 ROE를 높이려면 총자산회전율을 올리는 게 가장 효과가 좋다. 이를 위해선 기존 백화점의 성장 또는 신규 출점을 통해 매출을 늘려야한다. 단, 기존 백화점 성장률이 둔화되고, 백화점을 신규 출점할 지역도 마땅치 않은 점이 현대백화점의 고민이라고 볼 수 있다.

이에 대응해 현대백화점은 2015년 2월 김포, 2016년 동대문과 송도 등에 3개의 '아울렛' 매장을 오픈했다. 백화점보다 순이익률은 낮지만, 매출을 늘릴 수 있는 아울렛을 통해 총자산회전율 증가를 노리는 전략이다. 참고로 현대백화점은 2019년 대전과 남양주, 동탄에 아울렛을 추가 오픈할 예정이다.

그림 5-8

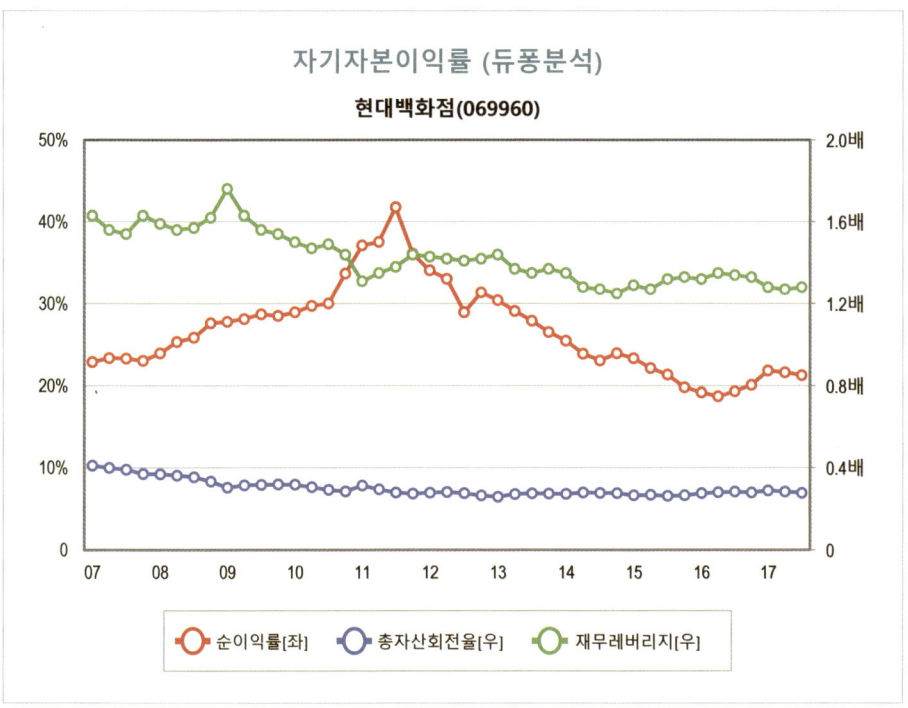

TIP

유통업체 ROE 듀퐁분석

현대백화점과 이마트와 같은 유통소매 업체의 ROE 듀퐁분석을 해보자. V차트에서 아래 10개 기업의 듀퐁분석을 찾고 어느 항목이 ROE를 만드는 주된 요인인지, 기업별로 어떻게 다른지 직접 확인하자.

신세계, 롯데쇼핑, 현대홈쇼핑, GS홈쇼핑, CJ오쇼핑, 엔에스쇼핑, 세이브존I&C, 다나와, 인터파크, 예스24

현대백화점과 달리 이마트는 대형 할인점으로 여러 제조사들의 물건을 대량으로 산 다음, 약간의 이윤을 붙여 싸게 판다. 직접 만들어 팔면 '제품', 사다 팔면 '상품'으로 분류하는 데, 이마트 매출 대부분은 상품 판매다.

1993년 창동점으로 처음 시작한 이마트는 지금까지 점포 수를 늘려(총자산회전율 증가) 성장했다. 그러나 최근 대형마트 산업은 신규 출점이 포화되고, 정부의 출점 및 영업시간 규제 등으로 성장성이 크게 둔화됐다.

이런 상황에서 이마트가 ROE를 높이는 가장 효과적인 방법은 순이익률 개선이다. 똑같이 1%p 순이익률 개선이 일어나도, 앞서 살펴본 현대백화점의 ROE는 0.34%p 상승하는 반면 이마트 ROE는 1.6%p 올라간다(2015년 6월 기준).

그림 5-9

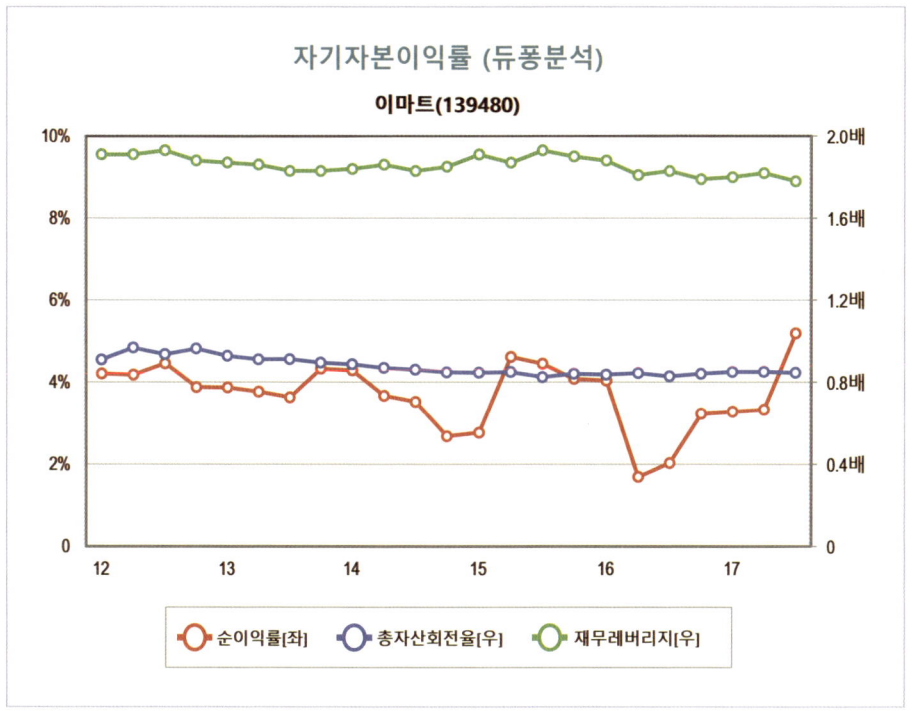

이마트는 이를 위해 온라인 몰(이마트몰)과 노브랜드 등 자체 상품 확대에 힘쓴다. 온라인 몰과 노브랜드 모두 타사 제품을 사와서 판매하는 것에 비해 높은 이익률을 기대할 수 있다. 여기에 2017년 중국 철수 결정과 국내 부실점포 4곳을 폐점하는 등의 노력도 순이익률을 높이기 위한 일환이다.

셋째, 차입금을 적극 활용해 ROE를 높인 유형을 살펴보자. 사례로 분석할 경창산업은 자동차 자동변속기 부품을 만든다. 대부분 제품을 현대·기아차에 공급한다.

경창산업의 듀퐁분석을 보면 현대백화점, 이마트와 달리 재무레버리지가 무척 높다(2015년 6월 기준). 덕분에 순이익률은 3.5%에 불과하지만, ROE는 14.7%에 달한다(〈그림 5-10〉).

경창산업 듀퐁분석
ROE(14.7%) = 순이익률(3.5%) × 총자산회전율(1.18배) × 재무레버리지(3.59배)

경창산업이 이렇게 높은 재무레버리지를 보이는 것은 일시적인 현상이 아니다. 최근 10년 동안 경창산업은 3~6배까지 재무레버리지를 기록했다. 그나마 2011년 9월 6.45배를 정점으로 최근엔 재무레버리지가 하락했지만, 여전히 3배를 넘는다. 부채비율이 200% 이상이라는 얘기다. 그만큼 경창산업은 차입금을 비롯한 부채를 오랜 기간 적극적으로 활용했다.

그림 5-10

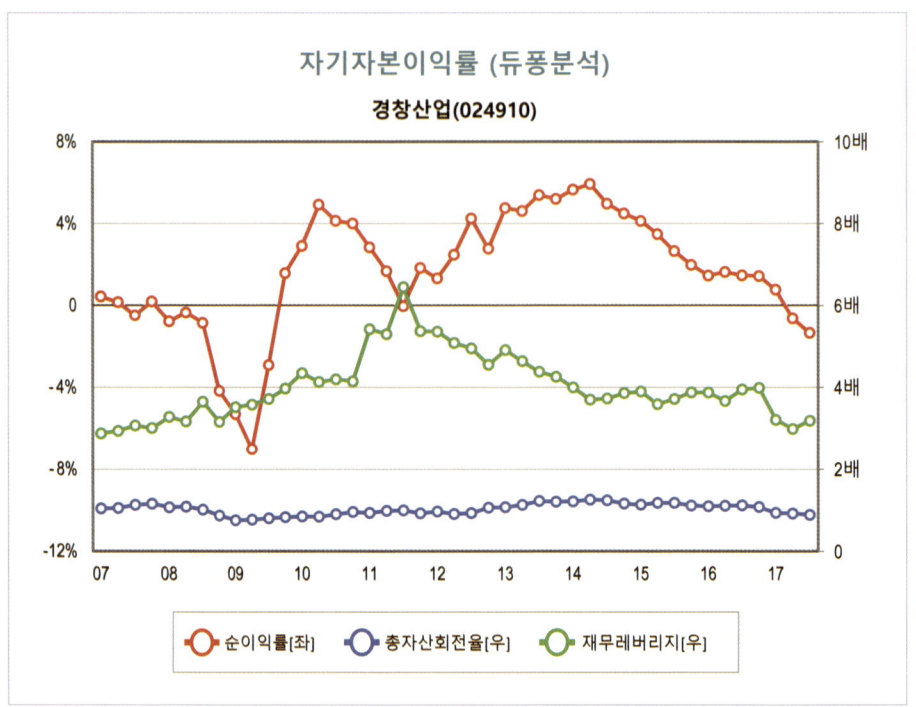

TIP

재무레버리지, 제조업과 금융업은 다르다

제조업과 달리 돈을 싸게 빌리고 비싸게 빌려줘서 수익을 내는 금융업의 ROE 듀퐁분석은 결과가 다르다. 우리은행 등 국내 대표적인 금융기업의 재무레버리지는 14배 정도다. 그래서 듀퐁분석을 기업별로 비교할 때 제조업과 금융업은 따로 볼 필요가 있다.

그림 5-11

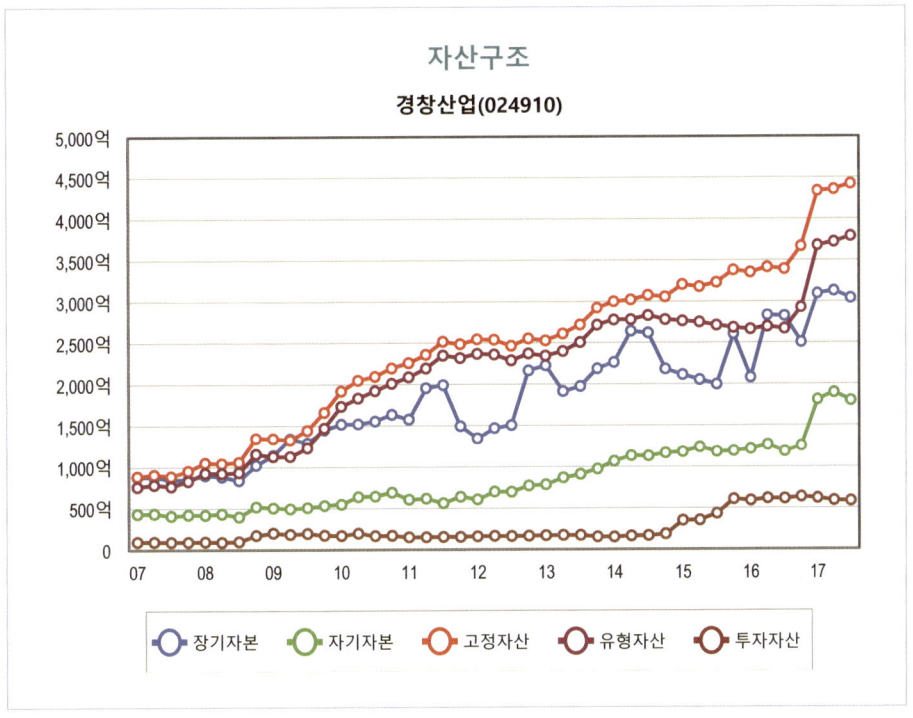

　<그림 5-11>에서 보듯이 경창산업은 수년 동안 유형자산 투자에 집중했다. 자산구조 차트를 보면 유형자산 증가속도가 자기자본이나 장기자본보다 빠르다는 걸 볼 수 있다. 그래서 '고 - 장 - 자' 순서를 몇 년간 유지한다. 시기별로는 2008년 12월~2011년 12월, 2013년 3월~2014년 3월, 그리고 2016년 9월~2017년 3월에 유형자산 증가 폭이 컸다. 2014년 12월~2015년 12월에는 투자자산을 늘리기도 했다.

그림 5-12

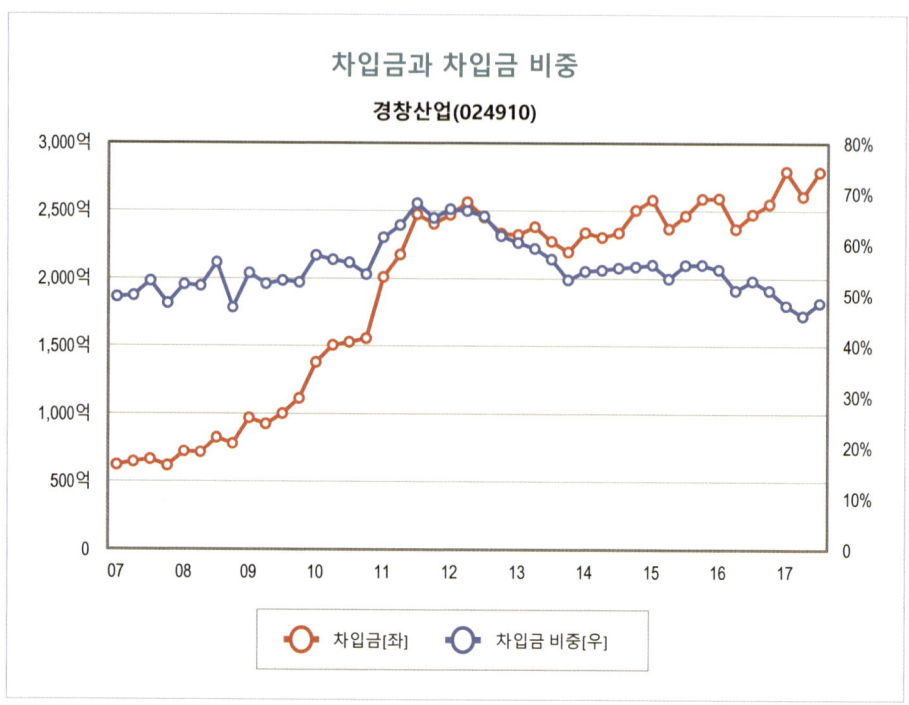

<그림 5-12> 차트를 통해 같은 기간 경창산업의 차입금과 차입금 비중 차트를 보자. 2008년 12월~2011년 12월에 차입금이 780억 원에서 2,404억 원으로 약 3배 이상 크게 증가한 것을 볼 수 있다. 이후에도 완만하지만 증가세를 보였다. 2017년 9월 자산 대비 차입금 비중도 48.5%로 여전히 높다.

이렇듯 재무레버리지가 높아 경창산업의 ROE는 순이익률이 약간만 하락해도 크게 내려간다. 2017년 3월 기준 경창산업의 ROE는 2.3%가 됐는데, 듀퐁분석은 다음과 같다.

경창산업 듀퐁분석

ROE(2.3%) = 순이익률(0.8%) × 총자산회전율(0.9배) × 재무레버리지(3.21배)

2015년 6월과 비교하면 채 2년이 안돼 ROE가 12.4%p 하락해 1/7 수준이 된 셈인데, 순이익률은 3.5%에서 0.8%로 2.7%p 하락에 그쳤다. 높은 재무레버리지가 순이익률 하락 폭보다 훨씬 큰 ROE 하락을 초래한 셈이다.

경창산업처럼 차입금을 활용해 유형자산 투자를 늘린 경우는 두 가지 고정비가 크게 발생한다. 하나는 차입금에 대한 이자비용, 다른 하나는 유형자산에서 나오는 감가상각비다. 이 두 비용은 매출액 증감과 관계없이 발생하는 대표적인 고정비다.

그래서 경창산업은 매출액이 성장하지 않으면 이익이 급감할 수 있다. 고정으로 나가는 비용이 많다보니, 매출이 정체되면 바로 비용 부담이 생긴다. 경창산업의 매출은 차입금 조달과 유형자산 투자가 있던 2008년 12월~2011년 12월 1,423억 원에서 3,407억 원으로 139% 급증했다. 당시 급증한 매출이 과감한 투자를 할 수 있던 배경이다. 이후 2011년 12월부터 2013년 12월까진 앞서 진행한 투자가 매출 추가성장으로 이어져 영업이익률 상승과 차입금 상환에 따른 이자비용 감소의 선순환이 나타났다.

그런데 2013년 12월 4,991억 원을 기록한 이후 매출은 최근까지 줄곧 정체 상태다. 2017년 9월 매출은 5,085억 원으로 4년 전과 거의 같다. 같은 기간 영업이익은 245억 원에서 56억 원으로 77% 급감했다.

최근 4년의 상황은 대규모 투자를 진행했을 시기에 경영진이 기대했던 미래와는 차이가 있을 것이다. 이처럼 재무레버리지로 ROE를 높인 기업은 영업상황이 악화되면 빠른 속도로 ROE가 떨어질 수 있다.

듀퐁분석 다음에 설명할 V차트는 운전자본 회전일수 차트다. 이 차트에선 기업의 운전자본인 매출채권, 재고자산, 매입채무에 대한 각각의 회전일수를 확인할 수 있다.

매출채권과 매입채무는 모두 '외상거래'의 흔적이다. 기업이 원재료를 사거나 제품을 판매한 금액을 바로 현금으로 결제하지 않고, 일단 외상으로 하기 때문에 나타나는 항목이다. 개인은 외상거래를 거의 하지 않지만, 기업 간 거래는 외상거래가 일반적이다. 매출채권과 매입채무 모두 시간이 지나 현금으로 결제되면 없어진다.

재고자산은 완성된 제품뿐만 아니라, 원재료부터 제품을 완성하기 전 중간 단계에 있는 모든 자산도 포함한다. 자동차 회사를 예로 들면, 완성된 자동차 뿐만 아니라 자동차를 만들기 위해 사온 철강재, 타이어와 만들다 만 자동차까지 모두 재고자산에 속한다. 재고자산은 판매됐을 때 소멸된다.

매출채권 회전일수는 제품을 판매한 후 현금을 받는 데 걸리는 기간이다. 예를 들어 매출채권 회전일수가 90일이면, 이 회사는 평균적으로 제품을 판매하고 90일 뒤에 판매대금을 현금으로 받는다는 의미다. 그전까진 현금 대신 '매출채권'을 갖고 있다가 90일 뒤에 이를 현금으로 바꾼다. 짧을수록 현금(외상값)을 빨리 받으니 좋다.(회계용어가 어렵다면, "외상판매 이후 얼마나 지나야 현금을 받는지?"로 이해해도 무방하다.)

매입채무 회전일수도 같은 맥락이다. 원재료를 매입한 다음, 현금을 지불할 때까지 걸리는 기간이다. 매입채무 회전일수가 60일이면, 이 회사는 평균적으로 원재료를 사온 뒤 60일 있다가 현금을 지급한다는 뜻이다. 그전까진 매입채무로 분류해 장부에 기록한다.

매입채무 회전일수는 길수록 좋다. 아직 지불하지 않은 현금을 은행에 예금해 이자를 받을 수 있다. 회사에서 당장 필요한 곳에 요긴하게 현금을 활용할 수도 있다.(역시 회계용어가 어렵다면, "외상값을 언제 갚는가?"로 이해해도 의미상 무리가 없다.)

마지막으로 재고자산 회전일수는 원재료에서 제품 판매까지 걸리는 기간이다. 재고자산 회전일수가 30일이면, 역시 평균적으로 처음 원재료를 사온 다음, 여러 공정을 거쳐 제품을 완성하고, 최종 판매될 때까지 30일 걸렸다는 얘기다. 물건이 빨리빨리 생산되고 바로바로 판매될수록 좋다. 그래서 재고자산 회전일수는 짧을수록 좋다.

〈그림 5-13〉은 국내 대표기업인 현대차의 운전자본 회전일수 차트다. 매출채권 회전일수는 약 30일, 매입채무 회전일수는 약 60일, 재고자산 회전일수는 24일 정도다. 숫자를 풀면, 현대차는 자동차를 판매하고 한 달 정도 후에 현금을 받는다. 자동차 원재료를 사와서 판매할 때까지 걸리는 기간은 24일로 3~4주 정도다. 원재료로 사온 자동차 부품이나 철강 등 재료값은 60일 뒤에 현금으로 지불한다. 그 전까진 외상이다.

운전자본 회전일수 차트를 볼 때는 먼저 절대 수치를 봐야 한다. 특히 매출채권 회전일수는 90일 미만, 재고자산 회전일수는 30일 미만이면 우량하다. 매출채권 회전일수가 180일, 재고자산 회전일수가 90일이 넘으면 부실기업인지 따져보아야 한다.

현대차의 경우, 매출채권 회전일수와 재고자산 회전일수 모두 우량기업의 기준

그림 5-13

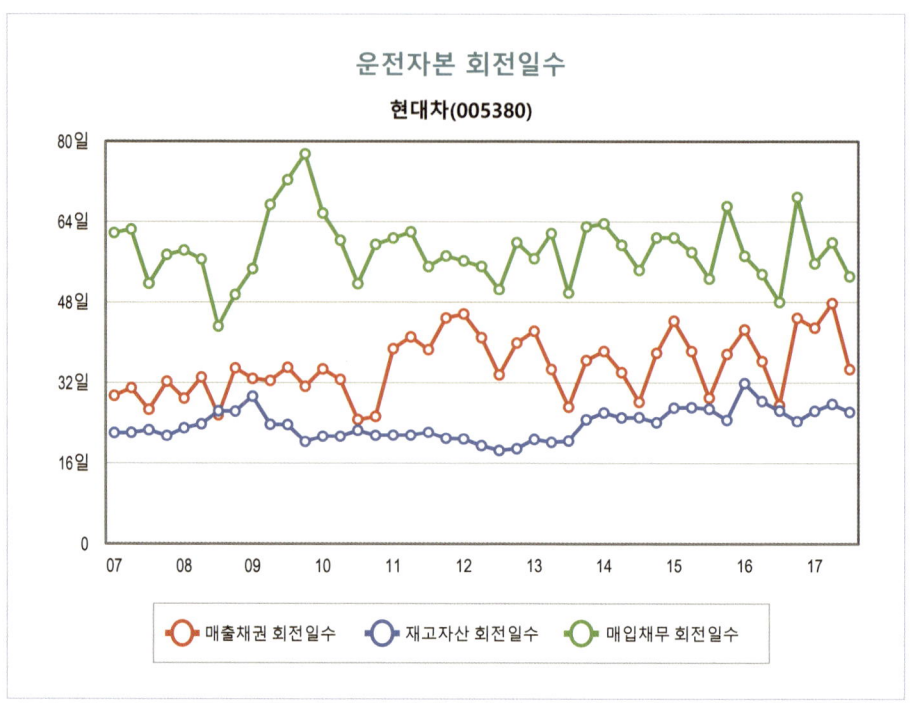

을 충족했다.

단, 매출채권과 재고자산 회전일수는 해당 기업이 속한 업계 상황이나 재고의 종류에 따라 달라질 수 있다. 그래서 절대 수치가 우량하지 않더라도, 해당 기업의 과거와 비교해 회전일수가 유지되거나, 줄고 있다면 문제가 없다고 볼 수 있다. 예를 들어 매출채권 회전일수가 180일로 양호하지 않더라도 최근 수년 간 유지됐다면 현금회수에 문제가 없다고 봐도 된다. 즉, 원래 물건을 판매하고 현금을 좀 늦게 받는 기업으로 해석한다.

이제 살펴볼 현금회전일수는 앞의 3개 값을 하나로 종합해 만든 지표다(〈그림

5-14)). 기업 입장에서 원재료를 사와서 현금으로 바꾸려면, 물건을 만들고 팔릴 때까지(재고자산 회전일수), 그리고 판매 후 현금을 받을 때까지(매출채권 회전일수) 기다려야한다. 반면 물건을 만들기 전에 사오는 원재료 대금은 매입채무 회전일수만큼 늦게 줄 수 있으니, 이 기간엔 현금이 없어도 원재료를 조달할 수 있다.

이 설명을 종합해 현금회전일수는 다음과 같이 계산한다.

현금회전일수 = 매출채권 회전일수 + 재고자산 회전일수 − 매입채무 회전일수

그런데 현금회전일수는 절대적 수치보다 추세가 중요하다. 현금회전일수가 낮아질수록 영업활동을 위해 필요한 현금 소요량이 적어진다는 뜻이며, 현금회전일수가 계속 높아질 경우 현금이 부족해 차입금 등을 통한 외부조달이 필요하게 된다.

현대차의 현금회전일수는 대체로 안정적으로 관리되며, 특히 0일 미만일 때도 많다. 현금회전일수가 마이너스(−)란 의미는 매입채무 회전일수가 매출채권, 재고자산 회전일수를 더한 값보다 크다는 얘기다. 이는 보유현금이 없어도 영업활동이 가능할 정도임을 뜻한다. 즉, 우선 원재료를 외상으로 사오고, 제품을 만들고 판매해서 현금으로 받은 다음에 원재료 값을 현금 결제하면 이론적으로 보유현금이 없어도 된다.

현금회전일수는 물건을 빨리 만들어 빨리 팔고, 받을 돈은 빨리 받고, 줄 돈은 천천히 주는 기업일수록 짧다. 따라서 이 지표는 영업을 잘하고, 거래 상대에 대해 우월한 지위의 협상력이 있는 기업임을 간접적으로 보여준다고 할 수 있다.

그림 5-14

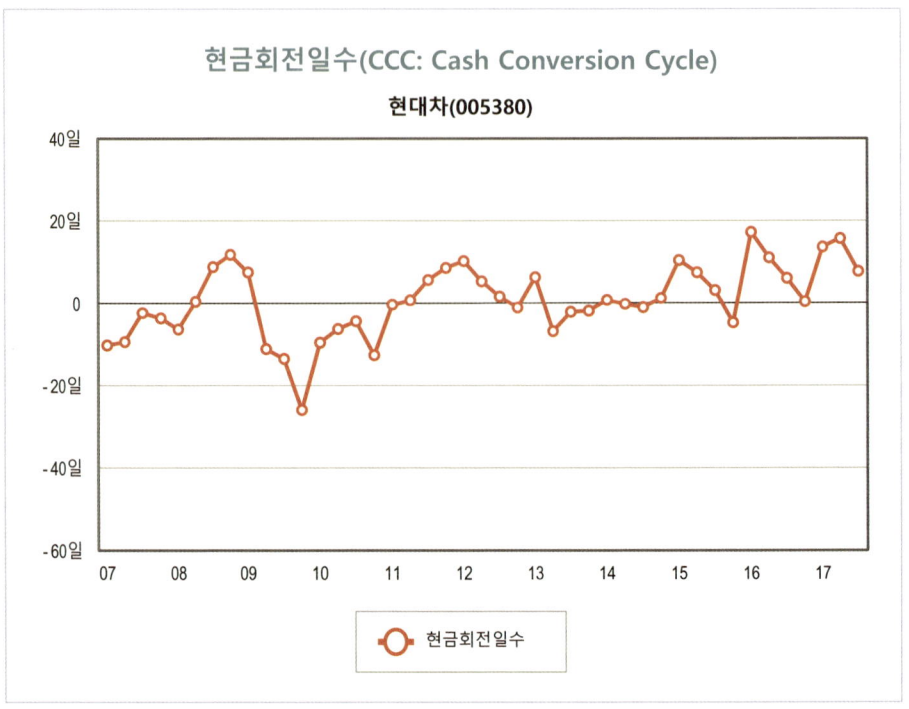

이 차트도 챙겨 보세요!

이번 질문에 해당하는 V차트로 ROA & ROIC & ROE 차트도 있다. 차트 제목에 있는 3가지 재무비율 추이를 나타낸 차트다.

셋 다 '이익률'의 일종으로, 높거나 점차 상승할수록 좋다. ROA는 총자산 대비 순이익 비율을, ROE는 자기자본 대비 순이익 비율이다. 부채를 많이 쓰는 회사일수록 ROA와 ROE 차이가 크고, 부채가 적은 우량기업은 둘 사이 차이도 크지 않다.

투하자본이익률을 뜻하는 ROIC는 다소 생소한 개념이다. 세후 영업이익을 영업투하자본으로 나눠 구한다. 영업투하자본은 자산에서 금융자산 등을 제외하고 순전히 영업활동에 투자된 자본을 뜻한다. 세후 영업이익 역시 금융손익 등 영업외손익을 제외한 영업활동의 이익이다. 그래서 ROIC는 기업의 순수한 영업활동 수익성을 나타내는 지표다. 현금이 많은 기업일수록 ROE에 비해 ROIC가 높다.

6장

현금 창출 능력은 좋은가

▶ 이 장의 주요 V차트 관련 용어

영업활동 현금흐름, 투자활동 현금흐름, 재무활동 현금흐름, 잉여현금흐름

▶ 이 장의 주요 V차트

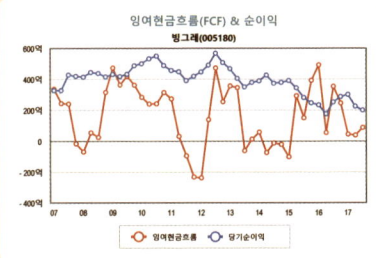

1. 현금흐름 차트의 체크 포인트

이번 장은 기업의 현금흐름과 관련된 V차트들을 살핀다. 재무제표의 현금흐름표 항목 위주로 구성된 V차트다.

현금흐름표는 기업의 현금 출입을 중심으로 기록한 재무제표다. 어린이가 쓰는 용돈기입장이 대표적인 현금흐름표 방식이다. 용돈기입장에는 용돈이 들어온 것과 나간 것, 두 가지 기준으로만 구분하듯, 현금흐름표 또한 현금의 입출금으로 내역을 채운다.

그래서 현금흐름표에서 중요한 건 부호다. 플러스(+)는 입금, 마이너스(-)는 출금을 의미한다. 현금흐름표는 기업활동을 영업활동, 투자활동, 재무활동 등 3가지로 나누는데, 가장 먼저 체크할 사안이 3가지 활동의 부호다.

우선 영업활동 현금흐름은 반드시 플러스(+)를 기록해야 한다. 기업이 영업을 했는데도 현금이 마이너스(-), 즉 보유 현금이 줄면 사업에서 손해를 봤거나 받을 돈을 제대로 못 받는다는 얘기다. 이런 상황이 지속되면 기업의 보유 현금이 바닥나고, 결국에는 기업 활동을 할 수 없는 단계에 이른다.

투자활동 현금흐름은 마이너스(-)가 정상적이다. 투자활동 현금흐름은 기업의 설비투자 또는 재테크를 위한 현금유출입이 기록된다. 사업을 확장하기 위해 공장을 짓거나 기계를 늘리는 등 지출을 하면 투자활동 현금흐름이 마이너스(-)다.

재무활동 현금흐름은 마이너스(-)가 좋은 기업이다. 배당금을 지급하거나, 자사주를 사거나, 차입금을 갚으면 모두 재무활동 현금흐름에 마이너스(-)로 기록된다. 반대로 유상증자를 하거나 차입금을 늘리면 플러스(+)가 된다. 따라서 일반적으로 투자자에게 좋은 기업은 재무활동 현금흐름이 마이너스(-)인 경우다.

그런데 기업의 단계에 따라 현금흐름도 차이가 있다. 처음 사업을 시작하는 스타트업(초기기업)은 영업활동 현금흐름이 마이너스(-)일 때도 있다. 이제 막 시장에 진입했기 때문에 아직 사업이 정착되지 않을 수 있다. 사업 확장을 위해 투자가 필요하므로, 보통 이런 기업은 재무활동 현금흐름만 플러스(+)다.

다만 시간이 지나도 영업활동 현금흐름이 마이너스(-)가 계속되면 위험신호다. 처음 사업을 시작한 회사가 아니라면, 영업활동 현금흐름은 반드시 플러스(+)를 기록해야 한다.

사업을 시작하고, 영업활동 현금흐름이 플러스(+)로 돌아서도 여전히 재무활동 현금흐름이 플러스(+)일 수 있다. 성장을 위한 투자를 위해 영업에서 창출한 현금에 증자 또는 차입금을 보태는 경우다. 성장기업에서 종종 볼 수 있다.

성숙기에 접어들어 우량기업이 되면 '영업(+), 투자(-), 재무(-)'가 된다. 어느 정도 투자가 완료돼 투자활동 현금흐름의 마이너스(-) 금액이 줄어든다. 재무활동 현금흐름은 차입금을 상환하거나 배당을 늘리면서 마이너스(-) 값이 커진다.

마지막으로 쇠퇴기에 있는 기업은 영업활동과 투자활동, 재무활동 모두 규모가 줄어든다. 별다른 투자를 하지 않아 투자활동 현금흐름이 플러스(+)를 기록하기도 한다.

표 6-1 현금흐름표 부호로 판단하는 우량기업 vs. 위험기업

	영업활동	투자활동	재무활동
신생기업(진입기)	(−)	(−)	(+)
성장기업(성장기)	(+)	(−)	(+)
우량기업(성숙기)	(+)	(−)	(−)
쇠퇴기업(쇠퇴기)	(+)	(+)	(−)
위험기업 I	(−)	(+)	(+)
위험기업 II	(−)	(+)	(−)

TIP

이런 기업 조심! 영업활동 현금흐름 마이너스(−)

다른 건 몰라도 일반 제조업이라면 영업활동 현금흐름이 반드시 플러스(+)를 기록해야 한다. 2016년 영업활동 현금흐름이 마이너스(−)인 기업 수는 473개로, 전체 상장 제조업의 24.7%다. 특히 최근 몇 년이 계속 마이너스(−)라면 명백한 위험신호다. 2012~2016년까지 최근 5년 연속 영업활동 현금흐름 마이너스(−)를 기록한 기업 수는 52개로, 전체 상장주식의 2.7%다. 종목을 발굴하다 이런 기업을 만난다면, 투자를 여러 번 숙고하자.

그림 6-1

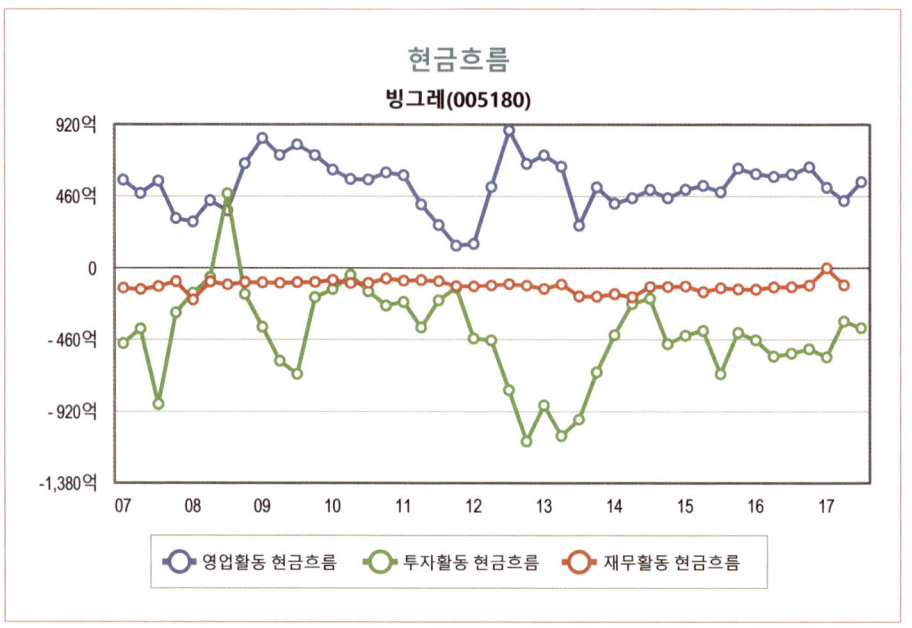

　사례로 살펴볼 빙그레는 현금흐름이 우량한 대표적인 기업이다. 〈그림 6-1〉 현금흐름표 차트를 보면 2008년 9월 1개 분기를 제외하곤 최근 10년 동안 '영업활동(+), 투자활동(-), 재무활동(-)'를 유지했다. 영업활동 현금흐름의 증감은 있어도 마이너스(-)로 내려간 적은 없다. 또한 재무활동 현금흐름이 투자활동이나 영업활동에 비해 절대 값이 적다. 앞서 〈표 6-1〉 분류에서 성숙기업에 해당한다.

　잉여현금흐름Free Cash Flow, FCF은 순이익에서 기업이 현재 생산능력을 유지, 증가시키기 위해 투자되는 유형자산 지출 등의 비용을 제외한 금액이다. 따라서 잉여현금흐름을 만드는 회사는 이를 배당이나 자사주 매입 등 주주가치를 높이기 위해 사용할 수 있다.(잉여현금흐름은 많은 재무항목을 통해 복잡하게 계산하지만 그 취지를 살려 다음과 같이 간단히 계산해도 큰 무리는 없다.)

잉여현금흐름 = 영업활동현금흐름 − 유형자산 순증가

빙그레는 주기적으로 순이익과 거의 비슷한 규모의 잉여현금흐름을 발생시켰다. 〈그림 6-2〉에서 보듯이 잉여현금흐름이 마이너스(−)를 기록한 기간은 드물다. 사업을 통해 많든 적든 현금을 계속 쌓아온 셈이다. 역으로 생각하면, 별다른 투자가 필요 없을 정도로 성숙한 산업에 속했음을 유추할 수 있다.

그림 6-2

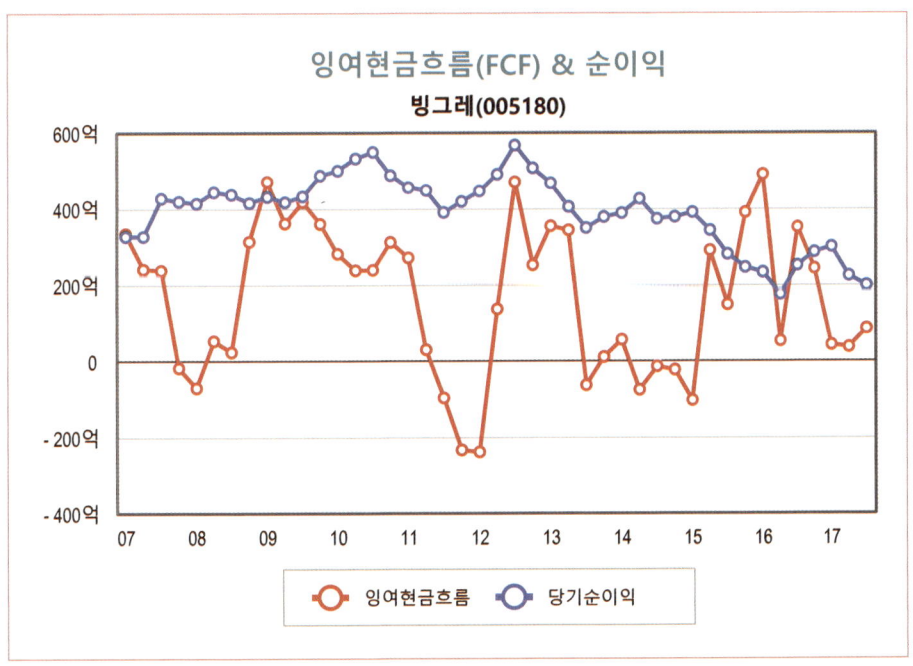

마지막으로, 〈그림 6-3〉 차트는 매출액 대비 잉여현금흐름 비율이다. 매출액에서 기업이 어느 정도의 잉여현금흐름을 만들어냈는지를 알 수 있다. 예를 들어 매출액이 100억 원인 회사의 잉여현금흐름이 10억 원이면, 이 비율은 10%(10억 원 ÷ 100억 원)다.

잉여현금흐름 비율과 직접 비교할 수 있는 지표는 순이익률이다. 둘 다 분모가 매출액으로 같다. 잉여현금흐름은 순이익에서 영업활동을 위해 지출한 돈을 뺀 나머지 금액이다. 그래서 잉여현금흐름 비율은 순이익률보다 더 보수적이고 실질적인 지표다. 이 비율이 만약 8%를 꾸준히 넘으면 잉여현금 창출 능력이 매우 뛰어나다고 판단한다.

그림 6-3

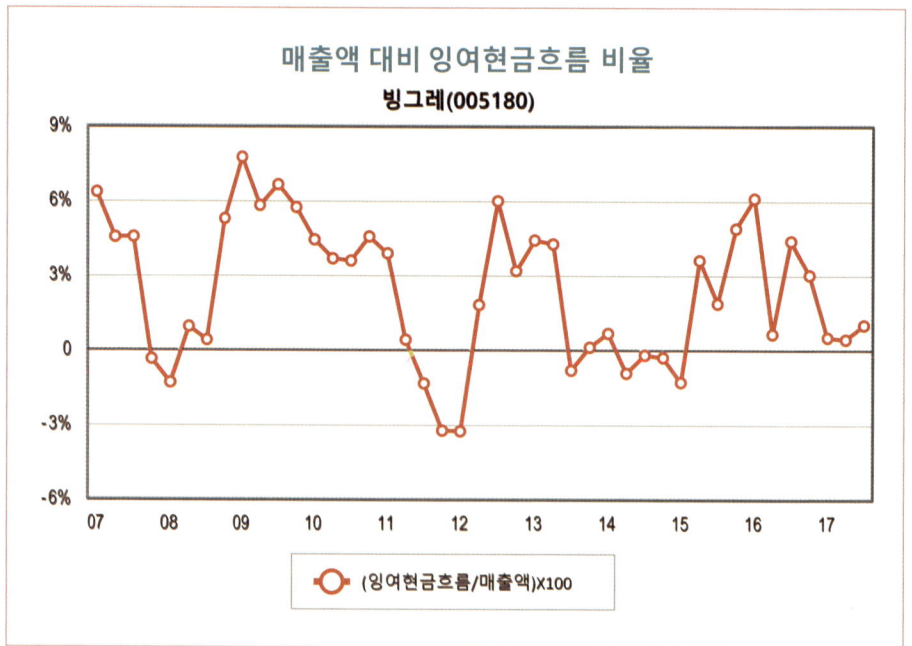

빙그레는 최근 10년 간 매출액 대비 −3~8%의 잉여현금흐름을 만들어냈다. 대규모 투자가 필요 없는 성숙산업에서 경쟁력을 갖춘 회사라고 할 수 있지만, 순이익률이 최근 10년간 2~8%로 높지 않다. 빙그레의 잉여현금흐름이 8%를 꾸준히 넘지 못하는 원인이다.

2017년 9월 누적 기준 상장사 1955개 가운데 매출액 대비 잉여현금흐름 비율이 8%를 넘는 기업은 302개다. 2012~2016년까지 5년 평균 8%를 넘은 기업은 140개, 5년 연속 8%를 넘은 기업은 10여 개에 불과했다.

매년 매출액에서 8% 이상의 잉여현금흐름을 만들어내려면 이익률이 높은 사업을 해야 하고, 대규모 증설도 없어야한다. 말하자면 수익성 좋은 산업에서 확고한 지위를 가진 기업들이 이를 해낼 수 있다.

> **TIP**
>
> **5년 연속 매출액 대비 잉여현금흐름 8%를 넘은 기업 − 10개**
>
> 강원랜드, 오디텍, 케이아이엔엑스, SDN, 현대에이치씨엔, 한국쉘석유, KG ETS, 하이록코리아, KT&G, 디에이치피코리아

이제 같은 차트를 다른 기업의 사례를 통해 확인하자. F기업의 현금흐름표는 빙그레와는 다르다. 우선 영업활동 현금흐름이 플러스(+)를 기록한 적이 거의 없다. 연간으로 보면 최근 10년 간 매년 마이너스(−)다(〈그림 6−4〉).

여기에 이렇다할 투자도 없다. 투자활동 현금흐름이 거의 0 내외를 기록하다가

그림 6-4

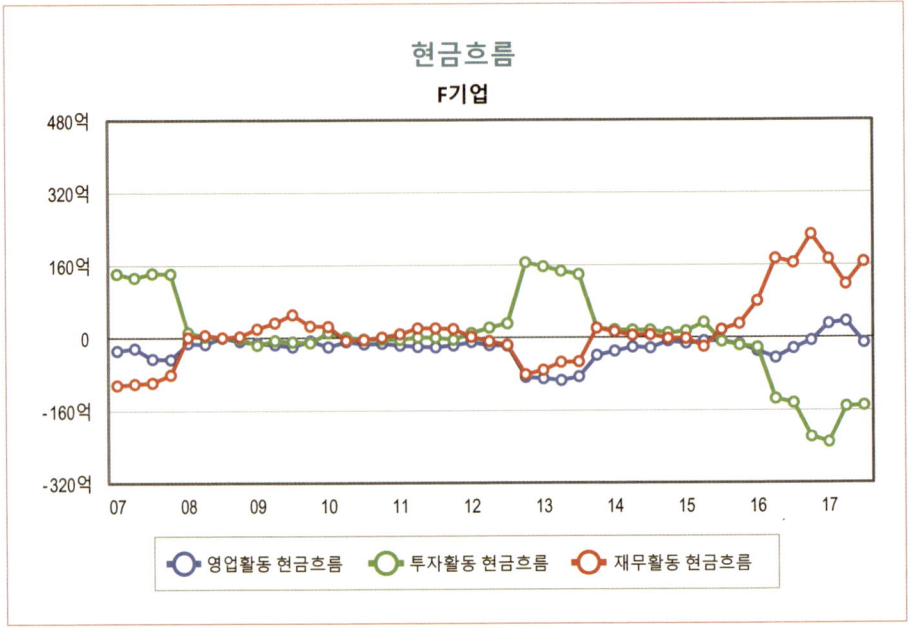

2007년과 2012년 큰 폭의 플러스(+)를 기록했다. 토지나 건물 등 유형자산, 예금 등 금융자산을 처분하면 투자활동 현금흐름에 플러스(+)로 나타난다. 이때 들어온 현금으로 영업활동 현금흐름 마이너스(-)를 메우고, 일부 차입금 상환에도 사용한다.

그런 점에서 이 회사가 보여준 최근 큰 폭의 투자활동 현금흐름 지출은 의미가 있다. 투자활동 현금흐름은 2017년 3월 기준 231억 원의 마이너스(-)가 기록된다. 영업활동 현금흐름이 여전히 마이너스(-)인 상태라, 투자를 위한 현금은 재무활동을 통해 조달했다. 이 투자가 성공한다면 F기업의 영업활동 현금흐름은 플러스(+)로 전환할 것이다. 반면 이번 투자가 실패한다면 영업활동 현금흐름은 여전히

그림 6-5

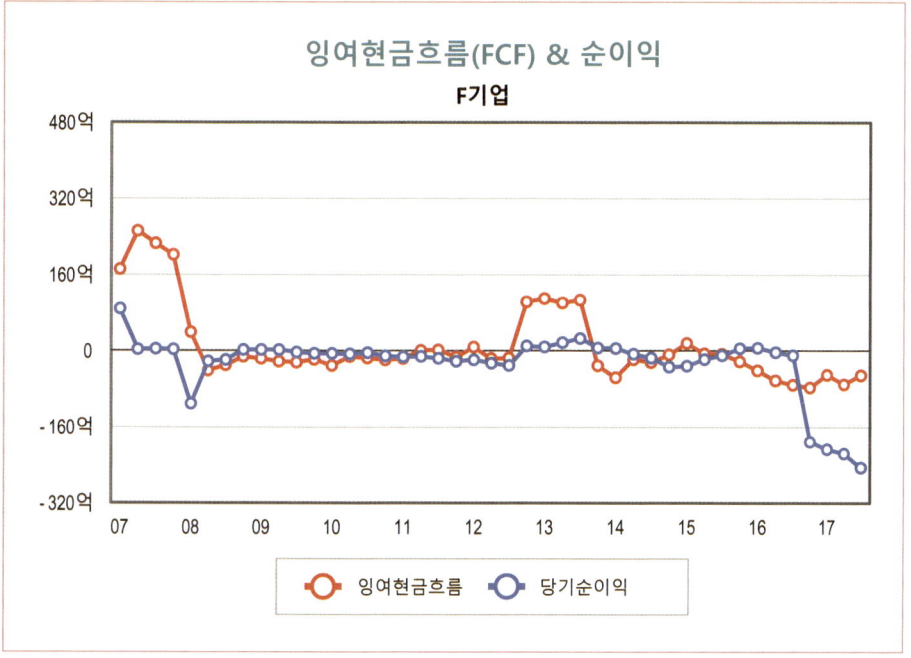

마이너스(-)가 계속되고 재무활동으로 조달한 자금에 대한 상환 부담이 커진다.

영업활동 현금흐름이 마이너스(-)기 때문에 〈그림 6-5〉에서 보듯이 잉여현금흐름도 대부분 마이너스(-)다. 또한 회사가 순이익 흑자를 낸 적도 거의 없다는 사실을 알 수 있다. 2007년과 2012년 잉여현금흐름이 플러스(+)를 기록한 건 앞서 살펴본 대로 갖고 있던 자산을 처분했기 때문이다.

〈그림 6-6〉에서 보듯이 매출액 대비 잉여현금흐름 비율은 거의 줄곧 마이너스(-)며 최근 -30%까지 기록했다. 최근 10년 내 없던 투자를 집행하면서 잉여현금흐름 마이너스(-) 폭이 더 커졌음을 확인할 수 있다.

다시 강조하자면 기업의 현금흐름은 부호가 중요하다. 3가지 주요 활동의 부호

그림 6-6

가 어떻느냐에 따라 우량기업과 부실기업이 결정된다. '영업활동(+), 투자활동(-), 재무활동(-)'인 회사가 잉여현금흐름까지 잘 창출하고 있다면 현금 측면에선 별로 걱정하지 않아도 된다.

반면 영업활동 현금흐름이 계속 마이너스(-)인 기업은 늘 현금 압박을 받는다. 아무리 장밋빛 전망이 있더라도 이런 기업에 대한 투자는 신중해야 하고 면밀한 조사가 선행되어야 한다.

❶ 영업활동 현금흐름이 지속적으로 마이너스인 기업은 투자 대상에서 제외하라.

❷ 잉여현금흐름이 발생하면 매력적이다. 매출액 대비 잉여현금흐름이 8%가 넘으면 현금 창출력이 뛰어난 회사다.

❸ 업력이 오래된 기업의 영업활동 현금흐름이 마이너스로 전환하면서 매분기 큰 폭의 마이너스를 기록하면 현금흐름에 적신호가 켜졌다는 뜻이다. 주의하자!!

2. 부채비율 검증하는 현금흐름표 점검

　기업은 언제 어떻게 망할까. 사업이 어려워 적자를 냈다고 모든 기업이 망하지 않는다. 아무리 적자를 크게 냈다 해도 마찬가지다.

　기업이 망하는 건 현금이 없을 때다. 정확히는 만기가 돌아온 차입금을 갚지 못하면 부도가 난다. 따라서 기업에 현금이 있으면, 사업이 어려워져도 쉽게 망하진 않는다.

　그럼 사업에서 적자를 내는 기업이 현금이 충분한 건 어느 경우일까. 답은 '증자'다. 증자는 주식을 추가로 발행하여 주주로부터 자본금을 조달받는 것이다. 더군다나 차입금 등 타인자본이 아니라서 이자를 지불할 필요가 없다. 이처럼 아무리 사업이 어려워도, 돈을 계속 대주는 주주가 있다면 회사는 유지된다.

그림 6-7

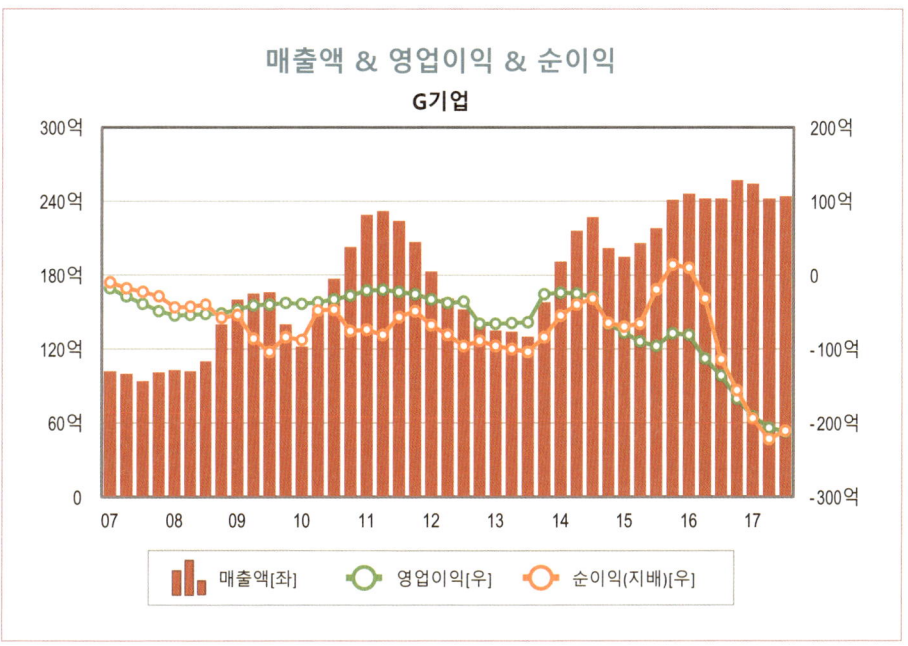

　〈그림 6-7〉의 G기업은 매출이 들쑥날쑥하다. 그리고 최근 10년 동안 영업이익과 순이익 모두 적자를 면치 못했다. 사업으로 돈을 벌지 못하는 회사라고 할 수 있다.

　따라서 회사의 지출은 계속 되는데, 사업으로 돈을 벌지 못해서 들어오는 돈이 없으니 회사의 보유 자금은 바닥나고 재무 상태가 좋지 않을 것이라고 추정할 수 있을 것이다. 말하자면 유동성도 떨어지고, 부채도 많을 것이라는 추정이 가능하다.

　10년 동안 사업을 통해 이익을 내지 못했으니 회사의 금고가 거의 비었을 것은 어찌보면 너무나 당연하다.

그림 6-8

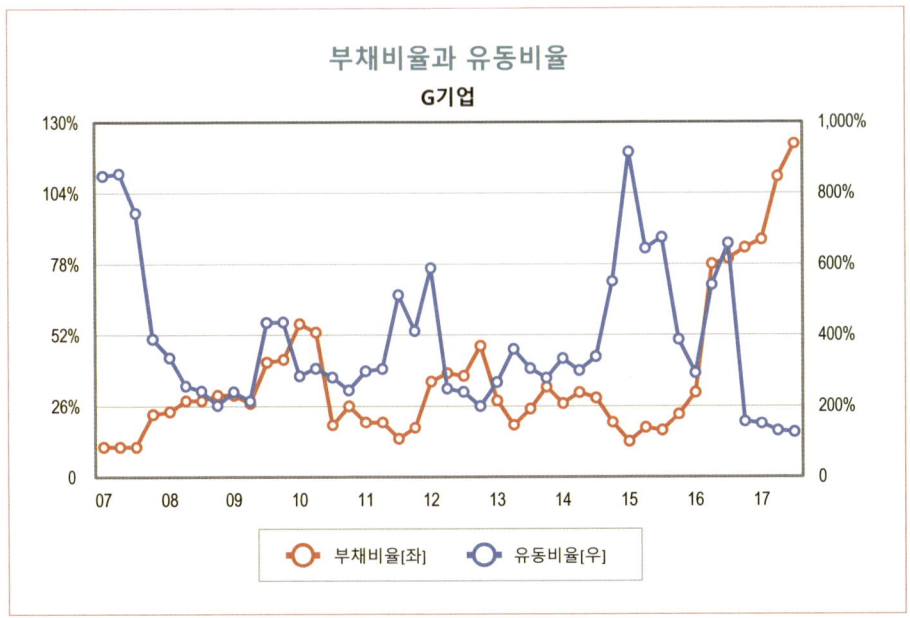

그런데 〈그림 6-8〉의 부채비율과 유동비율 차트를 보면, 부채비율이 22.9%에 불과하다. 유동비율은 무려 387%다. 이 차트만 보면 재무적으로 매우 안전한 회사다. 사업에선 10년 동안 이익을 낸 적이 없는데, 어떻게 이런 일이 가능했을까.

답은 주주자본 구조 차트에 있다. 〈그림 6-9〉에서 보듯이 이 회사의 자본총계는 거의 대부분이 주주에게 받은 돈이다. 사업을 통해 발생한 순이익이 쌓이는 이익잉여금은 계속 마이너스(-)다. 특히 이 회사의 자본총계 추이를 보면, 계속 줄다가 증자가 일어날 때만 늘고, 다시 서서히 감소하는 모습을 반복한다. 사업 성과로 보여준 게 없는데, 계속 증자에 성공하는 것도 특징이다. 회사 주주들이 여전히 회사의 미래에 기대를 걸고 있는 것으로 보인다.

그림 6-9

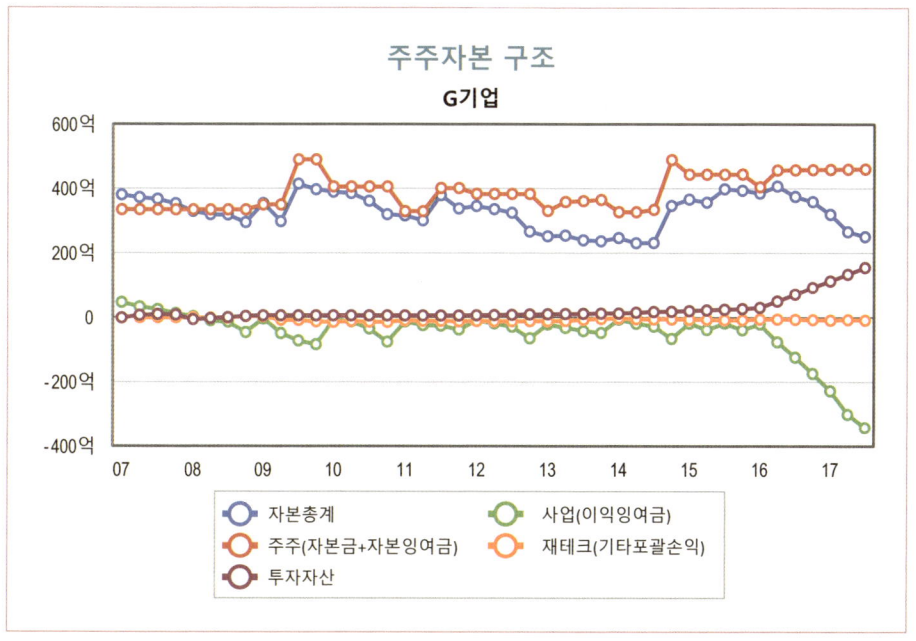

그럼 이런 기업의 안전성은 어떻게 판단해야 할까. 〈그림 6-10〉 현금흐름표 차트를 보면 답은 분명하다. 지속적인 영업활동 현금흐름 마이너스(-), 주기적인 재무활동 현금흐름 플러스(+), 그리고 역시 플러스(+)와 마이너스(-)를 반복하는 투자활동 현금흐름까지 3가지 부호가 모두 이 기업이 부실하다는 걸 나타낸다. 부채비율 수치만 보고 안전한 기업이라 판단해선 안 된다는 얘기다. 그럼에도 이 회사 주주가 되고 싶다면, 다시 발생할 가능성이 큰 유상증자까지 염두에 둬야한다.

그림 6-10

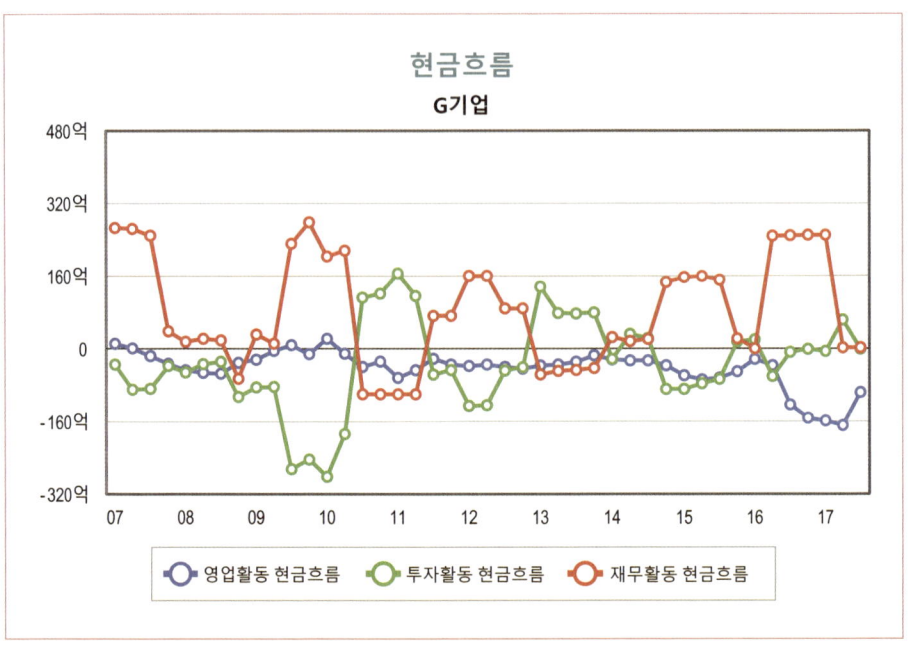

■ 이 차트도 챙겨 보세요!

주당현금흐름(CPS) 차트도 이번 질문에서 볼 수 있다. 주당현금흐름은 영업활동 현금흐름 ÷ 발행주식수로 계산합니다. 주당순이익, 주당순자산처럼 한 주당 발생하는 영업활동 현금흐름을 나타낸다.

주식 수 변동이 없다면 주당현금흐름은 영업활동 현금흐름과 등락이 같다. 장기적으로 우상향 할수록 좋은 기업이다.

7장

주식이 싸게 거래되고 있는가

▶ 이 장의 주요 V차트 관련 용어

주가수익배수(PER), 주당순이익, 주당순자산

▶ 이 장의 주요 V차트

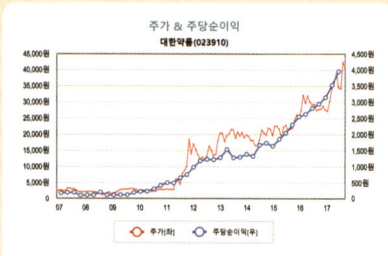

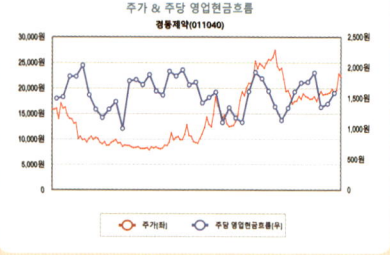

1. 밸류에이션 차트의 체크 포인트

이제 마지막 질문에 관한 V차트들을 살펴본다. 앞선 5가지 질문은 이 회사가 얼마나 우량한지, 또는 부실한지를 V차트를 통해 살폈다. 이런 과정을 거쳐서 우량하고, 좋은 회사로 판단된 기업은 최종적으로 '싸게 거래되는지'를 판단해 실제 투자할 수 있을 것이다.

물론 5가지 질문에서 '투자 부적격'으로 판명 났다면, 굳이 마지막 판단을 내릴 필요가 없다. 주식의 가치평가는 평가할 가치가 있는지 없는지를 구분하는 것부터 시작해야 한다. 가치가 없는 기업을 정교하게 평가해도 성공적인 투자가 되기 어렵기 때문이다. 재료가 상했다면 아무리 요리를 잘해도 먹을 수 없기 때문에 요리를 할 이유가 없는 것이나 마찬가지다.

V차트는 가치평가 지표와 관련해서는 PER과 PBR, 그리고 PCR의 과거 추이와 구성 항목을 보여준다. 이 책에선 PCR은 제외하고 실전에서 가장 많이 활용하는 PER과 PBR에 관련된 차트를 설명한다.

기업의 적절한 PER과 PBR을 판단할 때 가장 중요한 기준은 '성장'이다. 순이익으로 계산하는 PER은 순이익의 성장률이, 순자산(자본총계)으로 계산하는 PBR은 순자산의 성장률이 중요하다. 즉, 성장률에 따라 기업의 적정 PER, PBR도 다르다.

장기적으로 순이익 성장률과 순자산 성장률은 둘 다 유지가능한 ROE로 대체할 수 있다. 즉, 어떤 기업이 특정 수준의 ROE를 유지할 수 있다면, 이 ROE를 해당 기업의 순이익, 순자산 성장률로 판단해도 가치평가에 큰 무리가 없다는 얘기다.

예를 들어 어떤 기업의 순이익이 20억 원, 순자산이 100억 원이라 하자. 그럼 첫 해 ROE는 20%다.

ROE 20% = 20 ÷ 100 (첫 해)

배당이 없다고 가정하면, 다음 해 자본총계는 원래 100억 원에서 순이익 20억 원이 더해진 120억 원이 된다. 이 기업이 ROE 20%를 계속 유지하려면, 순이익은 24억 원이 돼야 한다.

ROE 20% = 20 ÷ 100 (첫 해) = 24 ÷ 120 (두 번째 해)

그 다음해는 어떨까? 자본총계는 120억 원에 24억 원을 더한 144억 원이다. ROE 20% 유지를 위해선 이제 144억 원의 20%인 28.8억 원의 순이익을 내야한다.

ROE 20% = 20 ÷ 100 (첫 해) = 24 ÷ 120 (두 번째 해) = 28.8 ÷ 144 (세 번째 해)

즉 이 회사가 ROE 20%를 계속 유지했을 때, 순이익은 '20 → 24 → 28.8'로 늘고, 자본총계는 '100 → 120 → 144'로 증가한다. 둘 다 연간 성장률이 20%, ROE와 같다.

그래서 ROE를 유지만 해도 기업의 순이익과 자본총계는 증가한다. 높은 수준의 ROE를 계속 유지하기 힘든 것도 이런 이유다. ROE를 유지하려면 늘어나는 자본총계에 맞춰 순이익을 계속 성장시켜야하기 때문이다.(이 회사가 매년 배당을 한다면, 자본총계 성장률은 ROE보다 낮다. 왜냐하면 지급한 배당만큼 자본이 감소하기 때문이다. 자본총계가 줄면 ROE 유지를 위해 필요한 순이익도 줄어든다. 극단적으로 모든 이익을 배당하는 회사라면 매년 순이익을 유지만 해도 ROE가 유지될 것이다. 따라서 이익을 현재 수준의 이익률로 재투자할 곳이 마땅치 않다면, 적절히 배당하는 게 ROE 유지를 위해 바람직하다.)

기업의 유지 가능한 ROE가 곧 그 기업의 성장유형을 결정한다. 저성장 기업은 유지 가능한 ROE가 낮고, 고성장 기업은 반대다. 이를 PER, PBR 수치와 연관시키면 다음의 표와 같다.

표 7-1

	저성장 기업	중간성장 기업	고성장 기업
PER 범위	3 < PER < 8	5 < PER < 10	8 < PER < 15
PBR 범위	0.3 < PBR < 1	0.7 < PBR < 1.2	1 < PBR < 3

이 표를 토대로 투자판단을 할 수 있다. 예를 들어 저성장 기업이면, PER 3배에 사서 8배에 팔면 가장 좋다. 반대로 PER이 8배의 회사라도 고성장 기업이면 팔 때

가 아니라 적극 매수할 때다. 나머지 범위도 이와 같이 해석하면 된다.

그럼 어느 정도 ROE가 저성장, 중간성장, 고성장을 구분할까. 이에 대해 정확한 기준은 없다. 대략 ROE가 0~8%면 저성장, 8~15%면 중간성장, 15~25%면 고성장으로 분류하면 큰 무리가 없을 것이다.

그림 7-1

그럼 이제 PER 차트부터 살펴보자. 차트에 그려진 과거 PER은 매월 말 주가를 기준으로 계산해 표시한다(PBR과 PCR도 같은 방식이다). PER 계산에 필요한 순이익은 당시 시점 연환산 기준이다. 예를 들어 2017년 1분기 연환산 순이익으로 2017년 1~3월까지의 PER을 구해 차트에 표시하는 식이다.

PER 차트를 볼 때 중요한 건 상단과 하단을 확인하는 일이다. 순이익이 꾸준히 증가추세를 보인 기업이라면 PER 차트만 보면서도 충분히 투자판단이 가능하다.

〈그림 7-1〉은 현대모비스의 PER 차트다. 현대모비스는 현대차와 기아차에 자동차 부품을 공급하는 대형 부품사다.

최근 10년 내 현대모비스의 PER은 대략 6~12배 사이를 기록했다. 따라서 PER 차트만 보면 6배에 사서 12배에 근접하면 파는 게 최고의 투자전략이다.

〈그림 7-2〉 차트는 현대모비스의 주당순이익과 주가를 함께 보여준다. PER은 주가를 주당순이익으로 나눠 계산한다. 그래서 이 차트를 통해 PER 등락의 원인을 알 수 있다.

현대모비스 PER이 6배였던 2009년 3월부터 12배를 넘은 2011년 5월을 보자. 이 기간 현대모비스의 주당순이익은 1만 3,360원에서 3만 555원까지 128% 늘었다. 주가는 7만 9,600원에서 37만 8,500원으로 375% 급등했다. PER 6배에 사서 12배에 팔았다면 이익 증가와 함께 높은 주식투자 수익률을 올릴 수 있었다.

PER이 두 번째로 6배에 근접한 2015년 6월은 어떨까. 당시 PER은 6.5배, 주가는 21만 2,000원을 기록했나. 그런데 PER이 11배까지 올리간 2017년 11월, 주가는 27만 3,500원으로 29% 상승이다. 앞선 경우와 비교해 주가 상승률이 현저히 낮다.

PER 변화 폭은 비슷한데, 왜 주가 상승률이 크게 차이날까. 답은 주당순이익에 있다. 2015년 6월 주당순이익은 3만 2,601원, 2017년 11월 주당순이익은 2만 4,847원으로 24% 줄었다. 다시 말해 PER이 6.5배에서 11배로 상승한 원인은 주가 상승보다는 주당순이익 감소에 있었다.

그림 7-2

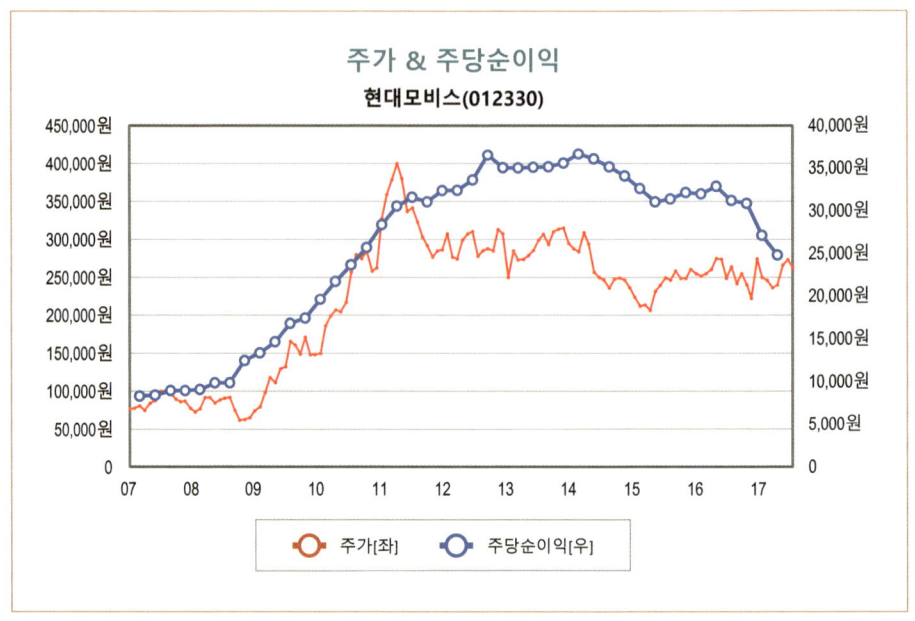

이처럼 과거 PER의 최저, 최고점을 토대로 매매판단을 할 때는 ROE가 최소한 유지되고 있는지를 꼭 살펴야한다. 현대모비스의 경우, ROE가 2010년 12월 24.6%로 정점을 찍고 계속 하락해 2017년 9월은 8.1%가 됐다. 고성장 기업에서 중간성장을 거쳐 더 부진하면 저성장 기업이 될 수도 있다. 따라서 회사의 적절한 PER 범위 또한 바뀌게 된다.(PBR 차트는 4번째 질문 "얼마나 빨리 돈을 벌고 있는가?"에 있는 ROE & PBR 차트를 대신 보는 게 좋다. 단순히 PBR이 높을 때 비싸고, 낮을 때 싼 게 아니라, ROE와 PBR을 비교해 싸다/비싸다를 판단해야 하기 때문이다.)

그림 7-3 주가와 주당순자산 스타일에 따른 투자전략

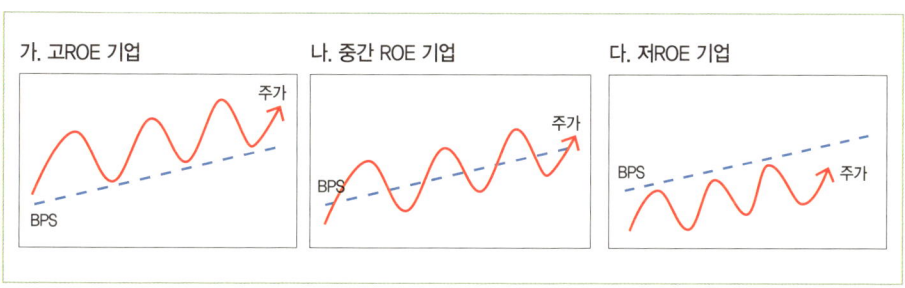

마지막으로 주가와 주당순자산 차트를 보자. 장기적으로 주가는 주당순자산(BPS)을 따라 움직인다. 그래서 이 차트는 향후 주가 방향을 설명할 수 있는 정보를 담고 있다. 또한 주가와 주당순자산의 위치를 비교해 해당 기업이 어느 유형인지도 파악할 수 있다.

주가와 주당순자산 스타일에 따라 투자전략도 달라야한다. 〈그림 7-3〉 그림은 각각의 스타일에 따른 주가와 주당순자산 관계를 보여준다. 먼저 고ROE 기업은 주가가 주당순자산 이하로 잘 내려오지 않는다. 그래서 보통 주가가 주당순자산보다 높으며, 만약 주가가 주당순자산에 근접하면 매수 타이밍이다.

중간 ROE 기업은 주가가 주당순자산을 중심으로 오르내린다. 이런 유형은 주가가 주당순자산 아래일 때 매수했다가, 주당순자산을 넘어서면 비중을 줄이는 전략이 좋다.

마지막으로 저ROE 기업은 주가가 좀처럼 주당순자산을 넘어서지 못한다. ROE가 낮아 늘 주당순자산 대비 할인을 받는 것이다. 이런 유형의 기업은 주가가 상승해 주당순자산 근처에 도달하면 매도하는 게 합리적이다.

주가와 주당순자산 차트 사례로 고지혈증 치료제 중심의 중소 제약사 신일제약

그림 7-4

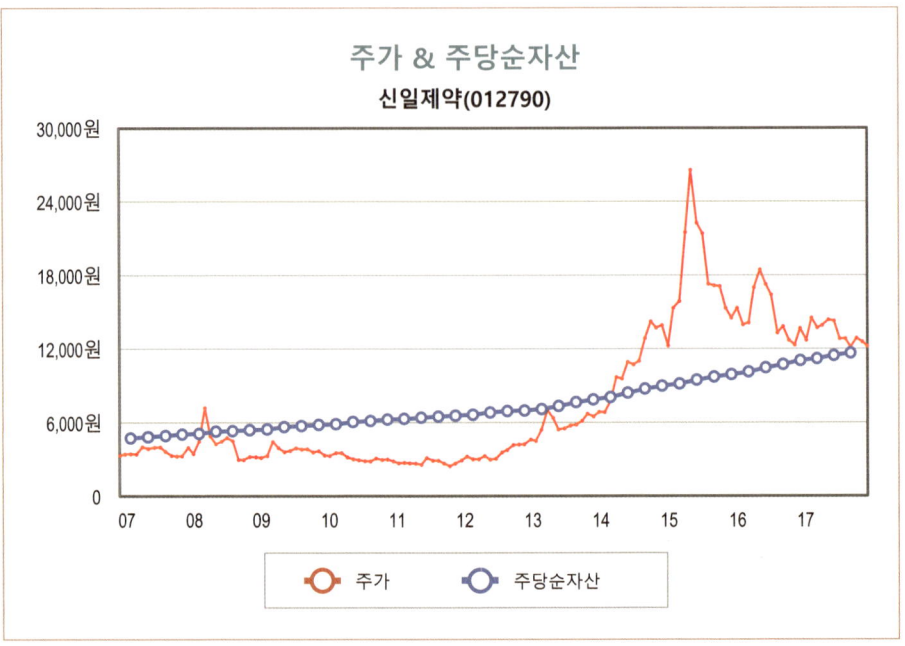

을 보자. 다른 제약사 제품의 생산만 대신해주는 위탁 생산 사업을 하고 있어 제약사 중에서도 영업이익률이 상위권이다. 위탁 생산은 판관비가 따로 발생하지 않아 수익성이 높다. 여기에 중국 관광객에게 인기가 높은 파스 '디펜 플라스타'도 신일제약 주요 제품 중 하나다.

신일제약의 주당순자산은 꾸준히 증가했다. 매분기 적자 없이 순이익을 냈다는 뜻이다. 주가는 주당순자산 아래에 꽤 오래 머물다가 2014년 이를 넘어서 한때 주당순자산의 2.8배까지 올랐다. 그 후엔 2017년까지 다시 하락해 주당순자산 아래로 내려왔다. 주당순자산을 중심으로 위,아래로 주가가 움직이는 중간 ROE 기업에 해당한다.

그림 7-5

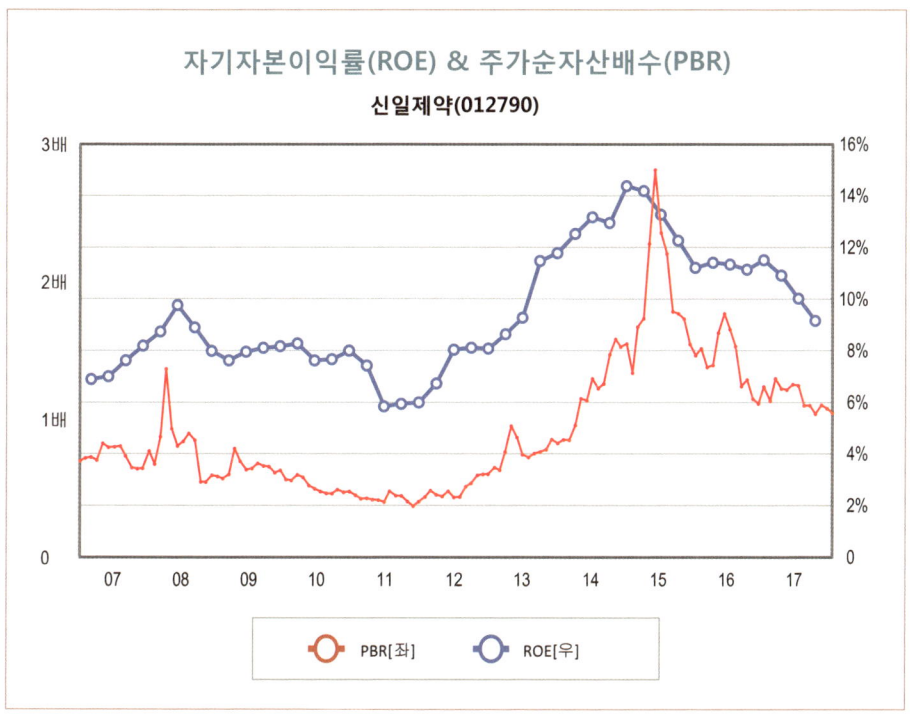

자기자본이익률(ROE) & 주가순자산배수(PBR)
신일제약(012790)

〈그림 7-4〉 차트를 자세히 보면, 주가가 급등했던 2013년 하반기부터 신일제약의 주당순자산 증가 기울기가 종전보다 높다. 주당순자산 증가속도, 즉 ROE가 과거보다 높아졌음을 알 수 있다.

〈그림 7-5〉의 V차트를 보면 신일제약의 ROE는 2012년 이전 6~10%를 기록했고, 그 이후는 8~14%로 종전보다 전반적인 수치가 올라갔다. 신일제약이 급등했던 시기는 ROE가 14%를 넘어 최근 10년 내 최고를 기록한 시점과 비슷하다. ROE 상승과 함께 급등했던 주가는 ROE 하락과 함께 다시 내려왔다.

신일제약이 앞으로도 중간성장에 해당하는 8~15% 사이 ROE를 유지할 때, 주당순자산 아래로 주가가 내려가면 저평가 구간에 진입한다.

거듭 강조하지만, PER, PBR 차트를 보면서 가치평가와 투자판단을 할 때 가장 중요한 건 ROE가 유지되는지 여부다. ROE가 유지되지 않는 기업은 적용되는 PER, PBR 범위도 달라지기 때문이다.

ROE 상승으로 기업이 저성장 유형에서 중간성장, 고성장 유형으로 변해갈 때 주가도 가장 빠르고 큰 폭으로 오른다. 해당 기업의 순이익과 순자산 성장을 반영한 주가상승에 시장의 달라진 평가가 더해지기 때문이다. V차트에서 ROE가 올라가는 기업이 여기 해당한다.

주식의 가치평가 방법은 여러 가지가 있지만, 우량기업이라면 PER, ROE와 PBR, 주가와 주당순자산 차트만 잘 활용해도 충분하다.

▎이 차트도 챙겨 보세요!

PCR 차트, 주가&주당현금흐름 차트도 이번 질문에 속한다. PCR은 PER 지표와 함께 볼 때 더욱 의미를 갖는다. 예를 들어 대규모 투자로 감가상각비가 급증한 경우, 영업활동 현금흐름에 비해 순이익은 적게 발생한다. 지표로는 PER에 비해 PCR이 낮은 상황이다. 일반적으로 PER 보다 PCR이 더 낮은 기업이 상대적으로 매력적인 기업일 가능성이 높다. 주가&주당현금흐름 차트에선 PCR 변동이 주가와 주당현금흐름 어느 항목의 영향인지 확인한다. 주가&주당순이익과 마찬가지로 주가는 하락하는 데 주당현금흐름이 점차 증가하면 매력적이다.

보너스

V차트를 활용한 투자전략 ② :
불변의 그레이엄 투자법 – 안전마진지수 차트

벤저민 그레이엄은 워런 버핏의 스승이자, 가치투자 창시자로 유명하다. 그레이엄은 기업의 순운전자본을 그 기업의 가치로 설정했다. 그리고 기업가치보다 낮은 시가총액에 주식을 매수해야 한다고 설명했는데, 이때 기업가치와 시가총액의 차이를 '안전마진'이라고 불렀다. 다시 말해 기업가치에 비해 시가총액이 낮을수록 안전마진이 많아 안전한 투자다. 반대로 시가총액이 상승해 기업가치에 가까워지거나 넘어서면 안전마진도 없어져 매도할 타이밍이다.

순운전자본은 유동자산에서 유동부채를 빼서 계산한다. 예를 들어 유동자산이 2,000억 원, 유동부채가 1,000억 원인 기업의 순운전자본은 1,000억 원이다.

순운전자본 = 유동자산 2,000억 원 – 유동부채 1,000억 원 = 1,000억 원

그레이엄에 따르면 시가총액이 순운전자본의 2/3 이하면 좋은 매수 기회다. 위 사례처럼 순운전자본이 1,000억 원인 기업의 시가총액이 2/3, 즉 666억 원 이하면 좋은 매수 기회다.

그럼 이렇게 산 기업을 언제 팔면 될까? 그레이엄의 조언은 '2년 내 50%'다. 시가총액이 순운전자본의 2/3 이하인 기업을 일괄 매수해 2년 내 50% 이상 오르면 매도한다(50% 상승시 시가총액은 순운전자본에 도달한다). 만약 2년이 지나도 50%에 도달하지 않으면, 수익률에 관계없이 매도하는 투자전략이다.

예) 순운전자본 1,000억 원인 기업의 투자전략

시가총액 666억 원 이하에 매수 → 2년 내 50% 상승(1,000억 원 도달)시 매도
(2년 내 도달하지 않으면, 수익률에 관계없이 매도)

　순운전자본은 1년 내 들어올 현금(유동자산)에서 1년 내 갚아야할 현금(유동부채)을 뺀 값이다. 즉, 1년 후 기업에 남은 현금만 기업가치로 인정하는 투자법이 그레이엄 투자법이다. 기업의 사업가치나 미래 성장성이 아닌, 오로지 1년 후 남을 현금만 가치로 평가하는 매우 보수적인 투자법이다.
　그래서 이들 기업 중 재무적으로 안전한 기업을 고르면, 안전하면서 이익이 나는 기업을 염가에 살 수 있다. 또한 운전자본 회전일수도 반드시 체크해야 할 항목이다. 순운전자본 대부분은 '운전자본'으로 구성된다. 매출채권이 잘 회수되고, 재고자산이 잘 판매돼야 순운전자본도 가치가 있다. 만약 매출채권이 회수되지 않거나 재고자산이 폐기되면 순운전자본 만큼 현금이 남지 않을 것이기 때문이다. 그래서 운전자본 회전일수가 최소한 유지되는 기업일 때 그레이엄이 생각한 기업가치도 훼손되지 않는다.
　다음 그림은 동일산업의 안전마진지수 차트다. 봉강, 합금철 등 철강제품을 만드는 동일산업은 그레이엄 투자전략에 따른 투자법이 잘 맞는 회사다.
　빨간 선이 순운전자본이며, 파란 선은 순운전자본에 2/3를 곱한 값으로 '그레이엄 매수가격'으로 항목명이 붙었다. 그리고 녹색 선은 시가총액이다.

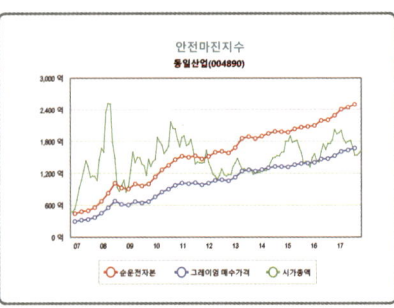

　동일산업은 2012년 이전만 해도 시가총액이 순운전자본 위에 형성됐다가, 이후는 순운전자본 이하로 거래되기 시작했다. 특히 2012년 이후 수차례 시가총액이 그레이엄 매수가격에 도달했을 때가 최저점이었다. 그리고 순운전자본에 가까워지면 최고점을 기록했다.

동일산업의 운전자본 회전일수는 대체로 유지되고 있다. 매출채권 회전일수가 50일~60일로 유지돼 우량 기업의 절대적 기준인 90일 미만도 만족한다. 재고자산 회전일수 또한 60일~90일 사이를 꾸준히 유지했다.

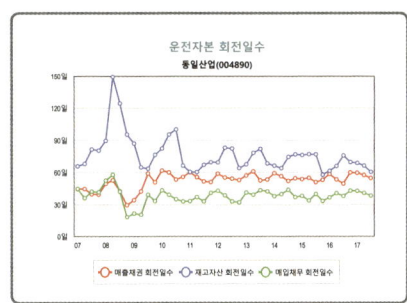

운전자본 회전일수가 유지되고 있어 동일산업의 순운전자본 증가도 실제 기업가치 증가로 판단해도 무리가 없다.

그레이엄이 순운전자본을 활용한 투자전략을 제시했던 시기는 재무제표 등 지금처럼 기업에 대해 자세한 정보를 얻기 힘들었다. 그레이엄이 사업가치 등 다른 걸 모두 배제하고 자산가치만을 기업가치 근거로 삼은 배경이다.

동일산업처럼 순운전자본 이하에 거래되는 기업을 '그레이엄 만족형'이라 부른다. 이런 유형은 자산은 많지만, 이익 성장은 거의 기대하기 힘든 기업이 대다수다. 따라서 순이익이 매년 증가하는 성장주를 선호한다면 다소 답답한 투자전략이 될 수 있다.

그럼에도 이런 유형은 몇 년에 한 번씩 주가가 급등해 자산가치를 반영하곤 한다. 그레이엄이 제시한 2년 내 50% 상승이 실현될 때가 생각보다 많단 얘기다. 같은 전략으로 수익률 테스팅을 했을 때도 시장수익률을 초과하는 결과가 나온다. 오래된 전략임에도 여전히 참고할 요인이 많은 이유다.

아이투자(www.itooza.com)는 파워 V차트 '그레이엄 만족형' 서비스를 통해 순운전자본 이하에 시가총액이 형성된 기업들만 별도로 제공한다.

8장

V차트를 내 것으로 만들자

V차트를 실제로 볼 땐 하나의 기업에 대해 처음부터 끝까지 쭉 살피는 것이 좋다. 각각의 차트를 보면서 투자할 만한 기업인지, 아닌지를 검증하는 과정을 거치는 것이다. 만약 모든 검증을 통과했다면 회사가 실제 하고 있는 사업을 분석하는 후속 작업에 집중하면 된다.

또한 V차트 점검을 통해 회사의 분석 포인트를 발견할 수 있다. V차트를 보면 원인을 파악해야 할 변화들이 보인다. 이런 변화를 하나씩 찾아 원인을 파악하면 회사의 사업과 기업가치 변화에 대한 이해도를 높일 수 있다. 또한 어느 포인트에 중점을 두고 회사를 분석할 지도 그려진다. 그래서 본격적으로 기업 분석을 하기 전에 V차트를 먼저 살피는 건 여러 모로 유용하다.

이번 장은 2개 사례 기업의 V차트를 처음부터 끝까지 살펴본다. 실제 기업을 V차트로 분석하는 과정을 보다 분명히 이해하게 될 것이다.

곧이어 실제로 V차트를 통해 분석해 볼 만한 우량주 30선의 리스트와 함께 그중 하나의 기업을 골라 다양한 V차트를 제시한다. V차트를 보면서 실제로 투자 판단을 거치는 작업을 반복하다 보면 우량주를 골라내는 안목이 생기게 될 것이다.

1. V차트를 보며 실전 종목 분석 (1)
: 대한약품

　첫 케이스로 살펴볼 대한약품은 기초 수액제를 만든다. JW중외제약, CJ헬스케어와 함께 국내 기초 수액제 시장을 과점하고 있다. 기초 수액제는 병원에 입원하면 링거를 통해 공급된다. 그래서 병원에 입원하는 환자 수, 입원기간이 늘수록 기초 수액제 수요도 증가하며 계속 소모되는 제품의 특성이 있다.

　대략적인 회사 소개는 그 정도로 하고 이제부터 V차트를 통해 본격적으로 종목 체크에 나서보자. 실제로 이런 식으로 종목을 체크하는데에는 3분 안팎이면 가능하다. 그렇게 되기까지 여러 종목을 통해 V차트를 활용해보는 것이 필요하다.

　대한약품의 경우, 32개 V차트 가운데 실제로는 25개의 차트만을 설명하는 데 실전에서는 이처럼 모든 V차트를 보지 않더라도 종목 체크가 가능하다.

(1) 돈을 벌고 있는 회사인가

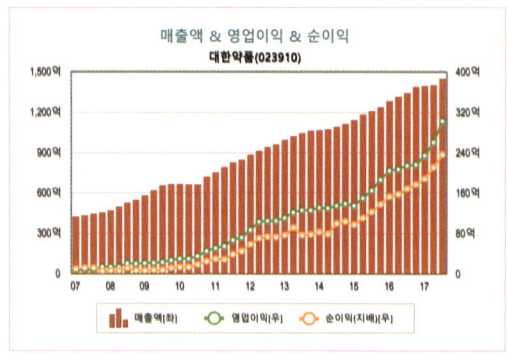

그림 8-1

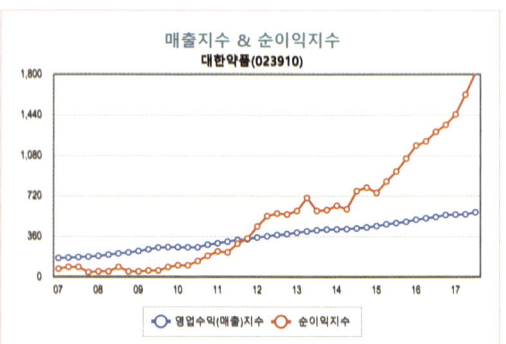

그림 8-2

〈그림 8-1〉을 보면 대한약품의 매출액과 이익은 모두 꾸준히 늘었다. 최근 10년간 연평균 매출액 성장률은 12.5%다. 증가속도와 꾸준함으로 볼 때 '스노우볼' 유형으로 볼 수 있다. 영업이익과 순이익 차이도 일정해 영업외손익에 따른 순이익 급변동도 없다.

최근 10년 동안 대한약품의 이익은 두 번에 걸쳐 빠르게 늘었다. 첫 번째는 2009년 12월~2012년 6월, 두 번째는 2015년 3월~2017년 9월이다. 첫 번째 시기였던 2년 6개월 동안 영업이익은 27억 원에서 103억 원으로 3.8배가 됐다. 두 번째 2년 6개월 동안은 135억 원에서 303억 원으로 120% 증가했다.

대한약품이 꾸준히 매출 성장을 이룰 수 있던 요인과 함께 이 두 번의 이익 성장이 어떻게 가능했는지가 이 V차트를 통해 찾아낸 분석 포인트다.

〈그림 8-2〉 차트는 매출지수와 순이익지수다. 차트를 보면 순이익지수의 급격한 상승이 확연하다. 꾸준한 속도(기울기)를 유지한 매출지수에 비해 순이익지수는 빠르게 올랐다. 특히 2012년 이전엔 매출지수보다 순이익지수가 작다. 지수 차트는 기준 시점을 모두 100으로 놓고 출발한다. 그래서 순이익지수가 매출지수보다 작다는 건, 기준 시점 대비 매출보다 순이익 성장이 느렸다는 뜻이다. 2012년 이후 순이익 성장속도가 매출을 넘어섰다.

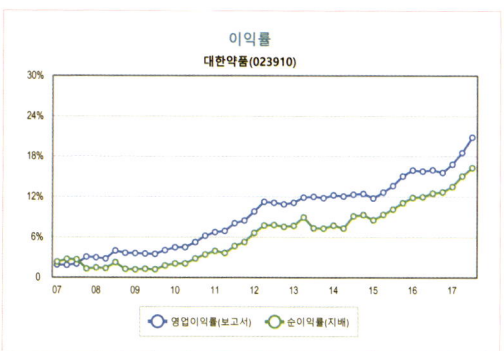
그림 8-3

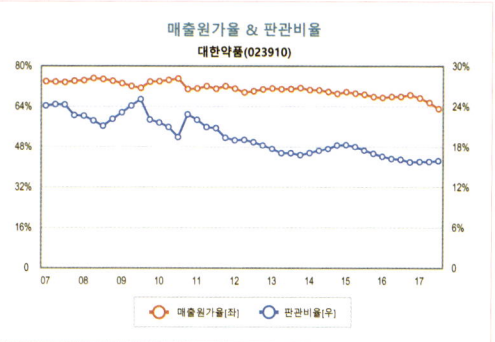
그림 8-4

회사의 수익성 개선은 〈그림 8-3〉 이익률 차트에서 분명히 나타난다. 이익이 늘어난 첫 번째 시기인 2009년 12월~2012년 6월, 영업이익률이 4.0%에서 11.2%가 된다. 다음인 2015년 3월~2017년 9월엔 11.8%에서 20.8%로 상승한다.

매출 증가와 함께 영업이익률이 이렇듯 올라간 것은 몇 가지 요인이 있을 수 있다. 우선 제품가격을 올린 경우다. 원가는 그대로인데 가격인상에 성공하면, 올라간 가격이 그대로 영업이익 증가로 이어져 영업이익률이 상승한다. 규모의 경제를 통해 단위당 생산원가를 낮췄을 수도 있다. 생산량이 일정 수준을 넘으면 제품 하나당 들어가는 비용이 준다. 또는 내부 프로세스 개선을 통해 생산과 판매 효율을 높였을 수도 있다. 불필요한 비용이 줄면 역시 이익률이 상승한다.

V차트를 보면서 이런 요인을 염두에 두고 사업보고서나 뉴스, 증권사 리포트 등을 통해 대한약품이 어디 해당하는지 분석하면 훨씬 속도감 있게 기업분석의 핵심으로 들어간다.

〈그림 8-4〉 매출원가율과 판관비율 추이를 통해 영업이익률 상승 요인을 좀더 분명히 알 수 있다. 2009년 12월~2012년 6월까지 매출원가율은 4.2%p, 판관비율은 3.0%p 하락했다. 2015년 3월~2017년 9월까진 매출원가율이 6.6%p, 판관비율이 2.4%p 내린다. 두 번의 이익률 상승기를 비교하면, 첫 번째가 두 번째에 비해 판관비율 하락이 상대적으로 컸다. 두 번째 이익률 상승기는 매출원가율 하락이 첫 번째 상승기보다는 주된 요인이다.

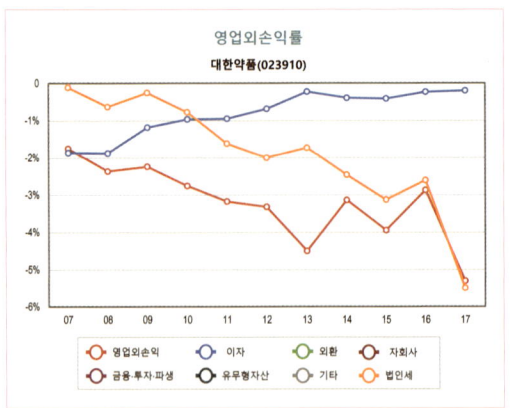

　　대한약품의 영업외손익률 차트에선 이자손익 정도가 눈에 띈다. 2007년 3월만 해도 이자손익이 -1.8%였지만, 2017년 9월은 -0.2%가 됐다. 이자비용이 꾸준히 줄어 순이익 증가에 보탬이 됐다. 나머지 비용은 대부분 법인세다. 순이익이 꾸준히 늘면서 법인세 비용도 증가했다.

　　이제 두 번째 질문 "안전한 회사인가"에 대한 답을 구할 수 있게 해주는 V차트들을 살펴보자.

(2) 안전한 회사인가

그림 8-6

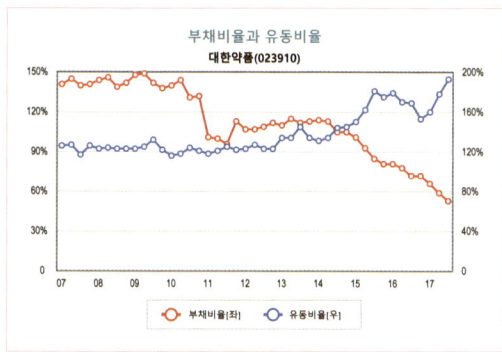

그림 8-7

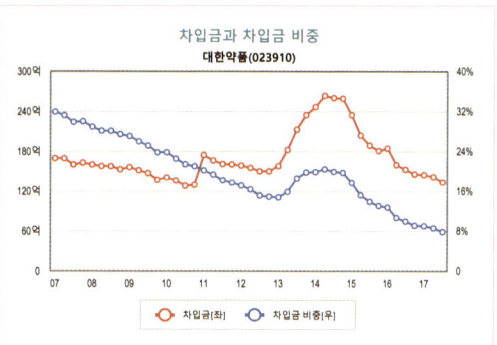

    대한약품의 재무 안전성은 2011년을 기점으로 크게 개선됐다. 〈그림 8-6〉 차트를 보면 2010년 12월 132%이던 부채비율이 2011년 3월엔 101%로 하락한다. 2014년 6월 이후에 다시 하락하기 시작해 2017년 9월은 53%에 불과하다. 유동비율도 상승해 192%에 달했다.

    회사가 지난 10년간, 특히 최근 들어 부쩍 안전해졌음을 알 수 있다. 부채비율은 100% 이하, 유동비율은 100% 이상이면 안전하다.

    차입금 비중 또한 거의 하락하는 추세다. 〈그림 8-7〉 차트에서 2017년 9월 자산 대비 차입금 비중은 7.9%에 불과하다. 2012년 12월부터 2014년 6월까지 약 1년 6개월 동안 차입금을 150억 원에서 264억 원으로 114억 원 늘렸는데, 최근까지 모두 상환했다. 안전성에 대한 점검보다는 이 기간 조달한 차입금을 어디에 썼는지가 이후 차트를 보는 분석 포인트다.

그림 8-8

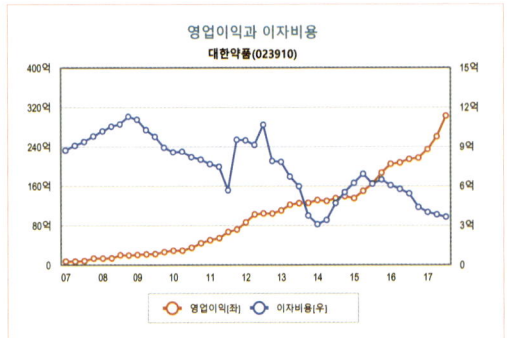

그림 8-9

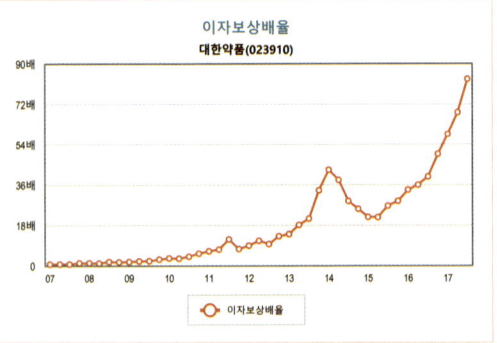

〈그림 8-8〉 차트를 보면 전체 추세가 영업이익은 계속 늘고, 이자비용은 대체로 감소하는 X 모양이다. 재무 안전성에 아무 문제가 없다. 또한 영업이익은 수백 억 원인 반면, 이자비용은 수억 원이다. 재무 안전성이 뛰어난 기업은 굳이 꼼꼼히 계산하지 않아도 안전함을 직관적으로 알 수 있다.

〈그림 8-8〉 차트에 있는 영업이익과 이자비용으로 이자보상배율을 계산한 결과가 〈그림 8-9〉 차트다. 이미 살폈듯 영업이익은 늘고 이자비용은 감소해 이자보상배율은 급격히 높아진다. 2017년 9월 대한약품의 이자보상배율은 83.3배다. 안전함의 기준인 5배를 크게 초과한다.

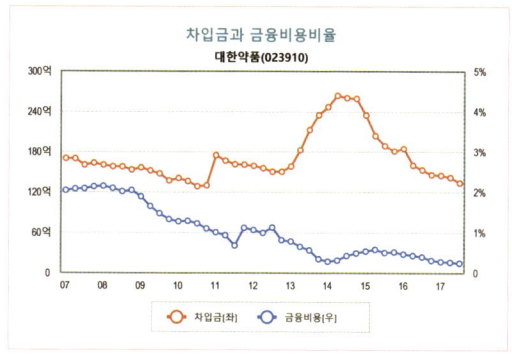

그림 8-10

2007년 초만 해도 매출의 2% 정도이던 금융비용비율이 2017년 9월은 0.3%로 줄었다. 앞서 살펴본 영업외손익률 차트의 이자손익의 마이너스(-) 폭 감소와도 같은 맥락이다.

대한약품처럼 재무 안전성에 문제가 없는 기업은, 2번째 질문에 해당하는 차트를 빠르게 보면서 넘어가도 무방하다. 모든 차트가 '안전함'을 보여주기 때문이다. 반면 재무 안전성에 문제가 있는 기업은 모든 차트가 '안전하지 않음'을 알린다. 그래서 2번째 질문은 몇 가지 특이사례를 제외하면 '안전하다 / 안전하지 않다'가 분명히 갈린다.

벤저민 그레이엄은 투자와 투기를 구분하는 세 가지 기준 가운데 '원금의 안전성'을 지켜야한다고 강조했다. 원금의 안전성을 지키려면 재무적으로 안전한 기업에 투자해야 하고, 과도하게 비싼 가격을 지불하는 일을 피해야 한다.

V차트를 통해 싼지 비싼지를 판단하기 전에 재무 안전성을 체크한다. 투자자는 반드시 '안전한' 기업을 투자 우선 검토대상으로 해야 한다.(몇 가지 특이사례는 앞서 3장에서 따로 다뤘다.)

(3) 어떤 자산으로 쌓이는가

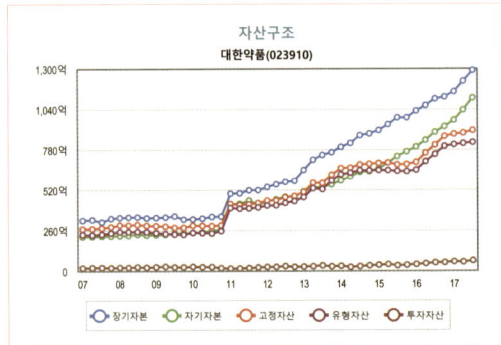

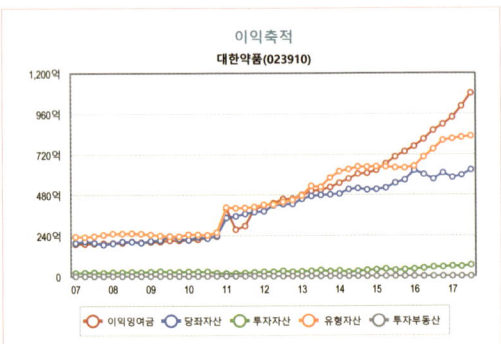

자산구조 차트에서 가장 먼저 확인할 건 선의 순서다. 2017년 9월 현재 대한약품의 순서는 장기자본 – 자기자본 – 고정자산을 유지했다. 안정된 자산구조다.

회사의 고정자산은 대부분 유형자산이다. 또한 최근까지도 자기자본과 거의 비슷한 규모의 유형자산을 보유했다. 2015년 하반기부터 자기자본 증가속도가 유형자산을 앞서 2017년 9월 현재는 자기자본으로 유형자산을 충분히 감당할 수 있는 상태다.

유형자산 투자는 2012년 12월~2014년 9월, 그리고 2015년 12월~2016년 12월에 예년보다 많았다. 특히 앞선 투자기간은 차입금을 늘린 기간과 겹친다. 조달한 차입금이 유형자산 투자에 쓰였음을 유추할 수 있다. 반면 최근 투자기간에 차입금 증가는 없었다. 이익이 늘어 자본이 커진 덕분에 순전히 '내 돈'으로 투자를 감당했다. 그만큼 회사 자체의 자금력이 커졌다는 의미다.

오른쪽 이익축적 차트에서 대한약품의 이익잉여금과 함께 증가한 자산은 유형자산과 당좌자산이다. 풀어서 설명하면, 누적된 이익을 토지나 공장에 투자하고, 남는 돈은 현금으로 갖고 있다. 금융자산이나 자회사 투자는 거의 없다.

본업을 충실히 잘해 설비에 투자하고 현금을 늘린 모범적인 제조업의 모습이다.

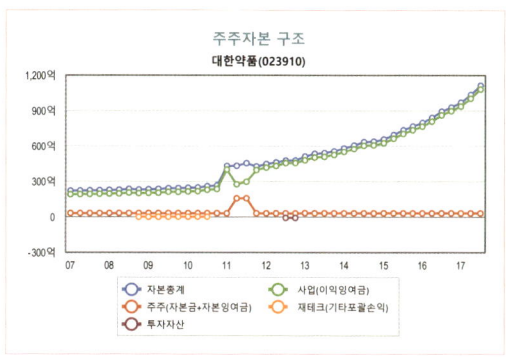

그림 8-13

주주자본 구조도 모범적이다. 최근 10년 내 증자가 없다. 자본총계는 모두 사업(이익잉여금)을 통해 늘렸다. 2011년 6월과 9월 이익잉여금이 감소하고 주주(자본금+자본잉여금) 항목이 늘어나는데, 이는 재평가잉여금 회계처리 때문이다. 대한약품은 2011년 1월 보유한 경기도 안산시 토지를 재평가했는데, 이때 발생한 차익 127억 원을 자본잉여금으로 분류했었다. 2011년 12월부터 이익잉여금 항목으로 재분류돼 현재까지 유지 중이다.

V차트를 볼 때 하나의 차트가 아닌, 관련 있는 다른 차트들과 함께 연결시키며 보는 게 좋다. 회사의 활동이 여러 차트에 나타나는 만큼, 이를 통해 다각도로 회사의 실질을 파악할 수 있다.

그림 8-14 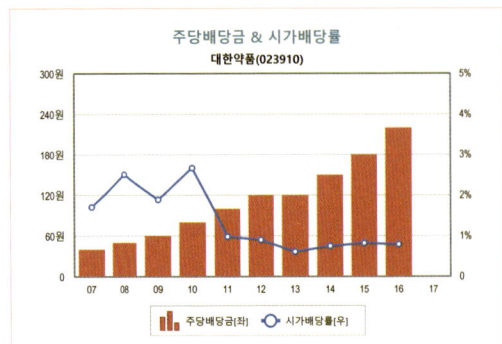 그림 8-15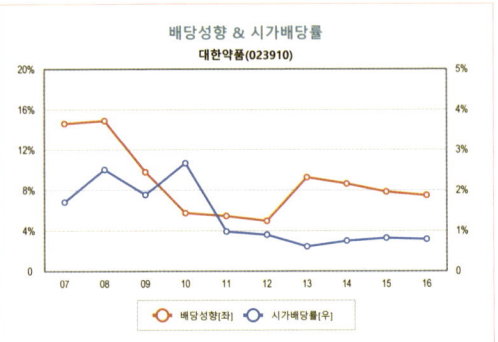

　대한약품의 주당배당금은 거의 매년 늘었다. 최근 10년 동안 2013년에만 전년과 같은 120원을 지급했고, 다른 해는 모두 증가했다. 배당수익률은 0.8~1% 사이를 2011년부터 유지 중이다.

　앞서 이익이 꾸준히 증가했음을 확인했고, 주당배당금도 계속 늘린 것으로 볼 때 '배당성향 일정' 유형이라 볼 수 있다. 〈그림 8-15〉 차트에서 좀 더 분명히 확인하자.

　대한약품의 배당성향은 약 10% 내외다. 적을 때는 5%, 많을 때는 15%를 주긴 했지만 배당을 많이 하는 회사는 아니다.

　단, 주당배당금을 매년 늘린 것으로 볼 때 앞으로도 이익이 성장한다면 더 많은 주당배당금을 기대할 수 있다. 여기에 회사가 정책적으로 배당성향을 높여도 주당배당금 상승이 가능하다. 현재 배당성향이 10%로 높일 수 있는 여지는 충분하기 때문이다.

　지금까지 회사는 이익을 주로 유형자산 투자에 사용했다. 본업 성장을 위해 먼저 이익을 재투자하고, 투자가 어느 정도 마무리되면 배당을 늘리는 회사가 주주에게 고수익을 안겨주는 기업이다.

(4) 얼마나 빨리 돈을 벌고 있는가

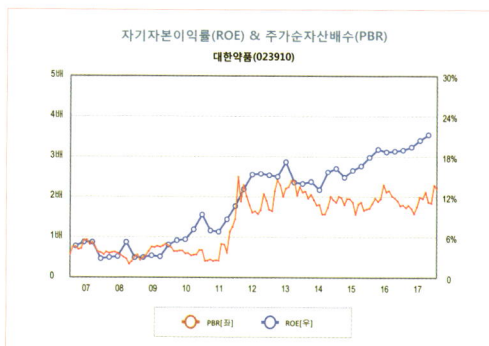

그림 8-16

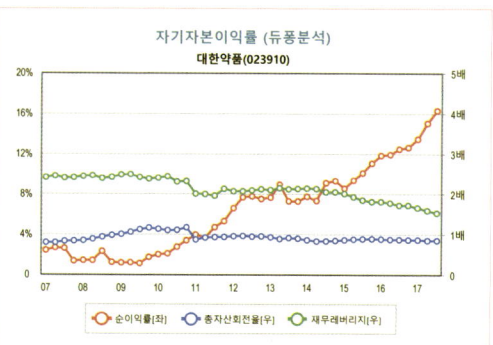

그림 8-17

대한약품은 ROE를 계속 높였다. 덕분에 ROE가 8% 미만이던 저성장 구간과 8~15%인 중간 성장 구간을 거쳐 지금은 ROE가 21%에 이르는 고성장 시기를 맞고 있다.

ROE 상승에 따라 PBR 변화도 뚜렷하다. 저성장을 보여주던 시기 PBR은 0.5배 내외에 불과했다. 그러다 ROE가 본격적으로 상승해 중간 성장 수준에 이르자 PBR이 급격히 상승한다. 그리고 이때부터 1.6~2.3배 사이에 꾸준히 거래됐다.

앞으로도 PBR이 지금 수준을 기록한다면, 향후 주가상승률은 자본이 늘어나는 만큼 나올 것이다. 그리고 자본이 늘어나는 속도가 바로 ROE다. 2017년 9월 기준 ROE 21% 유지할 때 대한약품의 연평균 수익률도 21%를 기대할 수 있다는 의미다.

듀퐁분석을 통해 ROE 상승요인을 알 수 있다. 1~2%에 머물던 순이익률이 16.3%까지 비약적으로 높아진 것이 결정적이다. 총자산회전율은 0.8~0.9배로 거의 유지됐고, 재무레버리지는 2007년 3월 2.41배에서 2017년 9월 1.53배로 오히려 하락했다. 재무 안전성을 높이면서 ROE를 높여 양질의 ROE 상승이 이뤄졌음을 보여준다.

수익성 개선 덕분에 이익이 늘고, 이를 통해 차입금을 상환해 이자비용이 줄고, 다시 순이익 증가로 이어지는 선순환 구조가 대한약품의 ROE 상승에 함축돼 있다.

| 그림 8-18 | 그림 8-19 |

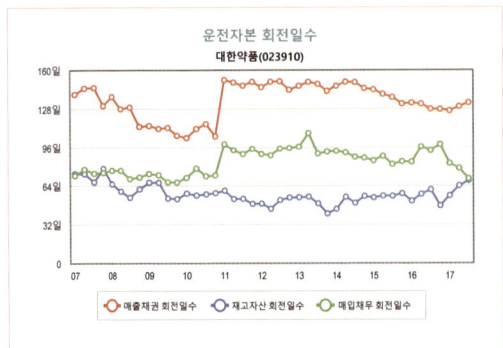
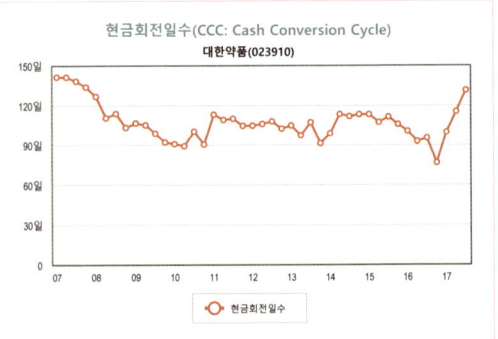

대한약품의 매출채권 회전일수는 130~150일 사이다. 절대적인 일수가 짧은 편은 아니나 최근 10년 동안 유지돼 별다른 문제는 없다. 재고자산 회전일수와 매입채무 회전일수도 함께 유지됐다.

회전일수는 절대적인 일수도 중요하지만, 업계 특성에 따라 길거나 짧을 수 있다. 최소한 유지되고 있다면 회사 영업활동이 순조롭게 이뤄지고 있다고 판단해도 무방하다.

3개의 회전일수에 문제가 없었기 때문에 현금회전일수도 별 이슈는 없다. 대체로 90일~120일 사이다.

(5) 현금 창출 능력은 좋은가

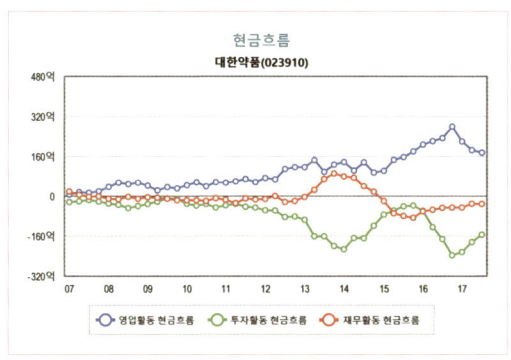
그림 8-20

대한약품의 영업활동 현금흐름은 점차 증가했다. 투자활동 현금흐름은 마이너스(-), 재무활동 현금흐름도 마이너스(-)로 우량기업의 모양이다.

2013년 6월부터 2014년 12월까지 재무활동 현금흐름이 플러스(+)를 기록했는데, 이때 투자활동 현금흐름도 평소보다 큰 폭의 마이너스(-)를 나타낸다. 앞서 자산구조 차트와 차입금 비중 차트에서 확인했던 차입금을 활용한 유형자산 투자다. 2016년 하반기~2017년 9월에도 투자활동 현금흐름 마이너스(-)가 보이는데, 이때는 재무활동에 의한 현금조달 없이 영업활동 현금흐름만으로 투자를 감당했다.

이렇듯 V차트는 하나의 기업 활동을 여러 측면에서 보여준다. 실제 기업 활동을 떠올리며 차트를 보면 기업에 대한 이해도를 높일 수 있다.

그림 8-21
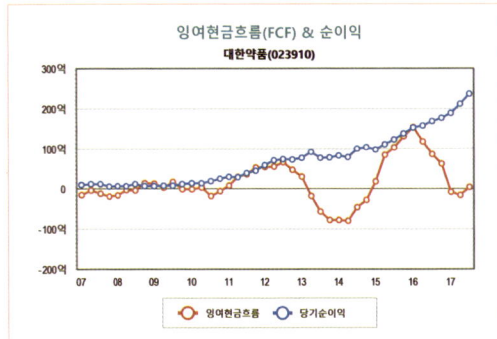

그림 8-22

두 번의 유형자산 투자가 있던 시기를 제외하면, 대체로 대한약품의 잉여현금흐름은 순이익과 비슷했다. 순이익이 늘면서 대한약품이 창출하는 잉여현금흐름도 증가한다.

매출액 대비 잉여현금흐름 비율도 최근 유형자산 투자 직전 12%까지 기록했다. 회사의 순이익률이 상승하면서 잉여현금흐름을 창출하는 역량도 커졌다.

(6) 싸게 거래되고 있는가

그림 8-23

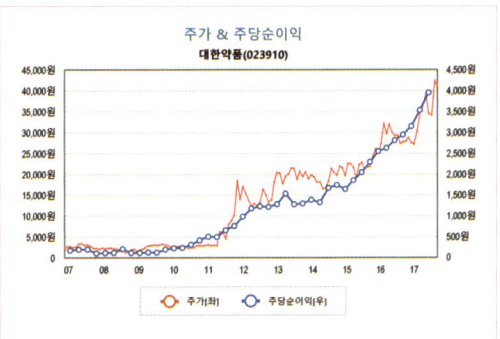

그림 8-24

대한약품의 PER은 2014년 이후 8~12배 사이에 대부분 형성됐다. 대체로 고성장 유형에 해당하는 PER 배수를 받고 있다.

〈그림 8-24〉 차트를 보면 주가와 주당순이익이 동반 상승하는 유형이다. 이런 기업을 장기보유하면 증가하는 실적과 함께 큰 폭의 주가상승을 경험할 수 있다. 주가와 주당순이익이 동반 상승한 덕분에 왼쪽 차트에서 PER이 유지됐음을 다시 한 번 확인한다.

이런 회사에 투자하기 좋은 시점은 언제일까. 첫 번째는 주당순이익은 증가하는 데 주가는 잠잠했던 구간이다. 2010년 6월~2011년 6월, 약 1년 동안 이런 구간이 있었다. 회사의 주당순이익 성장을 시장에서 평가해주지 않은 시기다. 이럴 때 투자하려면 주당순이익 성장을 확인하고, 흔들리지 않는 인내심과 평정심도 필요하다.

두 번째는 주당순이익과 주가의 동반 상승을 확인한 후 하는 투자다. 주당순이익이 왜 늘고 있는지를 분석하고, 이를 근거로 오르는 주식을 사는 경우다. PER 차트에서 8~9배 정도가 저평가임을 확인했다면, 해당 가격에 살 수 있다.

이럴 경우엔 이미 많이 오른 주식을 사야하는 부담이 있다. 그래서 주당순이익이 늘면 주가도 계속 오를 거라는 믿음과 함께 성장성에 대한 체크가 필요하다.

그림 8-25

마지막으로 주가와 주당순자산 차트를 보자. 대한약품은 최근 10년 동안 저성장과 고성장을 모두 보여준 기업인데, 〈그림 8-25〉 차트에 두 가지 유형이 잘 나타나 있다.

회사가 저성장 유형이던 2011년 이전, 대한약품의 주가는 주당순자산 아래에 거래됐다. 반대로 성장률(ROE)이 높아진 2011년 이후 주가는 주당순자산을 넘어선 뒤 이하로 떨어진 적이 없다. 주당순자산 대비 할인되던 주가가 성장률 변화와 함께 프리미엄을 받고 거래된 것이다.

이런 기업의 주가 상승률은 언제가 가장 높을까. 바로 저성장에서 고성장으로 넘어가던 시점인 2011년이다. 2011년 6월 3,020원에서 불과 7개월 만인 2012년 1월 1만 8,600원으로 약 6배 급등했다.

이런 극적인 변화는 ROE 상승에서 비롯됐다. 그래서 투자자는 ROE가 올라가는 기업에 주목해야 한다. 그만큼 보상이 크다.

2. V차트를 보며 실전 종목 분석 (2)
: 아트라스BX

　아트라스BX는 한국타이어 계열사로 자동차 배터리를 만든다. 납이 주성분인 자동차 배터리는 국내 4개 회사가 시장 90% 이상을 과점한다. '로케트 밧데리'로 유명한 세방전지가 점유율 38%로 1위며, 아트라스BX가 22%로 2위다(2016년 기준).

　자동차 배터리 시장은 신차용과 교체용으로 나뉜다. 교체 수요가 신차의 약 2배 정도다. 자동차 배터리는 2~3년 주기로 교체해야 하는 소모품으로 수요가 꾸준하다. 아트라스BX는 수출 비중이 88%로 높고, 수출 지역 또한 중동과 북미, 유럽 등으로 분산돼 있다.

　이제부터 본격적으로 V차트를 통해 종목을 체크하는데, 아트라스BX의 경우 총 32개의 V차트 가운데 24개만으로도 합리적인 판단을 내리는데 부족하지 않다는 것을 알 수 있다.

(1) 돈을 벌고 있는 회사인가

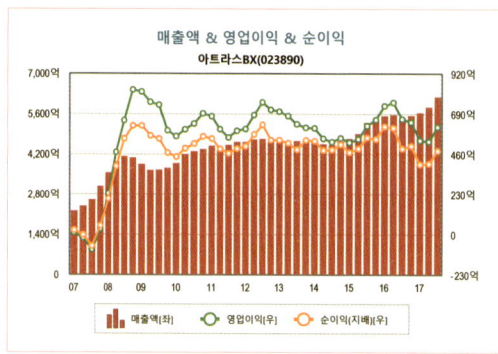

그림 8-26

그림 8-27

아트라스BX의 매출은 2008년 12월~2015년 6월까지 거의 정체됐다. 연평균 성장률은 2.9%다. 영업이익 또한 등락을 거듭할 뿐, 뚜렷한 증가를 보이지 못한다. 정체되던 매출은 2015년 하반기부터 증가했다. 2015년 6월 4916억 원에서 2017년 9월은 6,203억 원이다. 2년 3개월 만에 26%가 늘었다. 다만 영업이익은 이에 상응하는 증가를 보이지 못해 여전히 2008년 12월 기록했던 828억 원이 최고점이다.

지난 2007년 3월~2008년 12월에 주목하자. 이 2년 동안 아트라스BX의 매출은 약 2배가 됐고, 영업이익은 거의 수직으로 급증했다. 10년 전에 벌어진 일이지만, 당시 상황을 복기하면 아트라스BX가 어떨 때 돈을 버는지 파악하는 데 도움이 된다. 회사의 극단적인 매출과 이익 증가는 이를 가능케 한 실적 변수를 분명히 나타낸다.

영업이익과 순이익 증감이 엇갈린 적은 없다. 영업외손익에서 체크할 사안은 별로 없는 회사다.

오른쪽 차트를 보면 매출지수는 2015년 들어 상승 속도가 빨라졌음을, 순이익지수는 2008년 급등 이후 750~1,050 사이에 계속 등락함을 볼 수 있다. 앞서 살펴본 매출과 이익 추이의 특징이 더욱 분명하다.

그림 8-28

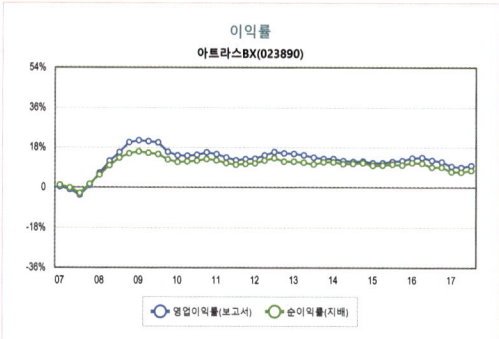

그림 8-29

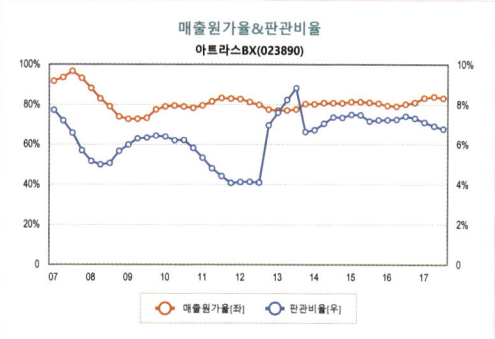

아트라스BX의 영업이익률은 대체로 10% 이상이다. 제조업으론 양호한 수준이다. 다만 2009년 3월 21.2%를 기록한 이후 거의 9년 째 내리막이다. 2017년 9월 영업이익률은 9.9%다. 매출은 점차 늘었는데, 이익이 늘지 않아 나타난 결과다.

오른쪽 차트에서 아트라스BX는 2007년 9월~2009년 3월 사이에 매출원가율이 96.7%에서 72.9%로 무려 23.8%p 하락한다. 판관비율 변화는 크지 않아 하락한 매출원가율이 고스란히 영업이익률 상승으로 이어진다.

이후는 매출원가율이 다시 상승해 80% 내외를 기록한다. 2017년 9월 매출원가율은 83.3%로 2011년 9월 이후 가장 높다. 판관비율은 7% 내외를 유지한다.

매출원가율이 급격히 하락한 원인을 찾으려면 제품가격과 원재료 가격을 살피는 게 먼저다. 제품가격을 올렸거나, 원재료 가격이 급락했다면 이런 변화를 설명할 수 있다. 2008년 사업보고서를 보면 자동차용 축전지 가격은 전년 대비 40.8% 급등한 반면, 원재료인 납 가격은 20% 하락했다. 제품가 인상과 원재료 가격 하락이 동시에 일어나 이렇듯 가파른 영업이익률 상승이 가능했다.

2008년은 그해 4분기 발생한 금융위기로 원자재 가격이 급락하며 연말 납 가격도 내렸다. 반면 금융위기 직전 해인 2007년까지 진행된 납 가격 급등을 견디지 못한 동남아 축전지 업체의 도산으로 아트라스BX 축전지 가격이 유지될 수 있었다.

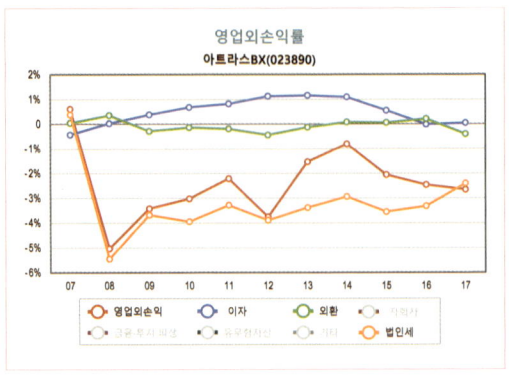

그림 8-30

　　영업외손익률 차트에선 특별한 요인이 없고, 대부분 법인세 비용이다. 아트라스BX는 수출 비중이 2017년 9월 누적 기준 88%에 달하지만, 주요 원재료인 납이 국제 가격에 맞춰 형성돼 환율 영향이 대부분 상쇄된다. 즉, 환율이 오르면 수출 제품가격 인상과 원재료인 납 가격 인상 효과가, 반대로 환율이 내리면 수출 제품가격과 납 가격이 동시에 인하되는 효과다. 영업외손익률 차트에서 외환 관련손익 비중이 적은 배경이다.

　　이자손익은 한때 매출 대비 1%에 달했지만, 대부분 현금을 자사주 매입에 투입한 현재는 거의 발생하지 않는다.

(2) 안전한 회사인가

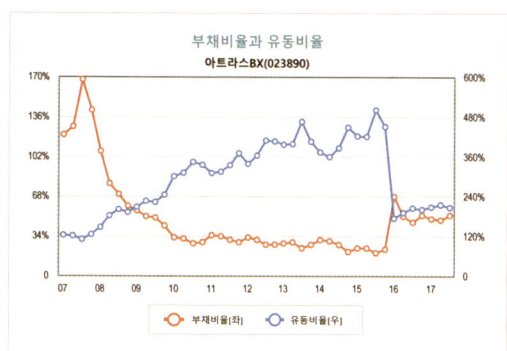

그림 8-31

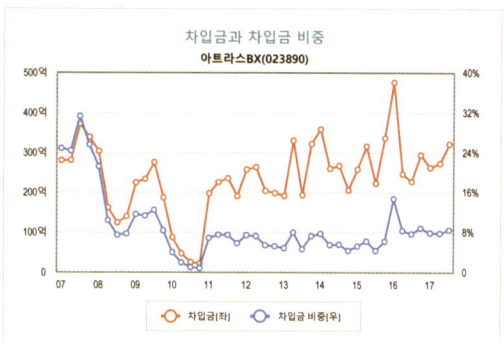

그림 8-32

2017년 9월 현재 아트라스BX의 부채비율은 51%, 유동비율은 207%다. 두 지표 모두 안전함의 기준을 너끈히 통과한다. 아트라스BX는 2008년 3월 이후 부채비율이 100%를 넘은 적이 없다. 특이사항은 2016년 3월의 변화다. 부채비율이 전분기 대비 약 3배 오르고 유동비율은 1/3 수준으로 급락한다. 당시 아트라스BX는 공개매수를 통한 상장폐지를 시도했다. 상장주식의 95%를 보유하면 자진 상장폐지가 가능한데, 이를 위해 공개매수공고일 전일 종가 대비 22.8% 높은 주당 5만 원에 주식을 사겠다고 공시했다.

그러나 두 차례 공개매수를 통해 확보한 지분율은 89.56%로 자진 상장폐지 기준에는 미달했다. 당시의 공개매수로 아트라스BX가 보유했던 현금 2,673억 원이 자사주 매수에 투입된다. 자사주를 매입하면 현금과 자본총계가 함께 줄어드는데, 이 때문에 부채비율이 올라가고 유동비율은 내려갔다.(이 공개매수는 여러 V차트 변화의 원인이다. 이후 차트에서도 간략히 언급한다.)

차입금 쪽도 안전하다. 차입금이 늘긴 하지만, 자산 대비 차입금 비중은 8% 정도다. 차입금 증가를 신경 쓰지 않아도 무방한 수준이다.

그림 8-33 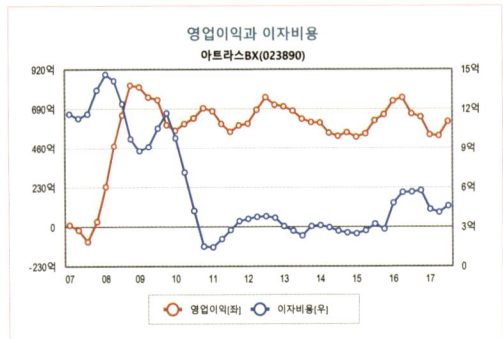 그림 8-34

　영업이익은 수백 억 원, 이자비용은 5억 원 미만이다. 굳이 계산하지 않아도 될 정도의 이자 수준이다. 가볍게 보고 넘어가도 좋다.

　이자보상배율이 수백 배를 기록한다. 차입금은 거의 없고, 영업이익을 잘 내는 회사에서 볼 수 있는 모양이다. 역시 한 번 쓱 보고 넘긴다.

그림 8-35

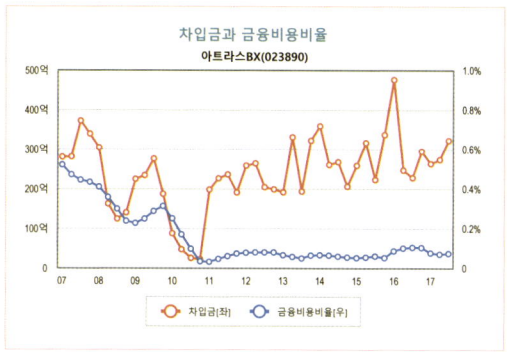

2010년 12월 이후 회사의 금융비용비율은 0.1% 내외다. 앞에서 확인했던 아트라스BX의 안전성을 다시 한 번 확인시켜 주는 정도다.

재무 안전성이 높은 기업은 재무 안전성 V차트에서 별로 확인할 게 없다. 실제 기업분석을 할 때도 이상이 있는지 없는지만 점검하며 차트를 간단히 보면 된다.

V차트는 모든 차트를 공들여 보는 게 목적이 아니다. 여러 차트에서 정보를 얻고 분석 포인트와 재무 안전성을 체크한다는 목적을 잊지 말자.

(3) 어떤 자산으로 쌓이는가

그림 8-36

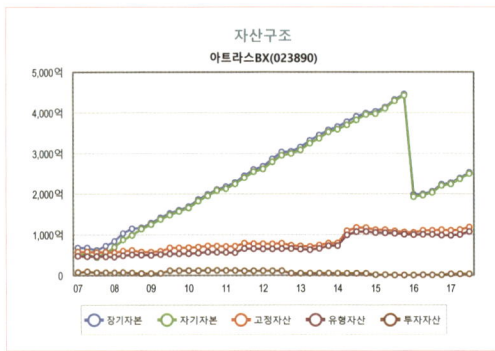

그림 8-37

　아트라스BX는 장기자본 – 자기자본 – 고정자산의 안정된 순서를 보인다. 비유동부채가 거의 없어 장기자본과 자기자본이 거의 같다. 2016년 3월 자기자본의 급격한 감소는 앞서 언급한 자사주 공개매수 결과다. 또한 2014년 3월부터 2014년 9월까지 진행된 유형자산 증가도 눈에 띈다. 최근 10년 내 최대 규모 증설이다.

　전체적으론 대규모 증설없이 자기자본을 늘린 성숙산업의 모습을 보여주고 있다.

　이익축적 차트를 보면 유형자산 투자 없이 이익잉여금을 대부분 당좌자산으로 쌓는 '화수분' 유형이다. 2016년 3월과 5월, 두 차례 공개매수에 따른 현금 지출로 당좌자산이 급감하지만, 이후 다시 증가 중이다. 이익축적 차트로 미뤄볼 때, 회사의 현금 창출력은 상당히 뛰어나다.

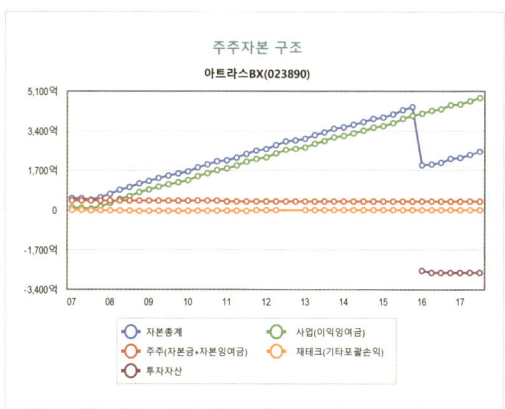

그림 8-38

주주자본 구조도 우량하다. 증자 없이 사업으로만 자본총계를 늘렸다. 자사주 매입에 따른 자본 감소가 여기서도 확연하다.

자사주를 매입하면 자본에 '자기주식'이란 항목으로 기록한다. '자기주식'은 자본의 마이너스(-) 항목이다. 예를 들어, 자본이 1,000억 원인 기업이 200억 원 만큼 자사주를 매입하면 자본은 800억 원이 된다.

그림 8-39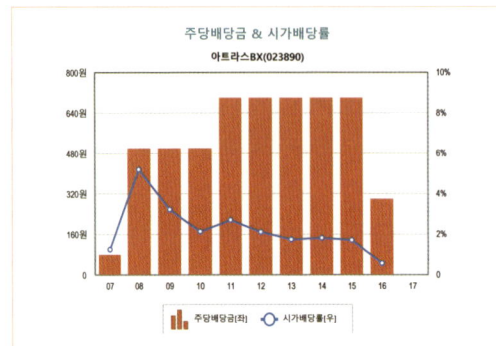

그림 8-40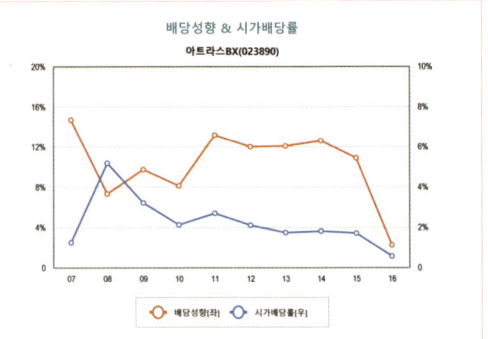

이 회사의 배당은 '정액배당'에 가깝다. 2008년~2010년은 주당 500원, 2011년~2015년은 주당 700원을 각각 배당했다. 2016년 주당 배당금이 300원으로 감소한 것은 공개매수에 따른 현금 지출 영향이 있었을 것이다. 또한 자진 상장폐지를 시도하며 상장주식 90% 가까이를 확보한 회사 입장에서 굳이 배당금을 늘릴 필요도 적었을 것으로 보인다.

현금 창출력이 뛰어난 회사임에도 아트라스BX의 배당성향은 10% 정도였다. 앞서 사례로 본 대한약품이 유형자산 등에 이익잉여금을 투자한 반면, 아트라스BX는 현금을 계속 회사 내에 쌓아두는 정책을 택했다.

(4) 얼마나 빨리 돈을 벌고 있는가

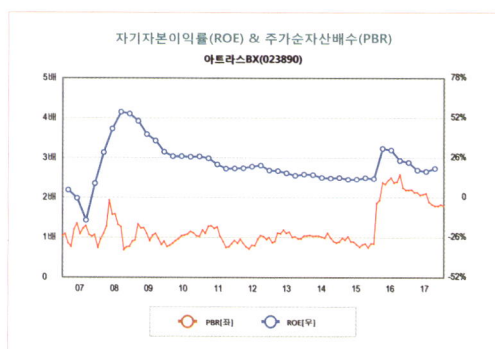

그림 8-41

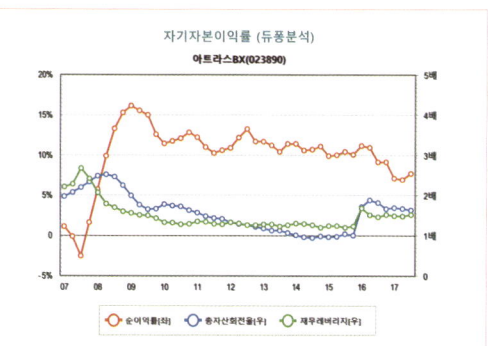

그림 8-42

아트라스BX의 ROE는 중간 성장에 해당하는 수준이다. 자사주 매입 전인 2015년 12월 ROE가 12.3%였다. 이익이 급증했던 2008년 12월 54%를 기록하기도 했지만, 이후는 계속 내리막이다. PBR 또한 1배 내외를 유지했다.

자사주 매입 이후 ROE와 PBR이 동시에 상승했음을 알 수 있다. 두 지표의 공통분모인 자본총계가 감소하면서 생긴 변화다.

듀퐁분석으로 ROE를 분석하면 하락의 원인이 나온다. ROE가 최고점을 기록했던 2009년 3월부터 자사주 매입 전인 2015년 12월까지를 살펴보자. 우선 이 기간 순이익률이 16.1%에서 10.1%로 낮아졌다. 그런데 더욱 큰 영향을 준 건 총자산회전율 하락이다. 2009년 3월 1.99배에서 2015년 12월 1.00배로 50% 떨어졌다. 2009년 3월 순이익률이 외부 환경 급변에 따른 일시적인 요인으로 높아졌다고 보면, 이후 ROE 하락은 실질적으론 총자산회전율 하락이 주 원인이라고 볼 수 있다(실제로 순이익률은 2009년 3월부터 1년이 지난 2010년 3월 이후에는 10~11%를 유지했다).

쌓이는 현금을 배당하거나 설비에 투자해 매출 성장을 꾀하지 않은 결과, ROE 하락을 초래했다.

그림 8-43

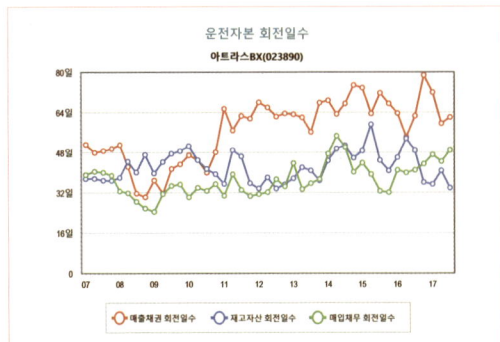

그림 8-44

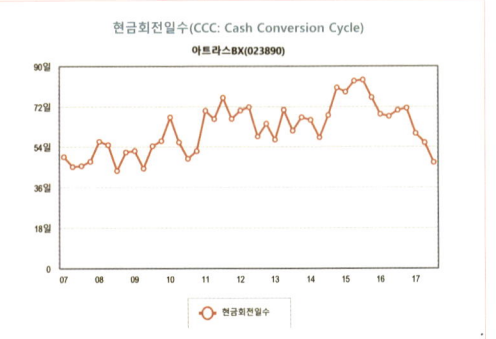

운전자본 회전일수는 우량한 회사의 모습이다. 매출채권 회전일수는 2개월 정도를 유지하고, 재고자산 회전일수와 매입채무 회전일수가 거의 비슷하다. 회전일수 절대 기간이나 유지 면에서 모두 문제가 없다.

전체 현금회전일수도 2개월 내외다. 아트라스BX는 영업활동을 위해 많은 현금이 필요한 회사가 아니다.

(5) 현금 창출 능력은 좋은가

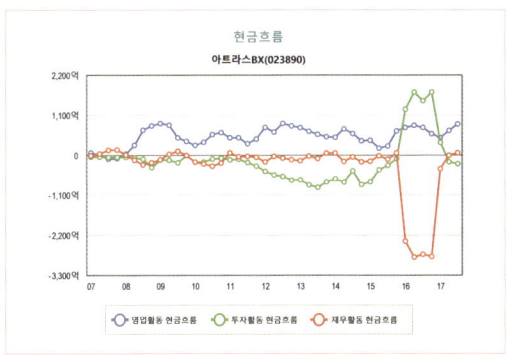

그림 8-45

앞서 살핀 이익축적 차트나 회전일수 차트를 통해 아트라스BX의 현금 창출력이 좋다고 유추할 수 있었다. 현금흐름표 차트를 보면서 다시 확인하자.

우선 영업활동 현금흐름이 2008년 6월 이후 꾸준히 플러스(+)다. 많을 땐 800억 원 ~900억 원 사이, 적을 땐 190억 원~300억 원 사이를 기록했다. 영업활동 현금흐름의 증감은 매출채권 회수나 재고자산 증감, 매입채무 증감에 상대적으로 큰 영향을 받는다. 추세적으로 줄고 있지 않는다면, 단순 증감은 별 문제가 없다.

투자활동과 재무활동 현금흐름은 2016년 3월 변화가 가장 크다. 자사주 매입이 진행됐던 기간이다. 당시 투자활동 현금흐름이 큰 폭의 플러스(+)를 기록한 건 보유하던 예금 등 금융자산을 현금화시켜 자사주 매입에 투입했기 때문이다.

그림 8-46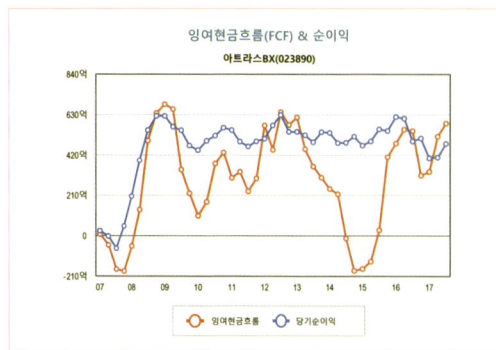

그림 8-47

　2014년 하반기 유형자산 투자를 했을 때를 제외하면, 아트라스BX의 잉여현금흐름은 순이익 규모와 대체로 비슷하다.

　잉여현금은 성장을 위한 지출을 빼고 남은 금액이다. 따라서 배당이나 자사주 매입 등 주주가치를 높이는 데 사용할 수 있다. 단, 아트라스BX는 창출한 잉여현금을 대부분 사내 유보했고, ROE 하락과 기업가치 저평가로 이어졌다.

　매출액 대비 잉여현금흐름 비율도 높은 편이다. 일부 기간을 제외하면 대체로 9%가 넘으며, 많을 땐 12~13%를 기록하기도 한다. 잉여현금 창출 능력이 상당히 우수한 회사로 볼 수 있다.

　2016년 3월과 5월에 진행한 자사주 매입은 자진 상장폐지가 목적이었다. 당시 시세보다 20% 이상 높은 가격에도 일부 주주들이 주식을 팔지 않아 목표했던 주식 확보가 무산됐다. 아트라스BX 기업가치에 합당하려면 더 높은 가격을 받아야한다는 간접적인 의사 표현으로 보는 의견이 많다.

(6) 싸게 거래되고 있는가

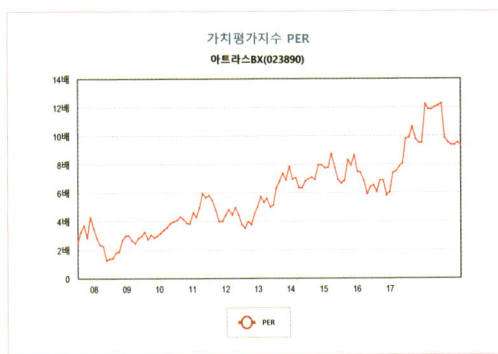

그림 8-48

그림 8-49

    순이익이 급증했던 2008년 당시, 아트라스BX의 PER은 2~3배에 불과했다. 금융 위기로 거의 모든 주식이 급락했던 주식시장의 상황과 그 기간 순이익이 늘었던 아트라스BX 개별 기업의 상황이 맞물린 결과다.

    이후 아트라스BX가 뚜렷한 순이익 성장을 보이진 못했지만, PER이 점차 상승해 현저한 저평가는 해소됐다. 2008년 9,640원이던 아트라스BX 주가는 2014년과 2017년을 제외하고 매년 올라 2018년 1월 5일 현재 4만 8,700원을 기록했다. 약 9년 동안 405% 상승이다. PER은 9.3배다.

    아트라스BX의 주가는 주당순자산 차트가 잘 설명한다. 주가가 주당순자산을 중심으로 오르내리며 함께 상승했다. 중간 성장 유형의 전형적인 사례다. 2016년 3월 진행된 자사주 매입으로 주당순자산이 크게 감소했다. 단 자본 감소로 올라간 ROE는 지금까지 그랬듯 자본이 쌓이면 다시 하락할 수 있다. ROE가 다시 자사주 매입 전 수준으로 내려가면, 주가 상승속도도 주당순자산 증가율과 장기적으로 비슷해질 가능성이 크다.

보너스

이제 V차트를 활용한 실제 사례까지 살펴보았으니 이 책에서 다루어야 할 것은 모두 다룬 셈이다. 다음으로 해야 할 일은 여러분이 직접 V차트로 종목을 체크해 보는 것이다. 익숙해지면 한 종목에 3분이면 충분하다. 이를 위해 V차트로 분석해 볼 만한 우량주 30선을 마지막으로 제공한다. 이 중 〈나이스정보통신〉은 곧바로 뒤에서 워크시트를 제공한다. 하나하나 분석하다 보면 어느새 실력이 쌓여 있을 것이라고 확신한다.

V차트 활용을 위한 우량주 30선

— 2018.1.30 종가 기준

번호	종목명	세부업종	시총	주가	PER	PBR	ROE(%)	DY(%)
1	나이스정보통신	다각화된 통신서비스	2,420	24,200	7.7	1.42	18.5	1.1
2	대원산업	자동차부품	1,619	8,080	3.8	0.65	17.3	1.1
3	동원개발	건설	4,777	5,260	4.4	0.83	18.7	3.3
4	로보스타	기계	1,724	22,100	15.8	3.39	21.5	0.3
5	롯데케미칼	화학	143,614	419,000	6.1	1.28	20.9	1.1
6	리노공업	반도체와 반도체장비	8,856	58,100	21.1	4.01	19	2.1
7	멀티캠퍼스	교육서비스	2,018	34,050	14.6	2.43	16.7	0.8
8	뷰웍스	건강관리장비와 용품	4,311	43,100	15.1	3.54	23.4	0.3
9	서한	건설	2,638	2,615	3.3	0.98	29.6	1.3
10	쎌바이오텍	생물공학	4,625	49,200	22.3	5.27	23.6	1.1
11	아프리카TV	인터넷소프트웨어와 서비스	2,566	22,700	21.2	3.97	18.7	1.2
12	에스티아이	반도체와 반도체장비	3,480	27,300	12	4.19	35	1.3
13	엘오티베큠	반도체와 반도체장비	2,056	15,550	8.1	2.04	25.2	0
14	와이솔	핸드셋	3,470	14,400	8.3	1.71	20.5	1.5
15	와이엠씨	디스플레이장비 및 부품	2,397	24,300	12.1	3.78	31.2	1.9

번호	종목명	세부업종	시총	주가	PER	PBR	ROE(%)	DY(%)
16	웅진씽크빅	교육서비스	2,552	7,370	10.2	0.86	8.4	N/A
17	이크레더블	인터넷소프트웨어와 서비스	1,782	14,800	16	4.25	26.5	4
18	인바디	건강관리장비와 용품	5,761	42,100	32.9	5.7	17.3	0.4
19	인터로조	건강관리장비와 용품	5,076	46,200	25.5	5.18	20.3	0.5
20	제이스텍	디스플레이장비 및 부품	2,547	17,450	3.8	2.21	58.3	0.5
21	컴투스	게임소프트웨어와 서비스	19,325	150,200	12.8	2.64	20.6	1.6
22	테라세미콘	디스플레이장비 및 부품	3,035	26,850	5.9	1.94	32.7	0.5
23	톱텍	디스플레이장비 및 부품	10,008	27,200	6.2	3.03	49	0.6
24	피에스케이	반도체와 반도체장비	4,951	24,350	12.6	2.15	17	1.8
25	현대통신	통신장비	1,009	11,700	7.5	1.83	24.5	1.6
26	F&F	섬유, 의류, 신발, 호화품	6,999	45,450	12.5	2.74	21.9	2
27	HB테크놀러지	디스플레이장비 및 부품	2,879	3,645	6.2	1.78	28.7	0.6
28	KB오토시스	자동차부품	815	7,090	4.8	0.99	20.6	3.9
29	KT&G	담배	147,589	107,500	12	1.99	16.6	3.6
30	SK하이닉스	반도체와 반도체장비	532,170	73,100	5.9	1.72	29.3	1.3

* DY: 배당수익률
* 투자지표는 2017.3Q 재무제표 기준
* 단위 : 시총 – 억 원, 주가 – 원

〈워크시트〉 - 나이스정보통신

2017년 12월 28일 기준 나이스정보통신의 V차트들이다.

V차트를 보면서 메모할 것은 메모하고, 체크할 것은 체크하면서 투자할 만한 기업인지 스스로 판단해 보자. 시간이 지난 뒤 이 기업의 가치와 주가가 여러분의 V차트 종목 체크 결과와 비교하여 어떻게 변했는지 살펴보는 것도 아주 효과적인 학습법이 될 것이다.

(1) 돈을 벌고 있는 회사인가

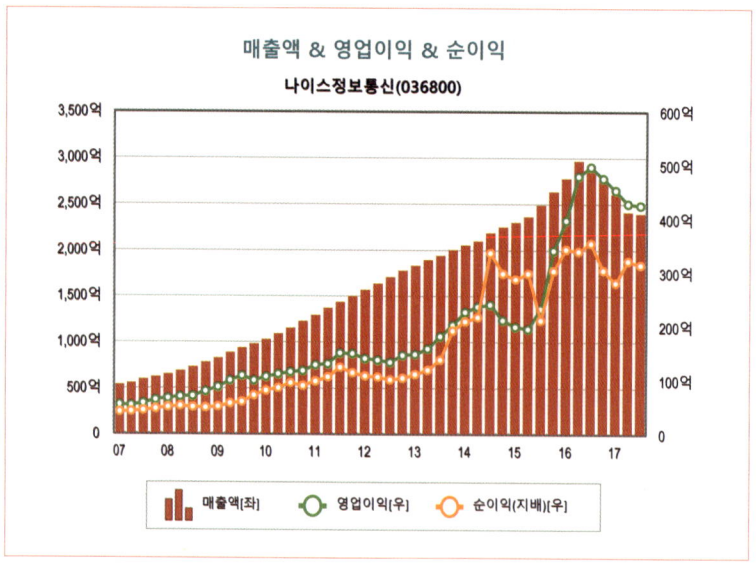

▶ ....
....
....
....
....
....
....
....

〈워크시트〉 - 나이스정보통신

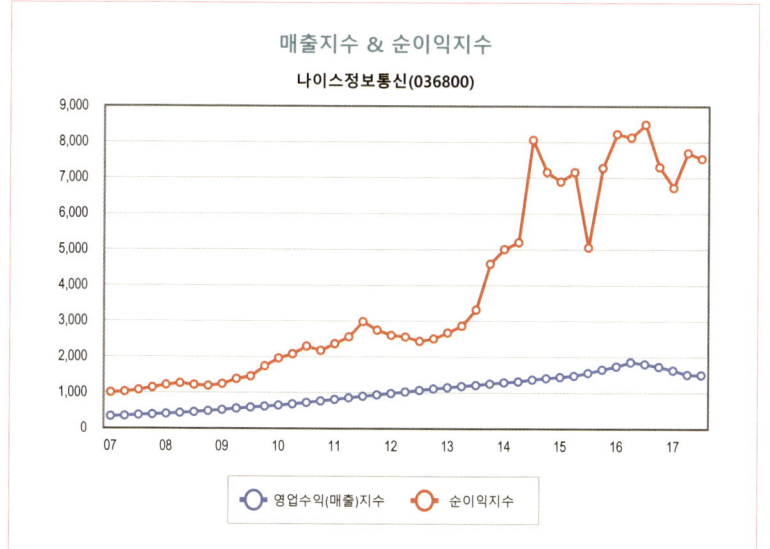

▶

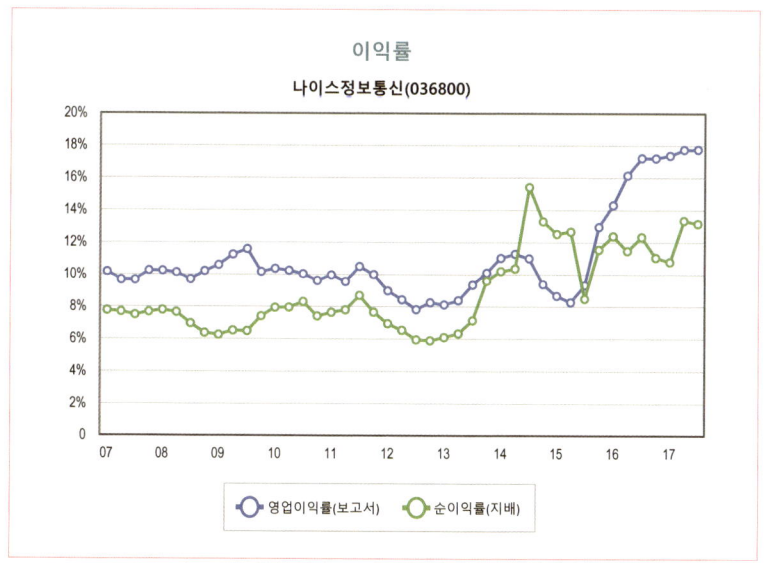

▶

〈워크시트〉 - 나이스정보통신

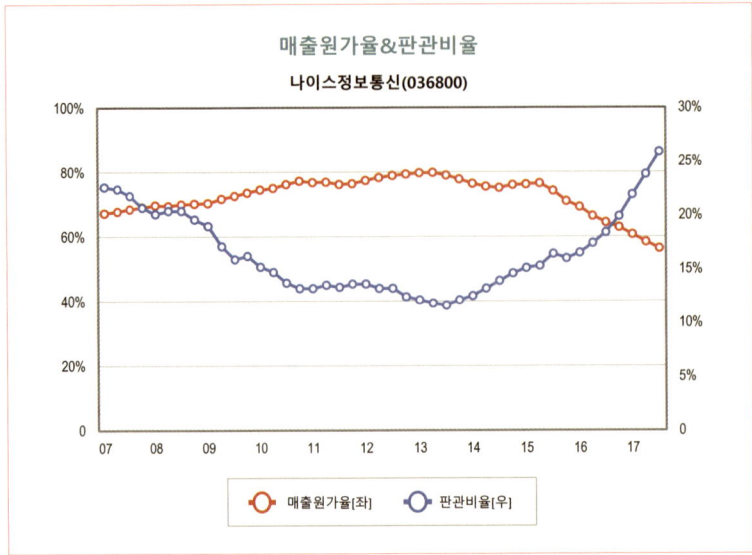

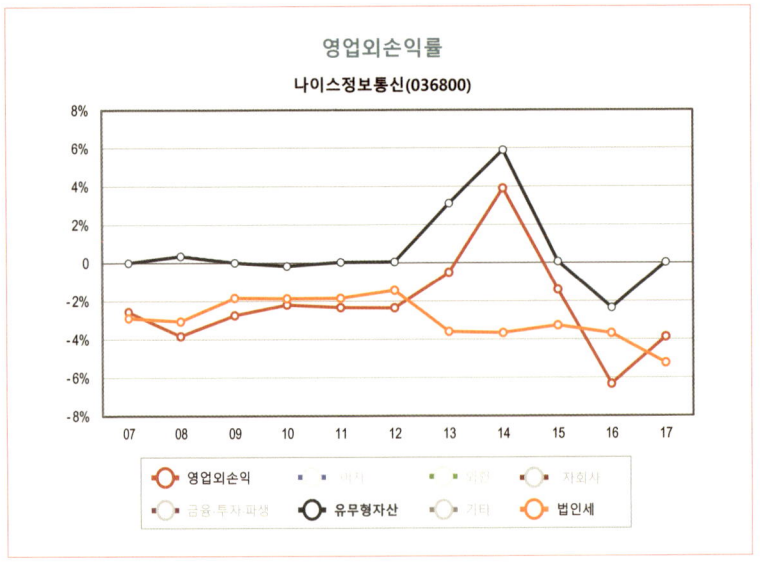

(2) 안전한 회사인가

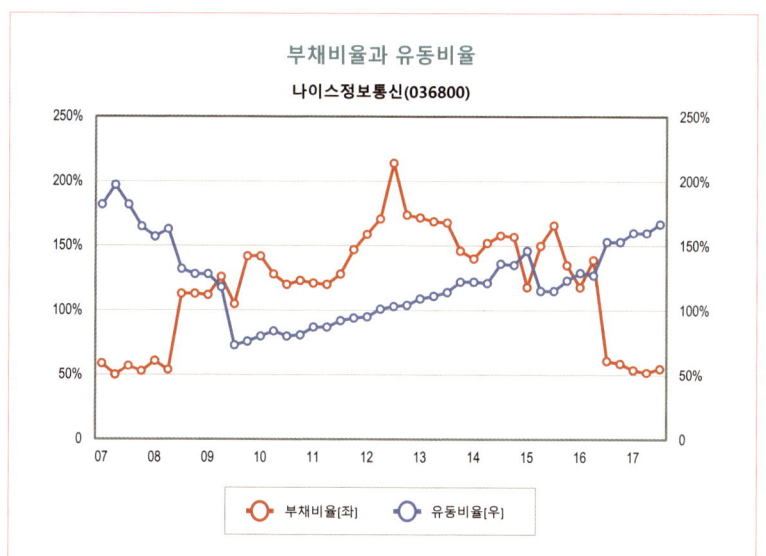

▶

▶

〈워크시트〉 – 나이스정보통신

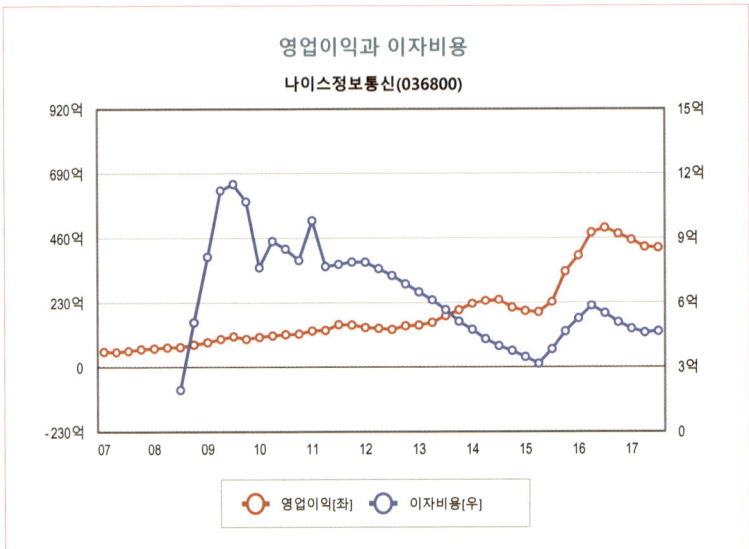

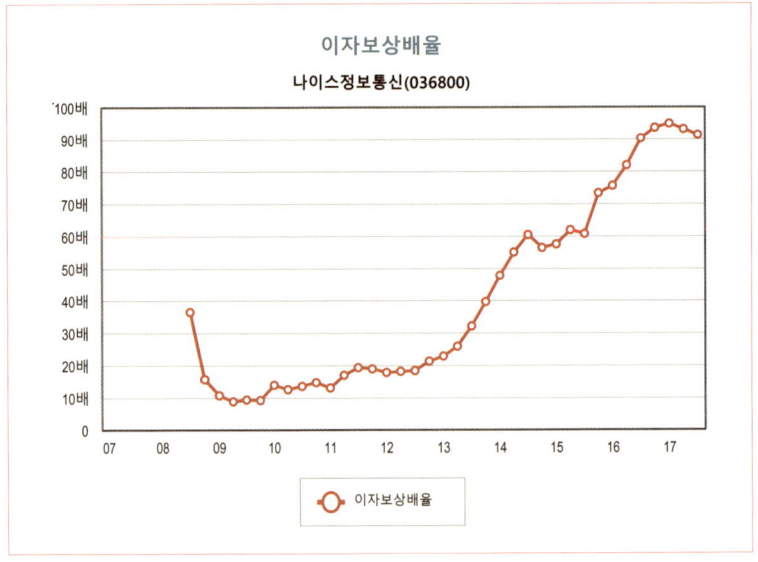

〈워크시트〉 - 나이스정보통신

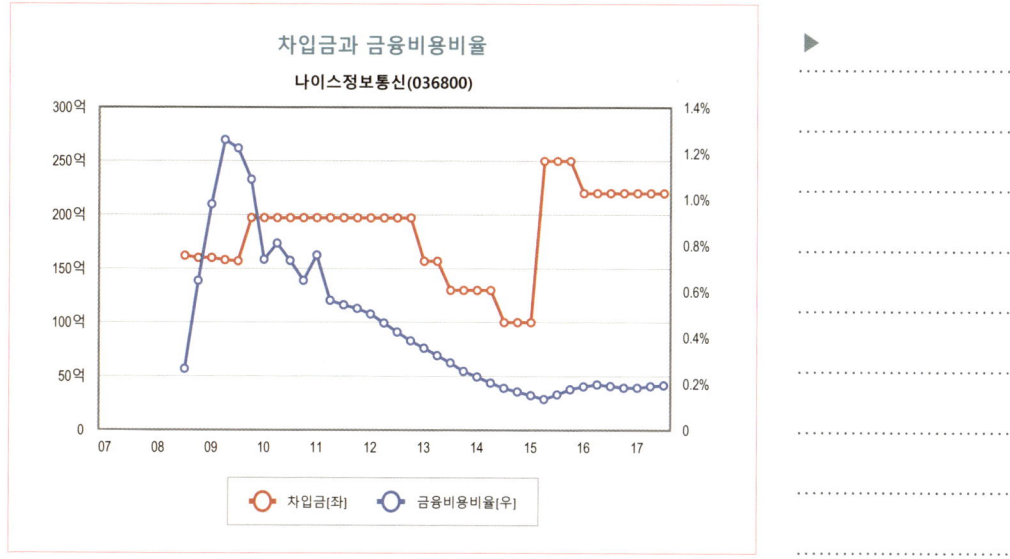

▶

(3) 어떤 자산으로 쌓이는가

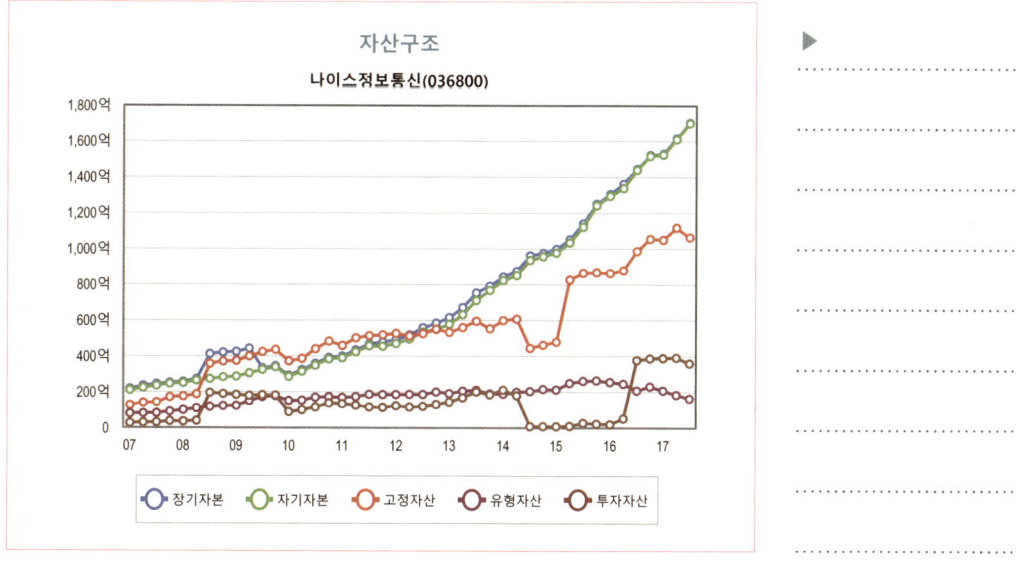

▶

〈워크시트〉 - 나이스정보통신

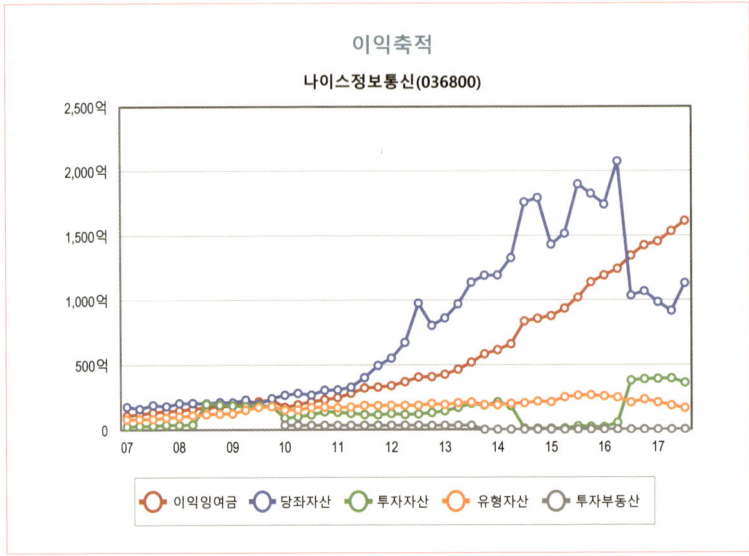

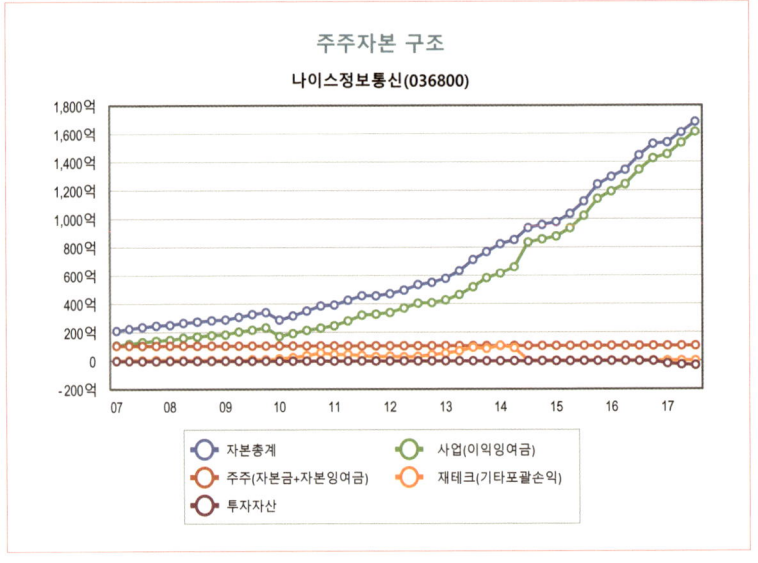

〈워크시트〉 - 나이스정보통신

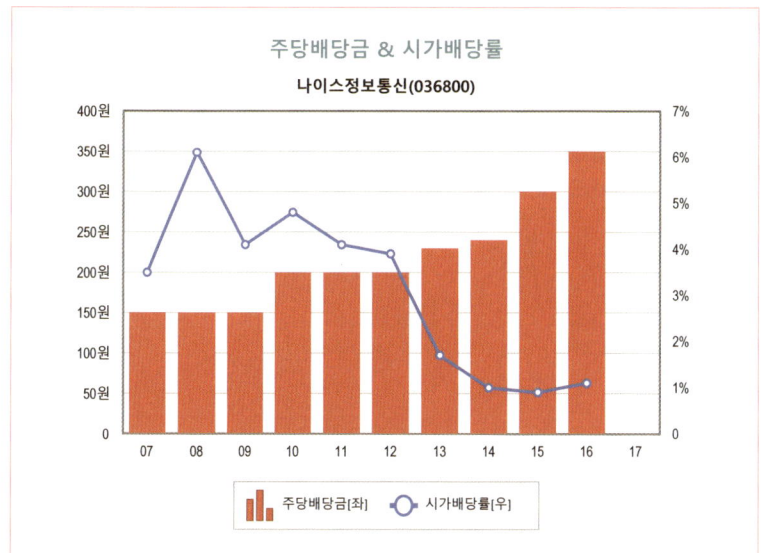

▶

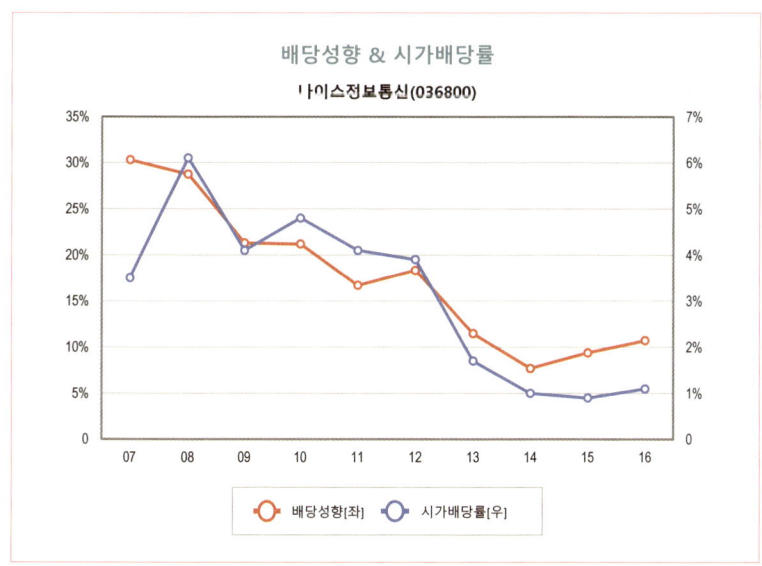

▶

〈워크시트〉 - 나이스정보통신

(4) 얼마나 빨리 돈을 벌고 있는가

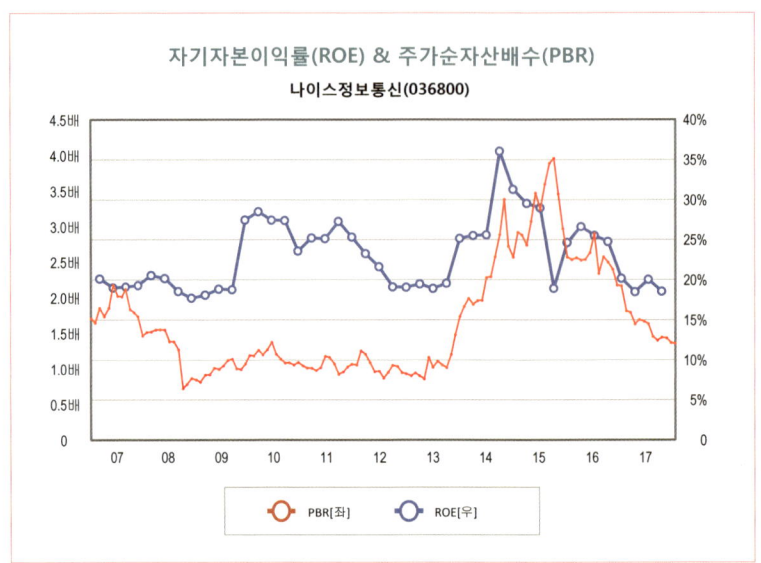

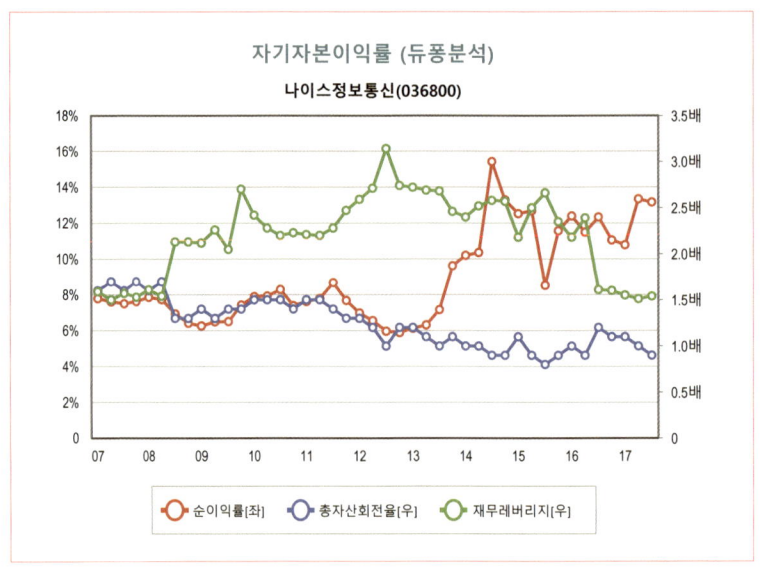

〈워크시트〉 - 나이스정보통신

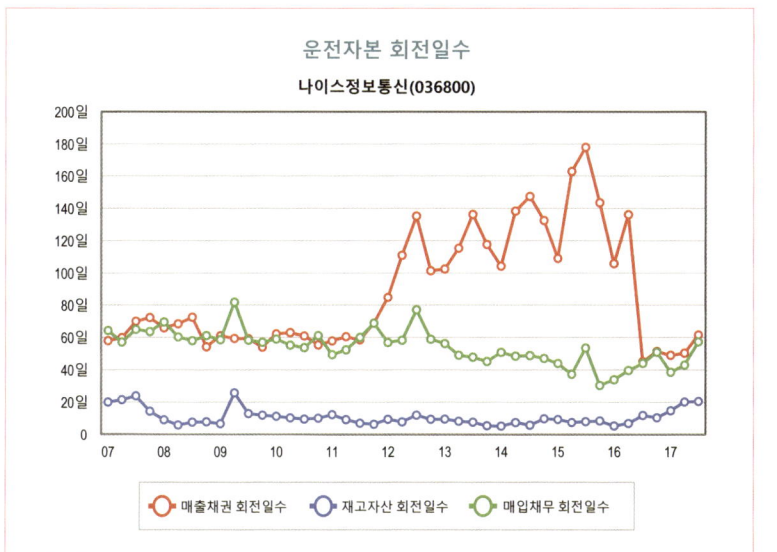

〈워크시트〉 - 나이스정보통신

(5) 현금 창출 능력은 좋은가

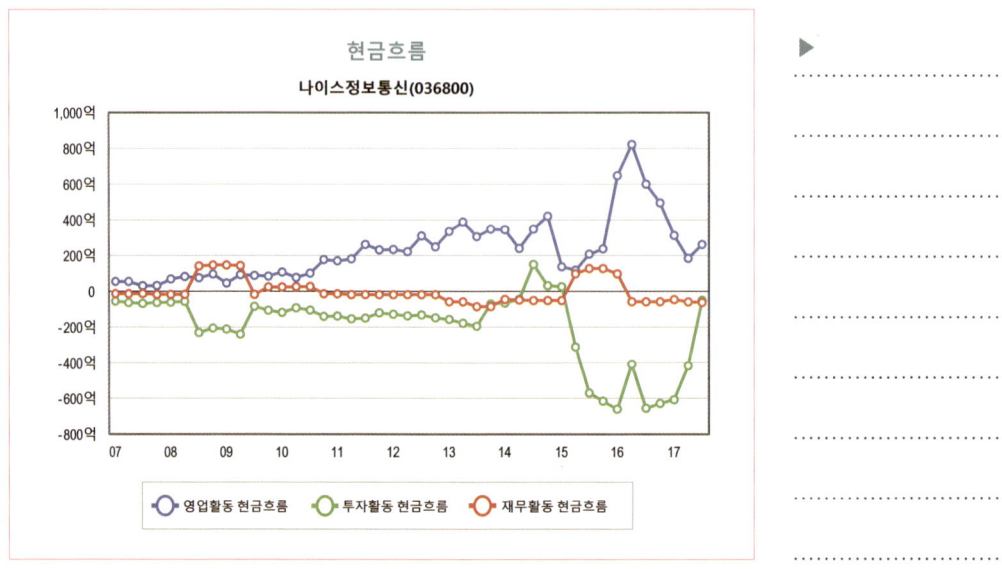

▶

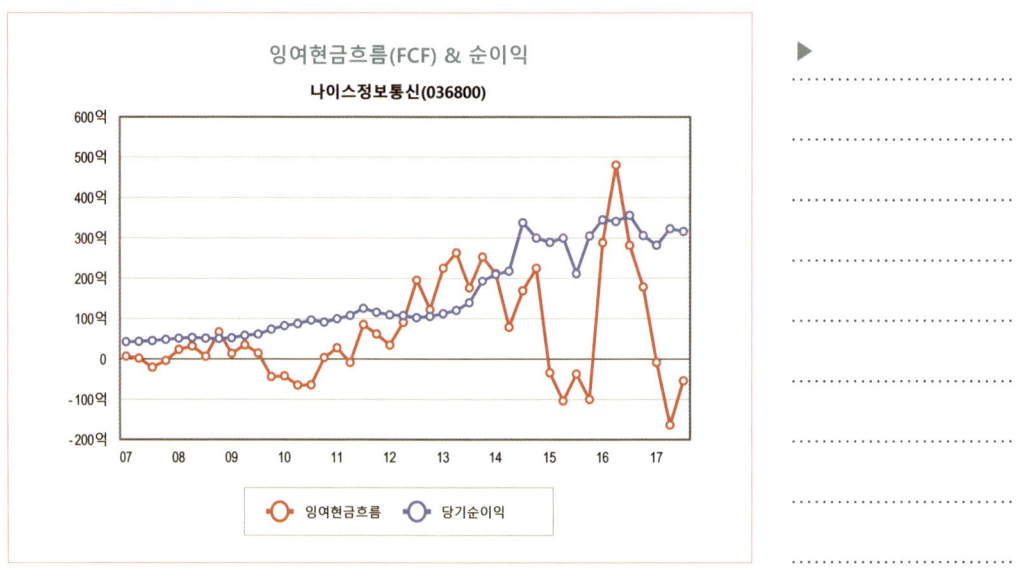

▶

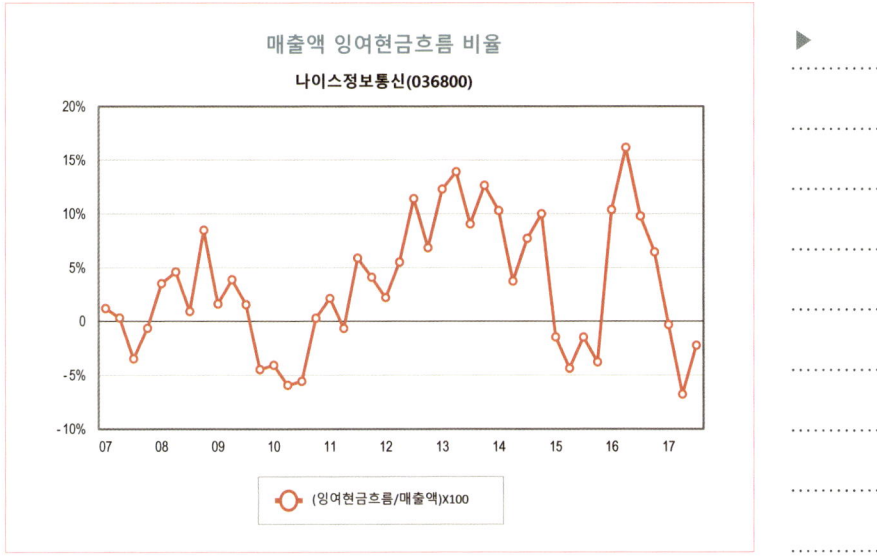

(6) 싸게 거래되고 있는가

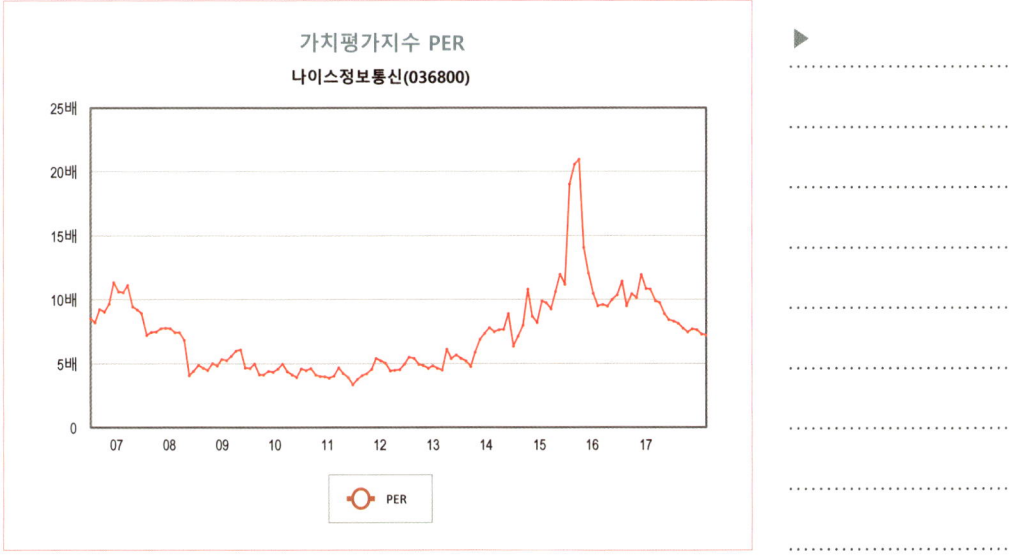

〈워크시트〉 - 나이스정보통신

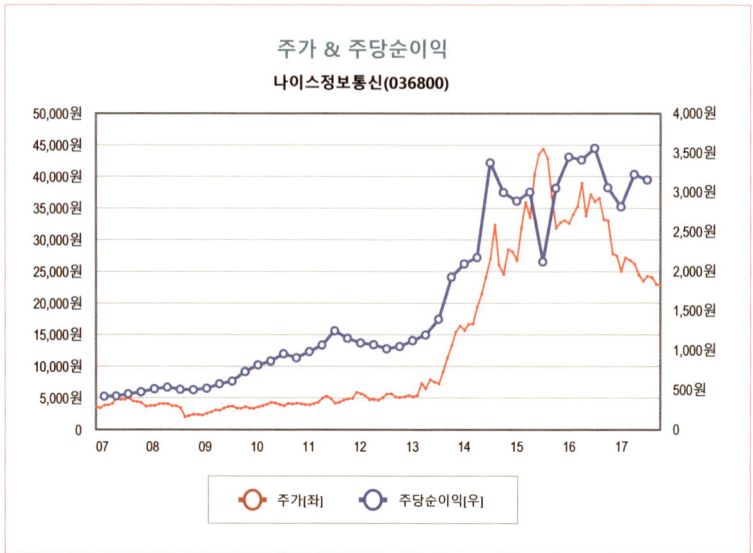

〈워크시트〉 – 나이스정보통신

● V차트로 검토한 결과는?

V차트를 통해 우량주 발굴에 성공하시길 기원합니다.

용어 설명

2장 돈을 벌고 있는 회사인가

- **매출액** : 매출액은 제품이나 서비스 판매로 발생한 총 금액을 뜻한다. 각각의 판매량과 판매 단가를 곱해서 구한다. 기업의 성장은 보통 '매출액 성장'을 의미할 정도로 중요한 개념이다. 또한 매출액에서 각종 비용을 제외한 순이익은 기업가치를 결정한다. 그래서 매출액을 기업가치의 출발점으로 보기도 한다.

- **영업이익** : 기업이 영업활동을 통해 남긴 이익의 총 금액이다. 매출액에서 생산에 들어간 비용(매출원가), 판매와 관리에 들어간 비용(판매비와 관리비)을 빼서 구한다. 영업이익을 많이 낸 회사는 그만큼 사업을 잘한다고 볼 수 있다.

- **순이익** : 기업의 매출액에서 각종 비용과 세금 등을 모두 제외하고 남은 이익. 기업에 투자한 주주의 몫이 되는 이익이다. 기업의 단기적인 주가도 순이익과 함께 오르내릴 때가 많다. 그래서 투자자는 순이익을 증가시킬 기업을 찾는 걸 목표로 한다.

- **매출지수** : 특정 시점의 매출액을 100으로 놓고, 비교 시점 매출액의 상대적인 값을 구한 값이다. 예를 들어 10년 전 매출액지수를 100으로 할 때, 현재 매출액이 10년 전의 3배라면, 현재 매출액지수는 100 × 3 = 300이 된다.

- **순이익지수** : 특정 시점의 순이익을 100으로 놓고, 비교 시점 순이익의 상대적인 값을 구한 값이다. 순이익지수는 마이너스(-)를 기록할 수 있으며 매출지수에 비해 일반적으로 변동 폭이 크다.

- **영업이익률** : 영업이익 ÷ 매출액 x100(%)

  영업이익을 매출액으로 나눈 값이다. 기업이 영업활동을 통해 얼마나 많은 이익을 남겼는지 나타내는 지표다.

- **순이익률** : 순이익 ÷ 매출액 x100(%)

순이익률은 기업이 매출을 해서 최종적으로 주주에게 얼마나 남기는 지를 계산하는 지표다. 장기적으로 순이익률이 높거나 꾸준히 증가하는 기업은 좋은 투자 대상이라고 할 수 있다.

• 매출원가율 : 매출원가 ÷ 매출액 x100(%)

매출액 대비 매출원가 비중. 매출원가는 제품을 생산하는 데 들어간 총 비용이다. 일반적인 제조업 기준 원재료 사용액, 생산직 노동자 인건비, 감가상각비(공장, 기계 등에 지출한 비용), 공장 전기세 같은 경비 등이 매출원가에 속한다.

• 판관비율 : 판관비 ÷ 매출액 x100(%)

매출액 대비 판관비 비중. 판관비는 판매비와 관리비의 줄임말이다. 생산된 제품을 판매하거나 보관 등 관리하는 데 들어간 비용이다. 영업사원 등 판매직 근로자에게 지불한 급여도 판관비로 분류된다.

3장 안전한 회사인가

• 부채비율 : 부채총계 ÷ 자본총계 x100(%)

기업 입장에서, 내 돈(자본총계) 대비 남의 돈(부채총계) 비율. 100%가 넘으면 위험, 넘지 않으면 안전하다고 판단한다.

• 유동비율 : 유동자산 ÷ 유동부채 x100(%)

기업이 1년 내 받을 수 있는 현금을 1년 내 갚아야하는 현금으로 나눈 값. 100%가 넘으면 1년 내 받는 현금이 나가는 현금보다 많다는 의미다. 값이 클수록 안전하다.

• 차입금 : 이자비용을 지불하는 부채를 통틀어 이르는 용어. 은행에서 빌리거나, 회사채를 발행한 경우 등이 주로 해당한다. 차입금은 매우 적거나 이자를 감당할 수

있어야 한다.

- **차입금 비중** : 차입금 ÷ 자산총계 x100(%)

    전체 자산에서 차입금이 얼마나 차지하는지 나타내는 지표. 절대치가 10%이하거나 점차 줄면 안전하다고 본다.

- **이자비용** : 외부에서 자금을 조달한 댓가로 지불하는 비용. 차입금이 많거나 비싼 이자율로 빌려올수록 이자비용 부담이 크다.

- **이자보상배율** : 영업이익 ÷ 이자비용 x100(%)

    영업이익으로 현재 이자비용을 몇 번이나 낼 수 있는지 나타내는 지표. 높을수록 이자비용을 감당하기 충분한 영업이익을 낸다는 의미다.

- **금융비용비율** : 이자비용 ÷ 매출액 x100(%)

    이자비용이 매출액에서 차지하는 비중. 3%가 넘으면 많고, 우량기업은 대부분 1% 미만이다.

4장 어떤 자산으로 쌓이는가

- **유동자산** : 1년 안에 현금으로 바뀔 수 있는 자산. 현금, 예금 등 당좌자산과 원재료 등 재고자산을 유동자산으로 분류한다.

- **비유동자산(구.고정자산)** : 1년 안에 현금화가 어려운 자산. 자회사 주식 등 투자자산, 토지, 건물 등 유형자산, 영업권 등 무형자산이 비유동자산에 해당한다.

- **유동부채** : 1년 안에 현금으로 지급해야 하는 부채. 금융기관(은행 등)에서 빌린 차입금과 외상으로 구입한 매입채무 등이 대표적인 유동부채다.

- **비유동부채(구.고정부채)** : 상환 만기까지 1년 이상 남은 부채. 예를 들어 은행에서 3년 만기로 자금을 빌렸다면, 비유동부채로 분류한다.

- 자기자본 : 기업이 소유한 자본. 자본총계와 같은 의미로 기업 주주의 몫이다.
- 단기자본 : 기업이 단기간(1년 미만)에만 활용할 수 있는 자본. 유동부채가 단기자본에 해당한다.
- 장기자본 : 기업이 장기간(1년 이상) 활용할 수 있는 자본. 자기자본뿐만 아니라 상환까지 1년 이상 남은 비유동부채도 장기자본으로 분류한다.
- 이익잉여금 : 기업 순이익이 누적돼 기록된 항목. 이익잉여금이 점차 커지면 그만큼 이익이 기업 내부에 쌓인다는 의미다.
- 당좌자산 : 현금, 예금, 매출채권 등 유동자산 중에서도 특히 현금화가 쉬운 자산.
- 투자자산 : 기업이 고유 영업활동 외에 수익을 낼 목적으로 1년 이상의 기간 동안 투자한 자산. 장기금융상품, 주식, 채권, 자회사 주식 등이 있다.
- 유형자산 : 토지, 건물, 기계 등 '형태가 있는' 자산. 주로 사업 인프라가 해당한다.
- 배당금 : 사업으로 번 이익 일부를 주주에게 현금으로 직접 지급하는 금액. 주주 입장에선 은행에 예금하고 받는 이자수익과 직접 비교할 수 있다.
- 배당성향 : 배당금 총액 ÷ 당기순이익 x100(%)

    한해 번 순이익에서 배당으로 지급한 비율. 배당성향이 100%면 모든 순이익을 현금으로 배당했다는 의미다.
- 시가배당률 : 주당배당금 ÷ 주가 x100(%)

    배당금의 수익률을 나타내는 지표. 주당배당금 500원인 회사의 주가가 1만 원이라면, 시가배당률은 5%다(500원 ÷ 1만 원).

5장 얼마나 빨리 돈을 벌고 있는가
- 자기자본이익률(ROE) : 당기순이익 ÷ 자본총계 x100(%)

기업이 자본을 활용해 이익을 내는 '속도'다. 높을수록 자본을 빠르게 불린다는 의미다.

- **주가순자산배수(PBR) : 시가총액 ÷ 자본총계 x100(%)**

    기업의 시가총액이 자본총계 대비 몇 배인지 나타내는 지표. ROE가 같다면, PBR이 낮을수록 저평가된 기업이다.

- **듀퐁분석 : 순이익률 x 총자산회전율 x 재무레버리지**

    ROE를 세 가지 항목으로 분해해 분석하는 기법. 해당 기업의 ROE가 어떤 항목의 영향을 많이 받는지 직접적으로 알 수 있다.

- **총자산회전율 : 매출액 ÷ 자산총계 x100(%)**

    기업이 활용한 자산 대비 매출액을 얼마나 했는지 나타낸다. 총자산회전율이 높을수록 빨리, 많이 팔아서 성과를 추구하는 유형의 기업이다.

- **재무레버리지 : 자산총계 ÷ 자본총계 x100(%)**

    기업이 자본총계의 몇 배나 자산을 활용하는지 나타낸다. 자산은 자본총계와 부채의 합이므로, 재무레버리지가 1이면 부채를 쓰지 않는다는 의미다.

- **운전자본 회전일수 :** 운전자본은 기업을 운영할 때 필요한 자금을 의미한다. 운전자본을 구성하는 요소는 매출채권과 재고자산, 매입채무가 있다. 운전자본 회전일수는 이들 3가지 항목의 회전일수다.

- **매출채권 회전일수 : 매출채권 ÷ 매출액 x365**

    매출채권이 현금으로 회수되는 기간. 예를 들어 매출채권 회전일수가 90일이면, 매출 발생 후 평균 90일이 지나면 판매대금이 현금으로 입금된다는 의미다.

- **재고자산 회전일수 : 재고자산 ÷ 매출원가 x365**

    재고자산이 원재료 구입에서 판매될 때까지 걸리는 기간. 예를 들어 재고자산

회전일수가 30일이면, 원재료 구입해 제품을 만들고, 판매할 때까지 평균 30일 소요된다는 의미다.

- **매입채무 회전일수** : 매입채무 ÷ 매입액 x365

  원재료 매입 후 현금으로 지불할 때까지 걸린 기간. 예를 들어 매입채무 회전일수가 60일이면, 원재료 구입 후 평균 60일이 지나서 구입대금을 결제해준다는 뜻이다.

- **현금회전일수** : 매출채권 회전일수 + 재고자산 회전일수 − 매입채무 회전일수

  운전자본에 필요해서 잠겨있는 현금의 현금잠김일수를 뜻한다. 현금회전일수가 낮을수록 영업활동에 필요한 현금 소요량이 적다는 의미다.

- **총자산이익률(ROA)** : 순이익 ÷ 자산 x100(%)

  자산 대비 순이익을 얼마나 냈는지 나타내는 지표. 자본 대비 순이익만 측정하는 ROE와 달리 기업이 활용하는 자산의 실질적인 이익률을 보여준다.

- **투하자본이익률(ROIC)** : 세후 영업이익 ÷ 영업투하자본

  ROIC는 기업의 순수한 영업활동 수익성을 측정하기 위한 지표다. 이를 위해 분자는 영업외손익을 반영하기 전인 세후 영업이익, 분모는 금융자산 등을 제외하고 순수하게 영업활동에 투자된 자본으로 놓고 이익률을 구한다.

6장 현금 창출 능력은 좋은가

- **영업활동 현금흐름** : 기업 영업활동을 통해 발생한 현금. 보통 순이익에서 실제 현금이 오고가지 않은 거래를 가감해 계산한다. 예를 들어 매출이 발생해 순이익을 기록해도 판매대금을 현금으로 받기 전까진 영업활동 현금흐름이 발생했다고 기록하지 않는다.

- **투자활동 현금흐름** : 기업 투자활동으로 발생한 현금. 투자활동은 크게 금융자산 투자와 유형자산 투자가 있다. 은행에 예금하거나 공장 건설을 위해 현금을 지출하면 투자활동 현금흐름에 마이너스(-), 반대 경우는 플러스(+)로 기록한다.
- **재무활동 현금흐름** : 기업 재무활동으로 발생한 현금. 재무활동은 주주에게 현금을 받거나(증자) 지급한 것(배당). 차입금을 빌리거나 갚은 활동 등이 해당한다.
- **잉여현금흐름** : 순이익에서 기업이 현재 생산능력을 유지, 증가시키기 위해 투자되는 유형자산 지출 등의 비용을 제외한 금액을 말한다.

7장 주식이 싸게 거래되고 있는가

- **주가수익배수(PER)** : 시가총액 ÷ 순이익

  기업의 시가총액이 순이익의 몇 배인지 나타낸다. 주식의 저평가/고평가 여부를 판단하는 대표적인 투자지표로 낮을수록 저평가됐다고 판단한다.

- **주당순이익** : 순이익 ÷ 발행주식수

  기업이 발행한 주식 1주당 얼마의 순이익을 벌었는지 계산한 값이다. 주식 가치를 평가할 때 중요한 지표로, 다른 기업 또는 과거 추이와 비교할 수 있다. 액면병합 등 회계적인 변화가 아닌 실질적인 주당순이익이 크게 증가하는 기업은 주가도 급등할 가능성이 크다.

- **주당순자산** : 순자산(자본총계) ÷ 발행주식수

  기업이 발행한 주식 1주당 얼마의 자본을 가졌는지 보여주는 지표다. 주당순이익과 함께 기업 가치를 측정하는 대표적인 지표 중 하나로, 기업의 장기적인 연평균 주가 상승률은 연평균 주당순자산 성장률에 수렴한다.

감사의 글

책을 쓰기까지 많은 분들의 도움이 있었다. 집필 과정에서 가장 까다로웠던 V차트 이미지화 작업을 정교하고 완벽하게 마무리해준 박지선 연구원이 없었다면 이 책의 출간은 훨씬 미뤄졌을 것이다. 박 연구원이 빠르게 작업을 끝낸 덕분에 본문 내용 집필에 집중할 수 있었다. 그리고 바쁜 와중에 기꺼이 감수를 맡아 꼼꼼히 읽고 날카로운 피드백을 더해준 오진경 데이터 기자 덕분에 책의 완성도가 한층 높아졌다. 초보 투자자에게는 다소 어려울 수 있는 책 내용인데, 오 기자의 피드백을 반영해 더 많은 사람이 무리 없이 읽을 수 있을 것으로 기대한다. 두 사람에게 깊은 감사를 전한다.

처음 V차트 활용법을 가르쳐 주신 김인중 대표님과 이번 책을 쓸 수 있도록 물심양면으로 지원해주신 김재영 대표님께 감사드린다. 두 분을 만나 지금도 보람있고 재밌게 일하고 있다.

이 책의 편집과 디자인을 총괄해 멋진 책으로 만들어주신 권효정 팀장님과 아이투자 멤버들 한사람 한사람에게도 고맙다는 인사를 꼭 드리고 싶다.

여전히 부족함이 많은 필자의 강의를 들어주신 아이투자 '워런버핏 투자교실' 온·오프 수강생 분들께도 큰 신세를 졌다. 가르칠 때 가장 많이 배운다는 것을 체감할 수 있었고, 이 분들의 솔직하고 애정 어린 피드백이 조금 더 나은 다음 강의를 만드는 데 큰 밑바탕이 됐다.

항상 응원해 주시는 김지은, 강동선 두 분과 윤해옥, 박강진 두 분께도 감사드린다.

마지막으로 크리스마스, 연말연시에 집필을 핑계로 제대로 남편과 아빠 역할을 못했음에도 든든하게 지원해준 사랑하는 아내 지연과 딸 서윤에게 미안함과 고마운 마음을 함께 전하고 싶다.

2018년 2월 여의도에서

정연빈

한국투자교육연구소(KIERI)의

주식투자 성공 프로그램

◆ **국내 유일 고품격 '가치투자' 교육 실시**

1. 〈워렌 버핏 투자교실〉 : 6주 후면 당신도 워렌 버핏!
6주 과정의 〈워렌 버핏 투자교실〉은 투기와 투자조차 구별하지 못하는 아마추어 투자자를 기업의 가치에 입각한 투자를 할 수 있는 프로 투자자로 만들어내는 국내 최초의 고품격 '가치투자' 교육입니다. V차트 활용법에 관한 강좌가 이 교육 과정에 포함되어 있습니다.

2. 〈워렌 버핏 투자교실〉 심화반 : 6주 후면 나만의 투자법을 완성!
개별 기업의 재무 분석과 가치평가는 물론이고 해당 산업과 경제적 해자를 분석하고 시장 흐름에 맞는 유연한 포트폴리오 전략까지 아우르는 국내 최고의 '실전 가치투자 종합 교육' 과정입니다.

이 밖에도 〈재무제표 특강〉, 〈초보자 주식투자 입문 과정〉, 〈기업가치 평가법〉 등 체계화된 교육 과정을 진행하고 있습니다. 제대로 된 주식투자 교육을 원한다면 망설이지 말고 한국투자교육연구소(www.itooza.com)의 문을 두드리세요.

◆ **NO. 1 가치투자 포털 '아이투자'의 차별화된 서비스**

한국투자교육연구소가 운영하는 가치투자 포털 '아이투자(www.itooza.com)'는 가치투자자의 길잡이 및 동반자 역할을 수행하고 있습니다. 대가들의 지혜를 배우는 '가치투자클럽'이나 기업의 내재가치 산출 서비스, 기업 분석 보고서, 포트폴리오 공개 서비스 등 다른 사이트에서는 찾아볼 수 없는 신뢰를 기반으로 한 지식과 정보를 이용하실 수 있습니다.

◆ **책 읽는 투자자를 위한 출판 서비스**

한국투자교육연구소의 출판 브랜드 '부크온'은 공부하는 투자자를 위한 출판을 하고 있습니다. 워렌 버핏이나 벤저민 그레이엄, 앤서니 볼턴 등 내로라하는 투자 대가의 지혜를 배울수 있는 양서와 기업가치에 주목하는 투자를 뒷받침할 다양한 책을 발간하고 있습니다. 현명한 투자자들이라면 꼭 읽어야 할 책들이 '부크온'의 서재에 있습니다.

"6주 후면 나도 워렌 버핏"

워렌 버핏 투자교실

〈워렌 버핏 투자교실〉은 투자의 기초 과정부터 실전 투자법의 완성까지 아우르는 국내 유일한 실전 가치투자 종합 교육 과정입니다.

2018년 11년째를 맞는 버핏교실은 29기, 1100명의 수강생이 다녀간 검증된 강의입니다. 소비자 독점 기업을 찾는 방법, 좋은 기업을 싸게 사는 방법, 투자 유망 종목을 압축하는 방법, 수익률 제고를 위한 자산배분 전략, 투자자 관점에서 공시를 이해하는 방법, 전자공시에서 사업보고서 읽는 법, 기업가치 평가 방법을 실력 있는 강사진을 통해 집중 교육합니다. 뿐만 아니라 실전 사례와 풍부한 실습 시간을 통해 투자자가 실전 가치 투자전략을 완전히 몸에 익힐 수 있도록 철저히 교육합니다.

또한 온라인 동영상(CD) 교육을 통해 교육과정에 대한 예습과 복습을 할 수 있도록 지원하며, 가치투자를 실제 투자에 적용하고 있는 외부 명사초청 특강을 통해 이론과 실전 그리고 실습 등 투자의 3박자가 모두 이뤄지는 교육을 진행합니다.

6주간 오프라인 교육뿐 아니라 온라인 카페(버핏 투자교실)를 통해 교육기간이 끝난 후에도 지속적인 교육과 커뮤니케이션을 통해 실력 있는 가치투자자로 성공할 수 있도록 에프앤에듀가 함께 합니다.

* 자세한 내용은 아이투자 홈페이지를 참고하세요.

★ 독사 특별 혜택 ★

이 책을 보시고 〈워렌 버핏 투자교실〉을 신청하신 분께는 부크온에서 차기 출간될 최신간 도서 한권을 증정합니다.
아래 부분을 기입하셔서 인증샷을 보내주세요.(책을 먼저 보시고 신청한 경우에 한정)

〈인증샷 보내 주실 부분〉 아래 부분이 잘 보이도록 찍어서 보내주세요!

● 교육 신청 일자 :   년   월   일 (제 ___ 기 교육 신청)

● 아이투자 아이디 :

● 이름 :

iTOOZA 부크온 BOOKOn

* 인증샷 보내실 전화번호 : **010-9649-1679** (수신전용 폰)
* 인증샷을 보내신 후, 1~2일 이내에 증정 도서 제목과 수령 방법 등 안내 문자를 드립니다.

박 회계사의 재무제표 분석법 DVD

박동흠 회계사의 첫 저서 『박 회계사의 재무제표 분석법』을 교재로 제작된 동영상 강좌를 구매하시는 독자에게 아이투자(www.itooza.com)의 유료 서비스를 무료로 이용할 수 있도록 해드립니다.

이 동영상은 재무제표 강좌로는 국내 최고의 실력을 자랑하는 박동흠 회계사의 내공이 여실히 드러나는 알찬 내용들로 구성되어 있습니다. 재무제표를 처음으로 공부하시는 분이나, 산만한 재무 회계 지식을 실전에 활용할 수 있도록 잘 정리하고 싶은 분들에게 안성맞춤인 강좌입니다. 특히 한 단계 수준 높은 이번 저서 『박 회계사의 사업보고서 분석법』을 확실히 자기 것으로 만드는 데 큰 도움이 될 것입니다. 이른바 선행학습 차원에서 미리 보실 것을 권장합니다.

이 동영상을 아이투자 에프앤에듀(www.fnedu.co.kr)에서 구매하시고, 아래 공란에 아이투자 회원 아이디와 성함을 쓰셔서 스마트폰으로 인증샷을 보내주시면 15만 원 상당의 "GS클럽" 투자정보를 1개월 동안 무료로 이용하실 수 있도록 특별 서비스해 드립니다. "GS클럽"은 워런 버핏, 벤저민 그레이엄, 피터 린치, 존 템플턴 등 세계적인 대가들의 투자전략을 국내 주식에 적용해 높은 수익률을 달성하고 있는 투자정보 서비스입니다. (옆 페이지 참고)

강사 : 박동흠 회계사
교육 시간 : 14.5시간
구성 : 동영상 DVD 5장

〈인증샷 보내 주실 부분〉 아래 부분이 잘 보이도록 찍어서 보내주세요!

- 동영상 구매 일자 :   년   월   일

- 아이투자 아이디 :

- 이름 :

* 인증샷 보내실 전화번호 : **010-9649-1679** (수신전용 폰)
* 인증샷을 보내신 후, 1~2일 이내에 이용이 가능하시도록 서비스 안내 문자를 드립니다.
* 〈가치투자클럽 골드다이아〉 서비스 1개월(6만 4,000원 상당)은 원래대로 무료 제공됩니다.

부크온, 에프앤에듀, 아이투자는 모두 한국투자교육연구소의 사업별 브랜드입니다.

거인의 어깨에 올라타라!

GS클럽

GS클럽(Giant's Shoulder Club)은 대가들의 투자법이 녹아든 전략으로, 장기적으로 안정적인 수익을 기대할 수 있는 효과적인 클럽입니다. 한 달에 한 번 매매로 대가들의 투자 전략을 따라할 수 있습니다.

◆ 연평균 32~40% 수익률 기대

과거(2005~2014년) 수익률 테스트 결과 히든챔피언의 연평균 수익률이 40.9%(누적수익률 2,981%)로 가장 높았고, 역발상이 39.5%(2,695%), 성장주가 32.0%(1,502%)를 달성했습니다. 반면 같은 기간 코스피는 연평균 7.9%(114%), 코스닥은 3.6%(43%) 상승해 GS투자 전략이 장기적으로 시장 수익률을 월등히 앞선 것으로 나타났습니다. GS클럽은 장기적으로 연평균 15~20% 수익을 목표로 합니다. 서비스가 시작되고, 온기로 처음 맞은 2016년 수익률은 3개 전략 모두 목표를 초과달성했습니다. 히든챔피언 전략이 27%, 성장주 전략이 19.3%, 역발상 전략이 15.6%를 각각 기록했습니다. 2016년 코스닥 지수가 7.5% 하락하는 등 대부분 투자자가 고전했음을 감안하면 괄목할 만한 성과입니다.

과거 10년의 테스트와 실전에서 입증된 GS전략을 따라하면, 대가의 투자법에 따라 장기간 시장을 이길 수 있습니다.

◆ GS클럽 투자 전략별 운영 철학

매일 3개 전략의 포트폴리오가 웹사이트에 제공됩니다. 매일 장 마감 후 마감문자를 통해 그날의 전략별 수익률 변동, 기타 알림 등을 받으실 수 있습니다.

전략	스타일 및 대가
히든챔피언	작지만 강한 기업 발굴, 중/소형주 투자 스타일
	피터린치, 존 네프, 벤저민 그레이엄
역발상	시장에서 소외된 기업 발굴, 역발상 투자 스타일
	데이비드 드레먼, 크리스토퍼브라운, 존 템플턴
성장주	꾸준히 성장하는 기업 발굴, 성장주 투자 스타일
	워렌버핏, 필립피셔, 로 프라이스

* 자세한 내용은 아이투자 홈페이지를 참고하세요.

● **함께 읽으면 좋은 부크온의 책들** ●

책 제목	지은이
현명한 투자자의 재무제표 읽는 법	벤저민 그레이엄, 스펜서 메레디스
워렌 버핏의 스노우볼 버크셔 해서웨이	로버트 마일즈
타이밍에 강한 가치투자 전략	비탈리 카스넬슨
워렌 버핏의 재무제표 활용법	메리 버핏, 데이비스 클라크
앞으로 10년을 지배할 주식투자 트렌드	스콧 필립스
주식투자자를 위한 IFRS 핵심 포인트	한국투자교육연구소
투자공식 끝장내기	정호성, 임동민
고객의 요트는 어디에 있는가	프레드 쉐드
워렌 버핏처럼 열정에 투자하라	제프 베네딕트
주식 가치평가를 위한 작은 책	애스워드 다모다란
워렌 버핏처럼 가치평가 활용하는 법	존 프라이스
안전마진	크리스토퍼 리소길
워렌 버핏처럼 사업보고서 읽는 법	김현준
붐버스톨로지	비크람 만샤라마니
박 회계사의 재무제표 분석법	박동흠
어닝스, 최고의 주식투자 아이디어	김현준, 정호성
바이오 대박넝쿨	허원
경제적 해자 실전 주식 투자법	헤더 브릴리언트 외
줄루 주식투자법	짐 슬레이터
NEW 워런 버핏처럼 적정주가 구하는 법	이은원
이웃집 워런 버핏, 숙향의 투자 일기	숙향
박 회계사의 사업보고서 분석법	박동흠
IPO 주식투자 고수익 내는 법	오승택, 전지민, 이준성
워런 버핏만 알고 있는 주식투자의 비밀	메리 버핏, 데이비드 클라크
현명한 투자자의 인문학	로버트 해그스트롬
돈이 불어나는 성장주식 투자법	짐 슬레이터
주식 PER 종목 선정 활용법	키스 앤더슨
워런 버핏의 ROE 활용법	조지프 벨몬트